LOTHAR SEIWERT

DAS BUMERANG PRINZIP

Mehr Zeit fürs Glück

Inhalt

Meine Zeit, mein Glück, mein Leben

Das Bumerang-Prinzip ... und die Zeit — 8
Wie der Hamster im Laufrad 8
Das Bumerang-Prinzip 10
Fragen an das Glück 13
Lasst uns über Zeit sprechen 17
Der Weg zum Glück führt über das Ziel 26

Das Adrenalin-Zeitalter — 30
Leben in der Tempogesellschaft 30
Test: Leiden Sie unter der Hetzkrankheit? 34
Das Peter-Prinzip 35
Wollen und Können in Balance 36

Das Serotonin-Zeitalter — 37
Wer entschleunigt, lockt Serotonin 37
Die Frage nach dem Sinn 47
Test: Gute Zeiten, schlechte Zeiten 48

So bringen Sie Ihr Leben in Balance

Die Entdeckung der vier Lebensbereiche — 56
Was wirklich zählt im Leben 56
Wie steht es um Ihre Lebensbereiche? 59

Arbeit — 60
Zwischen Erfolg und Burn-out 60
Test: Droht der Burn-out? 68

Körper — 70
Alles braucht seine Zeit 70
Fragen an unsere innere Uhr 79
7-mal Zeit für den Körper! 82

Beziehungen — 86
Das Glücksnetz des Lebens 86
Die Kunst, ein angenehmer Zeitgenosse zu sein 92

Lebenssinn — 96
Von innerer Leere und Erfüllung 96
Spüren Sie Ihre Festplatten-Viren auf 104

So werden Sie zum Herrn Ihrer Zeit — 108
Träume dein Leben – lebe deinen Traum .. 109
Was zu viel ist, ist zu viel 113
Stärken fördern, Schwächen akzeptieren . 115
Die Kraft der Ziele nutzen 116
Der Weg zum Ziel heißt »SMART« 118
Der Blick für das Wesentliche 120
Statt Zeitfallen: Ihr Tagesplan! 122
Das innere kleine Faultier zähmen 123
Der Traum vom Aussteigen 125

Lebenskunst zwischen Muss und Muße

Was treibt uns an … und was bremst uns? 130
Warum tut der Mensch, was er tut? 131
Test: Werte pflastern den Weg zum Glück . 134
Was bremst uns? 139
Test: Erkennen Sie Ihre Antreiber:
Das sind die Bremsen! 143

Raus aus dem Stress … rein in den Flow 148
Total gestresst? 148
Test: Achtung, Stress-SOS! 153
Stress-Flow-Bumerang-Prinzip 155
Was macht Sie glücklich, Professor Flow? . 157
25 Spielregeln gegen den Stress 165
Motivatoren – Ihre Knöpfchen zum Flow .. 168
Welches Knöpfchen darf's denn sein? 173

Von Chaoten kann man lernen … Ordnung ist das andere halbe Leben 174
Lust auf kreatives Chaos? 174
Linke und rechte Gehirnhälfte 177
Test: Mit welchem Hirn denken Sie? 178
Chaos, Kreativität und Erfolg 182
Per Mind-Mapping zur Kreativität 187
So machen Sie eine Mind-Map 188

Schritt für Schritt zu mehr Kreativität 191
Ordnung ist das andere halbe Leben 193
Arbeitsplatz in Bestform 196

Von der Kunst, faul zu sein … und der Chance, Gas zu geben 200
»Go slow and win the race!« 200
Machen Sie einen Break … 204
So planen Sie Ihr Sabbatical 205
Freigebig Zeit verschwenden 206
»Nein!« verhilft zu Mußestunden 208
Haben Sie ein bisschen Geduld! 208
Nutzen Sie einfach Wartezeiten sinnvoll .. 212
Gut ist besser als perfekt 213
Lassen Sie auch mal fünfe gerade sein ... 214
Formel 1 der cleveren Faulen:
das Pareto-Prinzip 215
Diät für den Zeitfresser Post 218
Die faule Kunst: Gib Gas beim Delegieren . 219
Wenn nicht jetzt, wann dann? 223
Erfolgreiche buchen einen Coach 227

Nachschlag: Es liegt ganz in Ihrer Hand ... 229

Zum Nachschlagen

Das ABC des Bumerang-Prinzips 230
Bücher, die weiterhelfen 232
Heinzelmännchen online 234
Sachregister 236

EIN WORT ZUVOR

Zeitmanagement
im Laufe der Zeit

Mein erstes Buch schrieb ich 1982. Es hieß *Mehr Zeit für das Wesentliche*. Darin versammelte ich alle Erkenntnisse, die ich über unseren Umgang mit der Zeit finden konnte. Seitdem haben zwei Millionen Menschen meine Bücher gelesen und über hunderttausend meine Vorträge besucht. Damals, vor zwanzig Jahren, wollten die Teilnehmer von meiner Kernbotschaft, einer Besinnung auf Lebensziele, noch nichts wissen. Sie wollten ihren Arbeitstag effizienter gestalten, um noch mehr Arbeit hineinzustopfen, im Hamsterrad schneller und schneller zu laufen.

Im Banne der Effizienz

Sie gingen motiviert ans Werk, schafften mehr in derselben Frist – und waren binnen kurzem ausgepowerter als zuvor. *Das 1x1 des Zeitmanagements* half ihnen, den Job schlackenloser zu erledigen und sich noch mehr Aufgaben aufzuladen. Es gab ja als Zeitpuffer Feierabend und Wochenende. Ehepartner und Kinder sind leicht einzuschüchtern mit den Zwängen des Broterwerbs. Bis man merkt, dass Freundschaften sich in Luft auflösen, vergehen Monate.

Mein nächstes Angebot hieß *Das 1x1 des Selbstmanagements*. Meinen Lesern und Zuhörern und mir selbst reichte es nicht mehr, Aufgaben zu erfassen, ihre Priorität zu definieren und sie terminlich zu strukturieren. Gemeinsam lernten wir, vom pfiffigen Zeitnutzer zum Herrn des Stundenplans zu werden, unsere persönlichen und sozialen Bedürfnisse ebenso ernst zu nehmen wie den Beruf. Der Timer wurde erweitert um die Abendstunden, bereichert um Zahnarzttermin und Elternabend, und donnerstags stand darin: »Blumen kaufen.« Die Leute waren begeistert. Die neue Betrachtungs- und Verfahrensweise löste den Knoten, mit dem die erhöhte Leistungsfähigkeit uns gewürgt hatte. Dass dieser Erfolg nur kurz hielt, erfuhr ich im Dialog mit Personen, die mir schrieben, mich anriefen, nach Vorträgen ins Gespräch verwickelten: Sie hatten meine Ratschläge befolgt und wollten das Gelernte nicht missen. Aber sie waren an eine Kapazitätsgrenze gekommen – erfolgreicher im Job, das Privatleben professionalisiert, und völlig erschöpft.

Die Zeitrevolution: Life-Leadership

Insgeheim war ich wie vom Donner gerührt. Denn jedes Mal hatte ich das Gefühl, die Leute reden von mir. Je perfekter wir uns tunen, desto unerbittlicher rasen die Anforderungen uns davon. Ein mörderisches Karussell, dem wir nur entrinnen, indem wir neue Regeln setzen: *Wenn du es eilig hast, gehe langsam.*

Die Welt hat sich in den vergangenen Jahren ungeheuer schnell verändert. Seit PC, Internet, Mail und Handy den Alltag takten, kann der Mensch nur mithalten, wenn er sich selbst wieder zum Maßstab macht. Nicht unsere Zeit müssen wir managen, sondern Verantwortung übernehmen für unsere Lebensqualität: *Life-Leadership.*

Zeitmanagement im Laufe der Zeit

Mehr Zeit für das Wesentliche – aus einem Instrumentarium gegen Zeitdiebe wird ein Aufruf zur menschlicheren Lebensführung. Aus einem Lehrgang, windschnittiger durch die Flut unserer Aufgaben zu kreuzen, wird die Ermutigung, auch in stürmischen Zeiten die eigene Balance zu finden.

Darum ist in diesem Buch die Rede von den Dingen, die das Menschsein ausmachen: von körperlicher Gesundheit und erfolgreichem Arbeiten, von beglückenden Beziehungen und innerer Orientierung.

Mehr Muße. Mehr Balance. Mehr Kreativität. Mehr Zeit für das Wesentliche, fürs Glück.

Bogenschützen und Bumerangwerfer

Und noch eine Erkenntnis wurde im Laufe der Jahre für mich immer wichtiger. Anfangs wandte ich mich vor allem an Menschen, die sich Ziele setzen und sich systematisch auf den Weg machen, immer in Bewegung, wie ein Pfeil in hohem Bogen auf das Ziel losschwirren. Für diesen Typ habe ich Sätze geschrieben wie: »Setzen Sie sich motivierende Ziele, und verfolgen Sie sie unbeirrt.«

In meinen Seminaren lernte ich aber auch ganz andere Menschen kennen. Leute, die den Weg zum Ziel machen, die Umwege nicht scheuen und scheinbar Sinnloses tun, um Sinn zu schöpfen – Menschenkenntnis, Kreativität. Die ihren Job meist unorthodox versehen. Sie wechseln öfter mal die Blickrichtung, halten eine irrlichternde Balance, steuern Ziele in lang gedehnten Kreisbewegungen an, treffen dabei oder kehren zu sich selbst zurück – und beides ist ein Erfolg. Menschen, die sich wie ein Bumerang bewegen – und die lernen können, diese Art des Strebens nicht als Mangel zu verstehen, sondern sie zu beherrschen und zu genießen.

Für beide Lebenskonzepte bietet dieses Buch Wege zu mehr Lebensqualität: mit cleveren Tests, die Ihre Situation analysieren, und mit vielen praktischen Tipps und bewährten Strategien, die Sie auf den Weg in die Balance zwischen Muss und Muße führen.

- Sie erkennen, was Sie stresst, was Sie bremst und was Ihnen Zeit raubt.
- Sie bringen die vier Lebensbereiche in Balance: Arbeit, Körper, Kontakte und Sinn.
- Sie finden heraus, was Sie motiviert und im »Flow« sein lässt.
- Sie nutzen die Kraft der Ziele und Pläne.
- Sie schaffen Balance zwischen Chaos und Ordnung – und Ihre Kreativität sprudelt.
- Sie gewinnen Zeit für das Wesentliche und für wohltuende Mußestunden.

Werfen Sie einfach den Bumerang! Wenn nicht jetzt, wann dann?

Herzlichst Ihr Lothar Seiwert

Ich freue mich, wenn Sie mir über Ihre Erfahrungen schreiben: **www.bumerang-prinzip.de**

Meine Zeit, mein Glück, mein Leben

Wie viel Zeit nehmen Sie sich fürs Glück? Zeit ist unersetzbar und verrinnt unwiederbringlich. Doch Sie können Zeit gewinnen.

- Meiden Sie Hektik – sie raubt Ihnen Zeit.

- Leben Sie nach Ihrer inneren Uhr – sie schenkt Ihnen Zeit.

- Mehr Zeit für Muße, Sinnlichkeit, Familie, Freunde. Mehr Zeit zu leben, mehr Zeit fürs Glück.

Das Bumerang-Prinzip ...
... und die Zeit

Wie der Hamster im Laufrad

Auf dem Schreibtisch türmen sich die Stapel, ein Termin gibt dem nächsten die Klinke in die Hand, das Telefon läutet mit dem Handy um die Wette, die E-Mail-Box droht mit 37 ungelesenen Mails, Faxpapier und Druckertoner sind alle, die Kinder müssen zum Sport und die Katze zum Tierarzt, unterwegs Schuster und Bank, Mutter klagt den regelmäßigen Anruf ein, abends laden die neuen Nachbarn zum Glas Wein, die Videoaufnahme des Fortsetzungsfilms will programmiert werden, das Finanzamt mahnt die Steuererklärung an – und der Tag hat nur vierundzwanzig Stunden ...

Gut organisiert sind Sie ja ...

»Wie soll ich das alles nur schaffen?« Sie haben gelernt, sich eine Aufgabenliste zu machen, um Ihren Kopf zu entlasten. Sie führen einen Terminkalender – ohne ihn würden Sie total im Chaos versinken. Überall hängen gelbe Post-it-Zettel. Nur: Sie schaffen vielleicht mehr in der gleichen Zeit, aber im Grunde drehen Sie sich einfach noch schneller, wie der Hamster im Laufrad – emsig auf der Stelle tretend.

Das Bumerang-Prinzip und die Zeit

... aber das Leben rennt Ihnen davon

Das Gefühl, dass sich endlich alles zum Besseren wendet, will sich nicht einstellen. Im Gegenteil: Das ganze Leben wird rasanter und flüchtiger. Man spürt geradezu den Luftzug der Monate und Jahre, kommt immer weniger zu sich selbst, sucht kurzzeitige Betäubung vor dem Fernseher, im Glas Wein und delegiert die Wünsche in die Zukunft: Irgendwann komme ich schon noch mal zum Töpferkurs. Irgendwann mache ich die Reise auf die Galapagos-Inseln. Die ungelesenen Bücher füllen die Regale.

Und immer mehr Kollegen und Freunde leiden unter dieser beschleunigten Kultur – wo man hinhört: Schlaflosigkeit, Magengeschwür, Migräne, Hörsturz, Ausgebranntsein, Depressionen.

Moment mal!

Haben Sie schon einmal darüber nachgedacht, warum hochkarätige Wirtschaftsführer sich Auszeiten im Kloster verordnen? Warum, wer es sich leisten kann, sich eine Wellness-Woche gönnt mit Rohkost und Reiki, Meditation und Massagen, Sauna und Sinnfindungsseminaren? Warum der Schreibtisch Ihres Chefs so gut wie leer ist? Und warum unsere Bilder von denen, die es geschafft haben, offene Kragen, sonnengebräunte Arme und windzerzauste Haare zeigen?

»In der Ruhe liegt die Kraft.« Die Lösung unseres inneren Getriebenseins finden wir nur, wenn wir Tage, Stunden und Minuten in unser Leben einbauen, in denen wir den Sinn unseres Lebens suchen, finden und verfolgen. In der Lebenskunst zwischen Muss und Muße. Im Bumerang-Prinzip.

> **Wenn nicht jetzt, wann dann?**
>
> ## Heute ist der erste Tag ...
>
> ▶ Nehmen Sie ein Metermaß, und zeichnen Sie in Hüfthöhe an den Türstock Ihres Schlafzimmers einen Strich. Dann einen weiteren 80 Zentimeter darüber – so viele Zentimeter hält die Natur an Jahren für Sie bereit. Nun malen Sie einen Strich darunter in der Höhe Ihres Alters. Wie viele Zentimeter, wie viele Jahre bleiben Ihnen noch?
> Und nun gehen Sie durch diese Tür. In Ihr neues Leben. Heute ist der erste Tag vom Rest Ihres Lebens, den Sie mit einem anderen Zeitbewusstsein verbringen. Denn, um es mit den Worten des römischen Alltagsphilosophen Seneca zu sagen: »Es ist nicht wenig Zeit, die wir haben, sondern es ist viel, die wir nicht nutzen.«

Bumerang: Spielzeug mit Sinn

Der Bumerang steht für Balance. Wenn wir die beiden Flügel »Muss« und »Muße« in unseren Alltag integrieren, können wir die Auftriebskräfte des Lebens nutzen. Der Bumerang steht für Loslassen. Denn wenn wir loslassen, haben wir beide Hände frei. Und er steht für Experiment, Technik – und Spiel. Für das Kind in uns.

Ich will Ihnen in diesem Buch einen Korb voller Spielzeug ausschütten. Nehmen Sie mal das eine, mal das andere zur Hand, drehen Sie es hin und her, schnuppern Sie daran ...

MEINE ZEIT, MEIN GLÜCK, MEIN LEBEN

Werfen Sie den Bumerang, und die Faszination fängt Sie – wetten, Sie tun es immer wieder?

Das Bumerang-Prinzip

War einmal ein Bumerang;
War ein Weniges zu lang.
Bumerang flog ein Stück.
Aber kam nicht mehr zurück.
Publikum – noch stundenlang –
Wartete auf Bumerang.

Joachim Ringelnatz erkannte schon Anfang der 1920er Jahre das Geheimnis um die Flugeigenschaften des australischen Wurfholzes.

Woher kommt der Bumerang?

Wenn ich vom Bumerang-Prinzip erzähle, wird immer behauptet, der Bumerang sei eine Waffe. Stimmt nicht ganz. Er ist das älteste Sportgerät der Welt. Schon allein deshalb hat er seinen berechtigten Platz in diesem Buch: Er repräsentiert 10000 Jahre Zeit. Also 87600000 Stunden. Die Ureinwohner Australiens, die Aborigines, gingen damals mit gebogenen Ästen auf die Jagd. Die flogen hundert Meter, erledigten das Kleingetier und auch einmal ein Känguru. Doch irgendwann kam einer zurück. Jagduntauglich, weil zu leicht. Fortan war der Bumerang für die Aborigines ein Kultgegenstand. Ein Zeichen der Würde, ein Zaubermittel.

Auch andere Kulturen kannten vergleichbare Wurfhölzer. In Dänemark und Holland zum Beispiel fand man welche, die einige tausend Jahre alt sind. Die Hopi- und Mosqui-Indianer im amerikanischen Bundesstaat Arizona jagten mit ihrem »rabbit stick«. Und im Grab des Pharaos Tutanchamun fand man zwei Dutzend goldverzierte Bumerangs aus Elfen-

probieren Sie aus, was Sie auf irgendeine Weise anspricht. Mit dem, was Sie mögen, spielen Sie, bis Sie es lieb gewinnen oder langweilig finden. Dann hat es seinen Dienst getan, Sie verstauen es wieder im Korb – und vielleicht fällt ja Ihr Blick auf ein anderes, das Sie vorher verschmäht haben und das Sie nun, nach einigen Tagen, Wochen oder Monaten, plötzlich anlacht. Folgen Sie Ihren Impulsen, und finden Sie dabei heraus, wie Sie sich weiterentwickeln.

Die Veränderung des Lebens ist ein Prozess, der sich in vielen, kleinen Schritten vollzieht. Auf diesen Weg führen selten fertige Antworten, sondern eher Möglichkeiten, Rezepte, Anregungen, mit denen man experimentieren kann. Und genau diese Idee verfolgt dieses Buch.

Gewohnheiten, so sagen die Spanier, sind anfangs dünn wie Spinnweben und später stark wie Drahtseile. Kleine Änderungen Ihres Alltags, Ihres Denkens und Tuns können große Veränderungen in Ihrem Leben bewirken.

Das Bumerang-Prinzip und die Zeit

bein. Das Grab ist 3000 Jahre alt. 1995 grub ein Bagger im Elbkies bei Magdeburg eines dieser Kulthölzer aus. Ein aus Eschenholz geschnitztes Stück für Linkshänder aus der Zeit zwischen 800 und 400 vor Christus. Zehn Jahre früher fand man in der Oblazowa-Höhle in den polnischen Karpaten ein Wurfinstrument aus Mammut-Elfenbein. 20300 Jahre alt. Es flog 66 Meter weit.

Bumerang-Kult heute

Der Bumerang wird auch als »Frisbee für Intellektuelle« bezeichnet. Ein flugfähiges Exemplar kostet etwa 5 bis 35 Euro und hat unterschiedliche Formen: zwei, drei, vier oder sechs Flügel, mit drei Ecken, vier Ecken oder unterschiedlichen Buchstabenformen. Aus Plastik oder Plexiglas, auch aus Edelhölzern. Wahre Fans schnitzen ihn selbst. Deutschlands Bumerang-Club zählt etwa 500 Mitglieder – und die Deutschen gehören zu den besten Werfern der Welt. Beim Weltrekord im Langzeitwerfen kam das Wurfholz nach zwei Minuten zurück. Ein kräftiger Wurf lässt ihn 150 Meter weit fliegen. Beliebt um den Turm von Pisa oder – besonders reizvoll, weil verboten: ums Washington-Monument. Bis man das beherrscht, dauert es freilich. Aber schon nach wenigen Tagen Übung und vielleicht ein paar kleinen blauen Flecken kann man mit sich selbst Fangen spielen.

Und warum kommt er zurück?

Es heißt, der Bumerang habe etwas von einem fliegenden Diskus, von einem kurvenden Flugzeugpropeller, von einem Hubschrauberrotor. Der Wurf treibt ihn vorwärts. Die Erde zieht ihn abwärts. Sein Kleiderbügelprofil hievt ihn aufwärts. Seine Rotation zwingt ihn seitwärts. Aber warum er zurückkommt, weiß man so genau nicht.

- Zunächst muss der Bumerang sich stabil drehen, er darf nicht taumeln.
- Dann muss er Flügel haben, die weit genug von seinem Schwerpunkt entfernt sind.
- Drittens müssen diese Flügel einen aerodynamischen Auftrieb während des Drehens erzeugen. Dieser Auftrieb entsteht durch die tragflächenartige Profilierung der Flügel.
- Wenn die Auftriebskräfte in vernünftigem Verhältnis zum Gewicht stehen, steht seiner Rückkehr nichts mehr im Weg.
- Allerdings muss er noch richtig geworfen werden.

Wenn Sie mehr über das physikalische Prinzip wissen wollen, schauen Sie doch mal auf die Website des Bumerang-Clubs: *www.bumerangclub.de*

Werfen Sie ihn mal!

Bumerangwerfen macht Spaß und tut der Seele gut. »Man vergisst Raum und Zeit. Es ist wie Zen-Meditation: Man wird eins mit dem Gerät«, sagt Winfried Gorny von »Das Bumerang-Projekt«, Hamburg *(www.das-bumerang-projekt.de)*. Nichts entspannt mehr, bringt mehr Balance ins Leben. Einfach ausprobieren – starten Sie mit dem kleinen, vierflügeligen Bumerang, der diesem Buch beiliegt. Ihn können Sie sogar im Zimmer kreisen lassen.

MEINE ZEIT, MEIN GLÜCK, MEIN LEBEN

Der Bumerang ist das perfekte Symbol für Life-Leadership.

Was hat der Bumerang in diesem Buch zu suchen?

■ **Er rotiert für die Sinnfrage des Lebens.** Es scheint vollkommen sinnlos zu sein, etwas wegzuwerfen, das wiederkommt. Und trotzdem steckt viel Sinn darin, sich mit genau diesem Aspekt zu beschäftigen.

■ **Er beschreibt die optimale Lebensbahn.** Durch den ständigen Wechsel zwischen den Extrempunkten (Lebensbereichen) kommt es zu einer stetigen Vorwärtsbewegung.

■ **Er kommt zurück:** Wie wir selbst nach Ausflügen in Wissenswertes, in Abenteuer erfahrungsbereichert zurückkehren. Oder wie wir etwas zurückbekommen, wenn wir auf die richtige Weise hineininvestieren. So wie Unterstützung, Freundschaft und Liebe zurückkommen, wenn wir sie geben.

■ **Er steht für Auftrieb:** Genauso, wie wir auf den Auftriebskräften des Lebens segeln können, wenn wir sie nutzen.

■ **Er darf nicht taumeln:** Auch uns sollte nichts so schnell aus dem Gleichgewicht bringen. Denn es gibt keine Probleme, es gibt nur Lösungen.

■ **Er hält die Balance zwischen den Extremen,** wie wir Balance halten sollten zwischen Chaos und Ordnung, Faulheit und Gasgeben, Muss und Muße.

■ **Er steht für Spiel:** Wer ihn neugierig in die Hand nimmt, weckt das Kind in sich. Oft die einfachste Art, das Leben von seiner schönsten Seite zu sehen.

■ **Er steht für Kreativität:** Seine beiden Flügel kooperieren, wie unsere beiden Gehirnhälften zusammenarbeiten sollten – die eher logische linke und die eher intuitive rechte – als Basis für kreative Prozesse.

■ **Und er steht für Freiheit und Loslassen.** Eine arabische Weisheit sagt: »Wenn du dir irgendetwas ganz fest wünschst, dann lass es frei – nur dann kehrt es zu dir zurück und gehört dir wirklich.«

■ **Er steht für die Balance im Leben:** Sind wir nicht in Balance oder zu einseitig fokussiert, kippt alles in eine Richtung, und wir stürzen ab.

■ **Er steht für Polarität:** Alles im Leben hat zwei Seiten – beide sind eng miteinander verbunden. Wenn du es eilig hast, gehe langsam.

■ **Er steht für den Lebensweg.** Es geht nicht immer direkt zum Ziel; wer einen Umweg beschreitet, kommt oft durchaus eleganter, leichter und schneller zum Erfolg.

■ **Und er steht für »Flow«:** das völlige Aufgehen in einer Tätigkeit, das Schaffensglück pur. Denn davon berichten alle Werfer, vom stillen Glück, das sie empfinden in jenem Augenblick, wenn das rotierende Objekt zurückkehrt. Darum kann ich nicht verstehen, warum der Volksmund sagt: »Das kommt wie ein Bumerang auf dich zurück« – und etwas Negatives damit meint.

INTERVIEW

Fragen an das Glück

Was ist Glück? Wen sucht es heim? Wo kann man es finden? Und wie kann man es halten? Das alles kann nur einer beantworten: das Glück selbst. Ein außergewöhnliches Interview.

Wer bist du?
Glück ist das, was Menschen unter Glück verstehen.
Das hast du geklaut – vom Koblenzer Glücksforscher Alfred Bellebaum. Ich will wissen, was die Menschen unter Glück verstehen!
Ernest Hemingway hat gesagt, ich sei »einfach eine gute Gesundheit und ein schlechtes Gedächtnis«. Arthur Schopenhauer meinte, Glück sei, sich selbst genug zu sein. Und Arthur Schnitzler: »Alles, was die Seele durcheinanderrüttelt, ist Glück.« Goethe dichtete: »Glücklich allein ist die Seele, die liebt.« Werbetexter behaupten, Waschmittel sei Glück. Auch Jean-Jacques Rousseau hatte eine eher pragmatische Vorstellung von mir: »... ein gutes Bankkonto, eine gute Köchin, eine gute Verdauung.« Nicht so nett finde ich die Definition von Johann N. Nestroy: Er bezeichnet mich als »eine leichtfertige Person, die sich stark schminkt und von fern schön aussieht ...« Jeder Mensch hat eine andere Definition für mich.
Wenn keiner genau weiß, wer du bist, warum sind dann gerade jetzt so viele Menschen so scharf auf dich? Seit 1990 haben wir eine regelrechte Inflation des Glücks. Du machst Schlagzeilen, flimmerst durchs TV. Jährlich erscheinen 700 neue Esoterikbücher, die dich versprechen.
In Marbella heißt das 11. Gebot: Du sollst dich nicht langweilen. Die Welt ist voller Langeweile. Und keiner mag es zugeben. Darum hektikt man von der Techno-Box zum Candlelight, von der Koks-Line zum Bungee-Jumping. Die Erlebnisse werden immer schaler. Man stumpft ab. Und irgendwann stellt man sich dann die Sinnfrage: Wozu bin ich auf Erden? Und statt zu sagen: »carpe diem« – pflücke (oder genieße) den Tag –, greift man eben zu einem der 1074 deutschen Bücher mit dem Wörtchen Glück im Titel.
Und hilft's?
Ich weiß nicht. Ich trinke lieber eine Flasche Wein, am liebsten mit einem guten Freund.
Epikur, ick hör dir trapsen ...
Einer der Denker der Antike, der mich ziemlich gut verstanden hat: Glück erreicht, wer sich aus der Welt der geschäftigen Eitelkeit und des getriebenen Ehrgeizes zurückzieht. Und einfache Freuden mit Freunden teilt. Viele haben ihn als Lüstling verkannt. Er war keiner. Unter Freuden verstand er Wasser, Brot, Worte und ab und zu ein Gläschen Wein.
Dann gefällt dir sicher auch der Münchner Gehirnforscher Professor Ernst Pöppel. Er sagt, Glück sei ein Gefühl aus Lust und Schmerz.
Kluger Mann. Ich mag bloß seinen Bart nicht. Er erinnert mich an Freud.

MEINE ZEIT, MEIN GLÜCK, MEIN LEBEN

Weil Sigmund Freud behauptete, du seist »im Plan der Schöpfung nicht enthalten«?
Ein Pessimist. Einer, der hinter jedem Lächeln einen Staubsaugervertreter vermutet.
Also ein Träger des Woody-Allen-Gens?
Wenn du nun wissen willst, ob's im Leben darauf ankommt, dass ich mich mit in die Wiege lege, muss ich mit Jein antworten. Es gibt ein Woody-Allen- oder Pessimisten- oder Pechvogel-Gen. Aber Hans im Glück war auch ein Pechvogel, stolperte von einem Missgeschick ins nächste – und ich war immer dabei. Das ist wahres Glück: trotzdem positiv drauf zu sein.
Professor Ernst Pöppel sagt, dass die Erziehung in den ersten zehn Jahren viel wichtiger sei als Gene, weil da nämlich die Netze im Gehirn angelegt werden, die einen Menschen dazu befähigen, Vertrauen und Freude zu empfinden, ein Optimist zu werden ...
Recht hat er. Die Eltern chronischer Pessimisten waren Spielverderber: Sie haben dem Kind zum Beispiel das Musikinstrument verwehrt, keine Bücher vorgelesen, Abenteuer, Erlebnisse und Erfahrungen verweigert. Je breiter die Erfahrungspalette in den ersten zehn Jahren, desto reicher das Gehirn. Und desto stärker die positiven Emotionen.
81,3 Prozent der Deutschen behaupten in einer großen EMNID-Umfrage, dass sie glücklich seien.
Glatt gelogen. Das sagen sie nur, weil es von ihnen verlangt wird. Man muss in unserer Gesellschaft glücklich sein, um etwas zu erreichen. Die Wahrheit sieht anders aus. Der amerikanische Psychologe und Emotionsforscher Daniel Goleman warnt vor der Ausbreitung des emotionalen Elends. Depressionen nehmen zu – die absolute Abwesenheit von Lust und Schmerz. Die Wahrscheinlichkeit, dass Deutsche, die nach 1944 geboren sind, in ihrem Leben eine ernste Depression erleiden, ist dreimal größer als bei der Generation der Großeltern. Das ist nur die Spitze des Eisbergs. Darunter brodeln zunehmend Gewaltverbrechen, Selbstmorde, Drogenmissbrauch. Vor allem in Amerika.
Dass du so pessimistisch denkst!?
Da siehst du mal. Das Glück hat viele Facetten.
Es hilft also nicht, dass du als Menschenrecht in der amerikanischen Unabhängigkeitserklärung von 1796 verankert bist?
Nur das Recht, nach Glück zu *streben* – aber keine Garantie dafür. Das übt Druck aus. Darum tun alle, als wären sie glücklich: Keep smiling. Und die Psychoanalytiker verdienen an den Folgen.
Professor Pöppel sagt, dass er mit allen Psychoanalytikern im Clinch ist. Weil die behaupten, man könne Menschen glücklicher machen, indem man ihnen Charaktereigenschaften wie Geiz, Misstrauen, Unzufriedenheit wegtherapiert. Das kann man nicht, sagt er, weil der Therapierte Spontaneität verliert – der schrecklichste Glücksverlust.
Weißt du, was die Wurzel allen Unglücks ist? Sich ständig zu fragen, ob man denn gerade glücklich ist. Und dann andere damit zu belästigen: diese How-are-you-Kultur in Amerika. Wer mich als Ziel ständig vor sich herträgt, erreicht gar nichts. Ich komme nämlich nur vorbei, wenn man mich nicht erwartet. In der Gegenwart leben, naturverbunden, bodenständig sein, genießen und sich darüber freuen, dass ich in der Vergangenheit da war – wer mich so sucht, der findet mich auch.
Ja, aber wo versteckst du dich?
Die einen finden mich in einem Bett, in das man sinken kann, oder in der selbst geernteten Stachelbeere. Minutenglück. Aber eines, das man haben kann. Der klügste Satz über mich:

Das Bumerang-Prinzip und die Zeit

»Glück bedeutet nicht, das zu kriegen, was wir wollen, sondern das zu wollen, was wir kriegen.« Die anderen leben im Jammertal und hoffen auf den Sechser im Lotto.

... und werden eher vom Blitz erschlagen.
Stimmt. Stiftung Warentest hat einmal ausgerechnet, dass es viermal wahrscheinlicher ist, vom Blitz erschlagen zu werden, als im Lotto zu gewinnen. Letztes Jahr wurden 884 530 000 Glücksscheine ausgefüllt: ein Haufen Geld. Nur einer von 140 Millionen hat eine Chance. Und sein Glück hält nicht mal lang an. Nach sechs Wochen sinkt der Hochstimmungspegel durch ein »unverdientes« Glück wieder auf normales Niveau.

Es stimmt also, was in »Psychologie heute« stand: dass jeder Mensch ein bestimmtes Glücksniveau hat, auf das er immer wieder zurückfällt?
Tja. Das ist mal Pech und mal Glück. Da findet man seinen Traummann, wird befördert oder Lottokönig, ist superglücklich – und nach drei bis sechs Monaten ist alles beim Alten. Der Vorteil ist nur, dass Unglück genauso wenig anhänglich ist wie ich. Superman Christopher Reeve empfand schon 12 Wochen nach seinem schweren Unfall wieder »echte Freude«.

Verstehe ich das richtig? Wenn du in einen Schoß fällst, machst du dich auch schnell wieder davon?
Haargenau. Meine Gunst kostet Anstrengung. Der Glücksforscher Mihaly Csikszentmihalyi (Seite 157) sagt: »Glück ist nicht etwas, das einfach geschieht. Es ist keine Folge von angenehmen Zufällen. Es ist nichts, was man mit Geld kaufen oder mit Macht bestimmen kann.« Glück muss man selbst herbeiführen. Und je mehr man sich anstrengt, desto größer ist es.

Er hat ja auch einen Spitznamen für dich: Flow.

Glücklich, wer einverstanden ist mit sich und seinem Leben. Glück bedeutet nicht, das zu kriegen, was wir wollen, sondern das zu wollen, was wir kriegen ...

»Flow« nennt er jenen Zustand, bei dem man in eine Tätigkeit so vertieft ist, dass nichts anderes eine Rolle zu spielen scheint. Die besten Momente. Flow empfindet ein Kind, das mit zitternder Hand den letzten Baustein auf den Turm setzt. Flow strömt in den Chirurgen, wenn das Operationsteam ein Leben rettet, beseelt den Läufer beim Marathon, den Schachspieler im 5-Stunden-Match mit kribbelnden Gefühlen.

Lohnt sich die Anstrengung überhaupt – du flüchtest doch sowieso wieder?
Zum Glück! Sonst wäre ich Gift. Den Feuerzauber, den ich im Gehirn auslöse, hält nämlich keiner lange aus. Um das mit den Worten Professor Pöppels auszudrücken: Was wir als Glück empfinden, wird in verschiedenen Bereichen des Gehirns produziert. Der Mensch sieht,

MEINE ZEIT, MEIN GLÜCK, MEIN LEBEN

hört, spürt, riecht, schmeckt etwas. Mischt schöne Erinnerungen dazu (sofern er welche hat), reichert das eventuell noch mit Gedanken an, und das Feuerwerk der Botenstoffe im Gehirn löst eine Emotion aus – einen Glücksrausch. Dieser Rausch würde uns auf Dauer umbringen. Wie Drogen.

Pures Glück ist tödlich?
Ja. Der menschliche Körper ist von der Natur so geeicht, dass es ihm zwischendurch schlechter geht – und er sofort etwas unternimmt, damit das aufhört. Wenn er Hunger hat, isst er, wenn er müde ist, schläft er, wenn er Schmerzen hat, schont er sich. Könnte man nun das Schlechtergehen ausschalten im Gehirn, würde ich mich einnisten und dazu führen, dass alle anderen Aktionen eingestellt werden. Man würde verhungern oder verdursten.

Kann man eigentlich Glück selbst herstellen?
Emotionen können wir uns nicht immer aussuchen. Liebe ist wie ein Fieber, das unabhängig vom Willen kommt und geht. Doch es gibt auch einen Weg zur Emotion, vom Denken zum Fühlen. Sexuelle Vorstellungen können sexuelle Gefühle wecken, glückliche Erinnerungen können uns aufheitern.

Wo wohnst du eigentlich – im Herzen, im Bauch oder im Kopf?
Der kleine Prinz von Antoine de Saint-Exupéry hat gesagt: »Man sieht nur mit dem Herzen gut; das Wesentliche ist für die Augen unsichtbar.« Das war natürlich, bevor es die Positronenemissions-Tomographen gab: High-Tech-Geräte, mit denen die Forscher heute das Innerste des Gehirns fotografieren können. Seitdem weiß man auch, dass ich nicht im Herzen, sondern in den 1,5 Kilo Nervenzellen sitze. Genauer: in zwei erbsengroßen Teilen vom Gehirn, dem Mandelkern, der Amygdala. Dort werden Emotionen in Zusammenarbeit mit den Erinnerungsschubladen ausgekocht – nicht im Geldbeutel.

Reiche sind also nicht glücklicher?
Irgendwann schmeckt auch der Kaviar schal. Zum Glück gibt's eine amerikanische Langzeitstudie an 5 000 Erwachsenen über zehn Jahre. Die filterte die chronisch Glücklichen heraus: weder die Reichen noch die Schönen noch die Klugen sind glücklicher als die Menschen, die mit diesen Attributen vom Schicksal spärlicher bedacht wurden.

Ja, welche Menschen ziehen dich dann magisch an?
Die Selbstbewussten, die sich selbst mögen. Die Selbstständigen, die Kontrolle über ihr Leben haben. Die Optimisten und die Extrovertierten. Menschen, die gerne arbeiten und gute Freunde haben.

Und was hältst du von Österreichs größtem Egoisten, Josef Kirschner, der 2,8 Millionen Egoisten gezeugt hat mit seinem Buch »Die Kunst, ein Egoist zu sein«?
Oh, den besuche ich oft, wenn er an seinem Teich im Burgenland sitzt. Er sagt: »Den größten Respekt hab ich vor mir selbst, die wichtigste Treue ist die Treue zu mir selbst, und die wichtigste Liebe ist die Liebe zu mir selbst. Ich muss glücklich sein, denn nur dann kann ich andere glücklich machen.« Daran kann nichts Falsches sein, seine Frau hält es schon 40 Jahre mit ihm aus. Und ich komme immer wieder.

Dieses Interview entstand in Zusammenarbeit mit dem Münchner Gehirnforscher Prof. Ernst Pöppel, dem Koblenzer Glücksforscher Prof. Alfred Bellebaum und der Journalistin Marion Grillparzer.

Lasst uns über Zeit sprechen

Was ist das? »Etwas, das alles verschlingt: Baum, der rauscht, Vogel, der singt. Frisst Eisen, zermalmt den härtesten Stein, zerbeißt jedes Schwert, zerbricht jeden Schrein, schlägt Könige nieder, schleift ihren Palast, trägt mächtigen Fels fort als leichte Last?« Dieses Rätsel gab J. R. R. Tolkien seinen Lesern und Bilbo Beutlin auf. In der Erzählung »Der kleine Hobbit« kann man auch die Antwort lesen: die Zeit.

»1-2-3 im Sauseschritt eilt die Zeit, wir eilen mit«, sagte Wilhelm Busch in einer Epoche, die wir heute als Biedermeier belächeln: bevor die Technik das Adrenalin-Zeitalter einleitete, die Ära des Stresshormons, das uns drängeln lässt, hetzen, rennen, das den Puls in die Höhe treibt, Kerben in die Adern schlägt, die zum Herzinfarkt führen.

Die Zeit überholt uns

Wir kommen nicht mehr mit. SMS, E-Mail, virtuelle Blitzkommunikation über die halbe Weltkugel. Globalisierung, Lean Production, Aktienkurs. Der DAX im Keller kann uns die Laune versauen, das Wochenende, die Freizeit. Was zählt, ist nicht mehr das Herz, sondern sind die Hertz im PC.

Was ist Zeit?

Stellen Sie sich vor, Sie fragen jemanden auf der Straße nach der Zeit. »Zehn vor zwölf«, antwortet nach einem Blick auf den Arm der Uhrzeit-Getriebene. Wenn dieser Mann, den Sie zufällig auf der Straße nach der Zeit fragen, der griechische Philosoph Heraklit wäre,

Die Uhrzeit rennt uns davon – die Ereigniszeit dagegen vergeht mal schnell und mal unendlich langsam …

würde er antworten: »Ruhe ist eine Illusion, alles fließt. Man kann nicht zweimal in denselben Fluss steigen, das Wasser ist immer ein anderes.« Für ihn war die Zeit der Herrscher der Welt. Der deutsche Philosoph Arthur Schopenhauer bliebe stehen, grübelte ein wenig und hielte in etwa folgenden Vortrag: »Zeit ist wie Raum einzigartig und unendlich. Zeit ist die Form des inneren Sinnes, Raum die des äußeren. Die gesamte Wirklichkeit ist unsere Vorstellung, wahrgenommen durch Zeit und Raum. Raum und Zeit haben also nur eine Bedeutung in Verbindung mit unserer Erfahrung. Außerhalb unserer Erfahrung zählt Zeit nichts.«

Stephen Hawking würde, nach der Zeit gefragt, sagen: »Eine kleine Geschichte.« Und Albert Einstein würde die Stirn runzeln: »Wenn man mit einem netten Mädchen zwei Stunden zusammen ist, hat man das Gefühl, es seien zwei Minuten; wenn man zwei Minuten auf dem heißen Ofen sitzt, hat man das Gefühl, es seien zwei Stunden. Das ist Re-

MEINE ZEIT, MEIN GLÜCK, MEIN LEBEN

... zum Nachdenken

Das Leben ist eine Chance, nutze sie. Das Leben ist Schönheit, bewundere sie. Das Leben ist ein Traum, mach daraus Wirklichkeit. Das Leben ist eine Pflicht, erfülle sie. Das Leben ist ein Spiel, spiele es. Das Leben ist kostbar, gehe sorgfältig damit um. Das Leben ist Reichtum, bewahre ihn. Das Leben ist Liebe, erfreue dich an ihr. Das Leben ist eine Hymne, singe sie. Das Leben ist eine Herausforderung, stelle dich ihr. Das Leben ist ein Abenteuer, wage es. Das Leben ist Glück, verdiene es. Das Leben ist das Leben, verteidige es.

Mutter Teresa (1910–1997), Ordensschwester, Indien

lativität.« Der amerikanische Staatsmann Benjamin Franklin würde im Vorbeihetzen rufen: »Time is money!« Ein Einwohner aus Burundi würde schauen, was die nächstbeste Kuh tut. In Burundi herrscht nämlich die Kuhzeit. Morgens heißt: Wenn die Kühe auf die Weide gehen. Mittags: Wenn die Kühe zum Fluss trinken gehen. Und fragten Sie einen Physiker, würde er zurückfragen: »Wollen Sie es genau wissen? Die Atomsekunde entspricht 9192631770 Schwingungen von Licht einer bestimmten Frequenz. Wir messen Zeit so präzise wie nie zuvor – und können die Uhrzeit gar nicht so schnell nennen, wie sie vergeht.« Und wenn Sie einem modernen Zeitmanager begegnen, antwortet er: »Luxus pur. Unbezahlbar. Vergeht und kommt nicht wieder. Haben Sie schon mal berechnet, wie viele Sekunden noch auf Ihrem Lebenszeitkonto liegen?« Momos Graue Herren von der Zeitsparkasse würden zischeln: »Spare Zeit, so viel du kannst, und stell' dir vor, was du später damit alles anfangen kannst!«

Sie sehen: Zeit ist relativ. Noch vor 500 Jahren lebten wir nach der Ereigniszeit. Die Natur und die Aktivitäten bestimmten den Tagesablauf – und nicht umgekehrt. Der Hahn krähte, der Mensch stand auf. Die Sonne ging unter, mit ihr schlüpften wir unter die Decke. Man lebte nach der Sonne und auch nach ihrer Uhr. Den Klerikern, die auch nachts beten wollten, zeigte die Wasseruhr die verflossene Zeit: Aus einem Topf mit Wasser tropfte es, eine Skala im Inneren des Topfes zeigte das Dahinfließen der Zeit an.

Am Ende des 13. Jahrhunderts kreiste der erste Zeiger über das Zifferblatt kraft eines von der Erdanziehungskraft getriebenen Gewichts. Es folgten Minutenzeiger, Sekundenzeiger, Atomsekunde.

Die Ursache der Zeitnot

Der Existentialist Martin Heidegger (1889–1976) bemerkte, worin die Ursache der heutigen Zeitnot liegt: in der Herrschaft der mechanischen, äußeren Zeit über das Zeitempfinden. Er fragte: Warum sagt »gerade das Dasein, das mit der Zeit rechnet, mit der Uhr in der Hand lebt: Ich habe keine Zeit«? Seine Antwort: Weil wir unsere Zeit in eine Folge austauschbarer Sekunden, Tage und Jahre verwandelt haben, eine äußere Zeitmacht in Gestalt einer endlosen, unendlich teilbaren Linie. Jede Zeit, die der Sekundenjäger spare, biete sich ihm sofort als leeres Gefäß an, das erneut mit Arbeit auszufüllen sei. Nicht mehr unsere konkreten Besorgungen und Wünsche bestimmten unseren Zeitplan. Vielmehr verlange die leere Zeit unerbittlich danach, »sinnvoll« genutzt zu werden.

Das Bumerang-Prinzip und die Zeit

Nur dem Anschein nach ist die Zeit ein Fluss. Sie ist eher eine grenzenlose Landschaft, und was sich bewegt, ist das Auge des Betrachters.
Thornton Wilder (amerikanischer Schriftsteller, 1897–1975)

Was Heidegger noch als Ausnahme wahrnahm, als »uneigentliche Zeitlichkeit«, ist für uns zum Normalfall geworden. Wir haben uns angewöhnt, uns der Tyrannei einer objektiven »Weltzeit« zu unterwerfen. Dabei hat Albert Einstein sie schon 1905 auf den Müllhaufen der Geschichte geworfen, als er erklärte, es gebe keine absolute Weltzeit, sondern nur relative Zeiten der Beobachter.

Leben im Tempoland

Wir leben nach Landkarten. Das Navigationsmittel zeigt uns schnell und ohne Umschweife genau, wo was ist – wo welcher Fluss fließt, wo welches Dörfchen liegt, welche Straße uns zur nächsten Hauptstadt bringt. Wir konzentrieren uns auf diese Landkarten, statt in dem Fluss zu waten, den Kirchturm im Dorf zu bewundern, das Rot des Mohns am Straßenrand in uns aufzusaugen. Eine Landkarte ist nur etwas für den Verstand, für den Intellekt, für die Schnelligkeit – für den direkten Weg. Sie »erspart« es uns, die Welt selbst zu erforschen und dabei mit unseren Sinnen zu erleben.

Auch Fernsehen ist eine solche Landkarte. Wir konsumieren Informationen, die andere für uns gemacht haben, die sie einmal selbst erfühlt, erlebt haben. Die Zeitung ist solch eine Landkarte, auch Fast Food. Alles, was uns Zeit spart und am Erleben hindert.

Wahres Leben ist *Erleben*. Und das tun wir mit unseren Sinnen. Im Tempoland hat man

MEINE ZEIT, MEIN GLÜCK, MEIN LEBEN

Muße heißt: den Augenblick intensiv erleben, die Welt mit allen Sinnen wahrnehmen.

keinen Sinn mehr für die Sinne. Muße ist nichts anderes als »zur Besinnung kommen«. Nur: Die gehetzte Gesellschaft ist stolz auf alle Erfindungen, die Zeit sparen helfen – die wir dann wieder vergeuden können: an noch mehr Arbeit oder beim Zeit-Totschlagen. Weil wir gar nicht mehr wissen, wie wir mit gewonnener Zeit umgehen sollen. Und glücklich sind wir noch lange nicht.

Plädoyer für ein Leben im Lotossitz?

Nein. Im Lotossitz wird man nicht satt, erntet im Allgemeinen keine Anerkennung. Jeder braucht Wertschätzung, Liebe, Freundschaft, und daran muss man arbeiten. Im Job, im Privatleben. Wir versuchen, mit den Schuhen, die uns auf dieser Welt gegeben wurden, so weit wie möglich, so gut wie möglich zu laufen. Manche Menschen sprinten nur. Sie landen irgendwann auf der Intensivstation. Andere laufen weg, verkriechen sich auf ihrer Insel. Der Psychotherapeut Eckhard Neumann schrieb in der »Ärzte-Zeitung«: »In meiner Tätigkeit als Psychotherapeut an Spaniens Sonnenküsten und in Lateinamerika sind mir viele Menschen begegnet, die an ›Paradies-Depression‹ leiden. Trotz guter äußerer Bedingungen waren sie nicht glücklich, sie litten an Sinnleere, psychosomatischen Krankheiten und oft beträchtlichen Suchtproblemen.« Der Grund: »Ganz gleich, wo wir sind, wir nehmen uns ständig selbst als unser eigenes Gepäck mit. Wer die Unruhe als ein drückendes Beschäftigt-sein-Müssen verinnerlicht hat, braucht oft lange, um das innere Gejagtsein abzubauen, um dem Genuss des Müßiggangs Türen zu öffnen.«

Manch einer zieht sich einfach zwischendurch seine Wanderstiefel an und legt sich auf eine Alpenwiese, mit einem Grashalm im Mund, und liest in den Wolken – als Lebenskünstler zwischen Muss und Muße.

Was ist Muße?

Muße heißt nicht: sich endlos im Liegestuhl räkeln. Sondern: bei Sinnen sein. Die Welt entdecken mit allen Sinnen im Hier und Jetzt. Neugierig, spielerisch, beweglich, wie ein Kind. Es gibt Menschen, die können sich im hektischen Großraumbüro hinsetzen, alles um sich vergessen, die Sinne einschalten, auftanken – dann heben sie voll getankt wieder den Blick. Und arbeiten gestärkt, zufrieden weiter. Doch dahinter steckt Lebensmanagement. Diese Menschen sind ausgeglichen. Sie leben in Balance zwischen Muss und Muße. Das kann man lernen, dafür ist es nie zu spät. Man muss sich nur die Zeit nehmen. An ihr mangelt es nämlich nicht.

Was bedeutet für Sie »Zeitmangel«?

Denken Sie nicht zuerst an die Anzahl von Stunden und Minuten, die Sie zusätzlich be-

Das Bumerang-Prinzip und die Zeit

Wenn nicht jetzt, wann dann?

Den Blick auf das Schöne richten

Du kannst dem Leben nicht mehr Stunden geben – aber den Stunden mehr Leben!
Leben im Hier und Jetzt ist eine Kunst – eine Lebenskunst. Wer das kann, hat den Himmel auf Erden. Man hört alles, man sieht alles, man begreift alles.
▶ Wie das geht? Einfach anfangen und wahrnehmen, was ist, nicht, was uns Sorgen macht oder was uns ärgert.
Schauen Sie in das Leuchten der Augen Ihres Partners, wenn Sie ihm ein Kompliment machen. Ein unvergesslicher Augenblick. Freuen Sie sich über den fertigen Brief, den erledigten Job. Feiern Sie das. Konzentrieren Sie sich auf die Struktur, den Duft einer Rose. Genießen Sie das Jetzt.

Dauer, die unsere Handlungen nun einmal benötigen, und den Zeitpunkt, der für uns der richtige ist – in Übereinstimmung bringen mit äußeren Taktgebern wie Kalendern, Fahrplänen, Chefs, Partnern und Weckern. Und das ein Leben lang – in Form von Life-Leadership. Ob wir Zeitsklave sind oder Zeitbeherrscher, liegt nur daran, ob wir der Tyrannei der Uhren und äußeren Taktgeber unterliegen oder uns die Stunden und Tage dienstbar machen.

Wie viel Zeit nehmen wir uns für Muße?

Im Schnitt leben wir 76 Jahre. Davon verschlafen wir zum Beispiel 26,7 Jahre. Der Job frisst 8,2 Jahre, die Hausarbeit 13,6 (Männer: 5,4). Im Stau stehen wir 1,3 Jahre. Vor dem Fernseher sitzen wir 6 Jahre. Der echten Muße gönnen wir gerade mal 4 Monate. Und in die piepst auch noch das Handy rein.
Wir führen ein Leben zwischen Zeit-Mangel und Zeit-Vertreib. Und was wir als Luxus ersehnen, nehmen wir uns nicht: Zeit für uns.

Status-Symbol: Keine Zeit

Zeit. Wenn Sie dieses Wort aus vier Buchstaben lesen, vergeht ein Augenblick. Ein wertvoller Augenblick Ihres Lebens. Ihres Glückes. Zeit ist das, was Menschen vorgeben, nicht zu haben. Was uns die Biologie begrenzt mitgegeben hat. Zeit ist das Luxusgut unserer Gesellschaft. Man kann sie nicht bezahlen, nicht kaufen, nicht sparen und nicht sammeln. Wohl aber verkaufen, verschenken, verschwenden.
Ein Blick in »Das Kartengeheimnis« von Jostein Gaarder zeigt, dass sie uns dabei fest im Griff hat: »Die Zeit geht nicht, ... und sie tickt nicht. Wir gehen und unsere Uhren

nötigten, um Ihre Aufgaben ohne Hast zu erledigen? So sehr haben wir uns an den kleinen Despoten am Handgelenk gewöhnt. Wir kommen nicht einmal mehr auf den Gedanken, dass die 24 Stunden zu je 60 Minuten ein willkürlich gewähltes Maß sind. Damit werden unsere Tage in ebenso willkürliche Bruchstücke zerhackt, genannt »Termine«, die auf unseren inneren Rhythmus keine Rücksicht nehmen.
Gutes Zeitmanagement ist Selbstmanagement. Wir müssen unsere Eigenzeit – jene

MEINE ZEIT, MEIN GLÜCK, MEIN LEBEN

»Keine Zeit zu haben« gilt in unserer Gesellschaft als Statussymbol ...

ticken. Die Zeit frisst sich so still und unerbittlich, wie die Sonne im Osten auf- und im Westen untergeht, durch die Geschichte. Sie vernichtet Zivilisationen, zernagt alte Denkmäler und verschlingt ein Menschengeschlecht nach dem anderen. Deshalb reden wir vom ›Zahn der Zeit‹. Denn die Zeit kaut und kaut – und wir stecken zwischen ihren Zähnen.«

Das Schrecklichste daran: Keine Zeit zu haben finden wir auch noch toll: »Wer keine oder kaum eine Zeit hat, von dem glauben inzwischen alle, das Schicksal habe ihn ausgewählt, unabsehbar Wichtiges zu vollbringen.

Und wenn es schon auch nicht ›alle‹ glauben: Er selber ist mit ganzer Seele, aus vollem Herzen und in der Tiefe seiner Person unerschütterlich davon überzeugt. Und dies so tief, dass es ausstrahlt: Am Ende glauben es dann doch (fast) ›alle‹. So ist das ›Keine-Zeit-Haben‹ ein echtes Statussymbol (gewichtiger als jeder BMW). Die Höhe in der Hierarchie der Wesen bestimmt sich daran, wie wenig einer Zeit, wie sehr einer keine Zeit hat.« (Wilhelm Höck in der »Süddeutschen Zeitung« vom 11. Dezember 1999)

Was ist Luxus? Eine Umfrage

Der Medien-Branchendienst »Kress-Report« fragte 2002 in seiner Märzausgabe neun Medienleute und Werber, was für sie Luxus bedeute. Das erstaunliche Ergebnis, auf das Wesentliche gekürzt:

▪ Angelica Blechschmidt, Chefredakteurin der Zeitschrift »Vogue«: »Luxus ist jede Sekunde, die ich nicht dem dringend Notwendigen opfern muss.«

▪ Ulrike Droll, Chefredakteurin der Zeitschrift »Cosmopolitan«: »Luxus ist immer das, wonach wir uns am meisten sehnen, weil wir am wenigsten davon haben. Für mich ist Luxus deshalb Zeit.«

▪ Holger Jung, Vorstand der Werbeagentur Jung von Matt: »Luxus ist für mich, Zeit zu haben, unverplante, frei verfügbare Zeit. Zeit, mit der ich machen kann, was ich möchte. Zeit, die ich vergeuden und verschwenden könnte, ohne ein ... schlechtes Gewissen haben zu müssen.«

▪ Paul Sahner, Mitglied der Chefredaktion der Zeitschrift »Bunte«: »Luxus bedeutet Zeit. Zeit zum Träumen. Zeit zum Genießen. Zeit zum Entspannen. Zeit für Freunde. Zeit für Fremde.«

Das Bumerang-Prinzip und die Zeit

- Helmut Sendlmeier, Chairman und CEO der Agentur McCann-Erickson Deutschland: »Je weniger Zeit übrig bleibt, desto mehr wird Zeit zum Luxus.«
- Bettina Wündrich, Chefredakteurin der Zeitschrift »Glamour«: »Der größe Luxus ist selbstverständlich Zeit.«
- Gerhard Zeiler, Geschäftsführer von RTL: »Luxus ist für mich, viel Zeit für die schönen Dinge des Lebens zu haben.«

Haben Sie mitgezählt? Sieben von neunen. Erfolgsmenschen, die es wissen müssen, nennen als ihr höchstes Luxusgut: Zeit.

Wie schnell vergeht die Zeit?

Eine Sekunde vergeht in einer Sekunde. Nur ist das relativ – im physikalischen und emotionalen Sinn. Eine Kirchturmuhr läuft an der Spitze des Turms schneller als unten am Boden. Das hat mit der Masse zu tun, mit der Erdanziehungskraft. Im Weltall, im schwarzen Loch, ist die Masse so groß, dass die Zeit stehen bleibt, sagt Stephen Hawking. Seit Einstein wissen wir: Könnte ein Raumschiff mit der Lichtgeschwindigkeit von 300 000 Kilometern pro Sekunde fliegen, bliebe die Besatzung jünger als die daheim Gebliebenen. Denn dann stünde die Zeit still dort oben. Die Sekunde wäre in die Ewigkeit gedehnt.

Unser Gefühl sagt zum Fluss der Zeit sehr Verschiedenes: Fünf Minuten beim Zahnarzt sind eine Stunde. Eine Stunde auf dem Pferd wenige Minuten. Und je älter wir werden, desto schneller rast die Zeit dahin. Wenn wir etwas betrachten, was ein anderer tut, empfinden wir dreißig Minuten länger, als wenn wir sie selbst erleben.

Deswegen können wir – entgegen unserer früheren Behauptung – Zeit durchaus vermehren: Wenn wir lernen, sie zu erleben, statt sie totzuschlagen. Und dafür brauchen wir nur das, was uns die Natur mitgegeben hat: unsere fünf Sinne und Muße. Vieles sollte langsamer werden, aber manches könnte ruhig schneller geschehen. Michel de Montaigne hat darum vorgeschlagen, man solle die gute Zeit nicht vertreiben, sondern festhalten und auskosten.

Der Augenblick: Maßstab für Lebenskunst

Wer sein Leben liebt (oder wer lernen will, das zu tun), muss sich nur wieder häufiger dem Augenblick zuwenden. Jeder einzelne zählt. Der geniale Regisseur Rainer Werner Fassbinder sagte einmal, als er tief in einer Depression steckte: »Das Leben ist zu kostbar – sogar gerade jetzt.«

Wer die Lebenskunst zwischen Muss und Muße beherrscht, jongliert souverän mit den Zeitebenen Vergangenheit, Gegenwart, Zukunft. Denn zwischen zu früh und zu spät

... zum Nachdenken

»Warum bin ich vergänglich, o Zeus?« so fragte die Schönheit. »Macht' ich doch«, sagte der Gott, »nur das Vergängliche schön.« Und die Liebe, die Blumen, der Tau und die Jugend vernahmen's; alle gingen sie weg, weinend, von Zeus' Thron.

Johann Wolfgang von Goethe (1749–1832)

MEINE ZEIT, MEIN GLÜCK, MEIN LEBEN

Verschenkte Zeit verdoppelt sich

Sie werfen etwas weg – und es kommt zurück. Das gilt für den Bumerang, das gilt für die Zeit. Verschenken Sie Zeit – sie kommt zurück: Verschenkte Zeit macht glücklich. Und verschenkte Zeit verdoppelt sich. Das hat eine US-Studie an 1700 karitativ tätigen Frauen bestätigt: Die ehrenamtliche Arbeit reduzierte Stress-Symptome und Stresskrankheiten, schenkte das Gefühl von Entspannung und Ruhe.

---

liegt der Augenblick – das Einzige, was wirklich zählt. Und dem sollte man sich ab und zu einfach wieder widmen. Leo Tolstoi sagte: »Denke immer daran, dass es nur eine wichtige Zeit gibt: Heute. Hier. Jetzt.« Mein Motto: Wenn nicht jetzt, wann dann?

Der Dalai Lama dazu: »Wenn Sie Ihre Vergangenheit kennen wollen, dann schauen Sie auf Ihre aktuelle Situation. Wenn Sie Ihre Zukunft kennen wollen, schauen Sie sich Ihre jetzigen Taten an.«

Kleben an der Vergangenheit

Die meisten Menschen machen den Fehler, dass sie viel zu lange in den Rückspiegel blicken: »Was habe ich gedacht, was habe ich gemacht, was haben die anderen darüber gedacht?« Gewiss, man kann und soll aus Fehlern lernen, Erkenntnisse sammeln, Erlebtes kurz analysieren. Und genauso schnell ablegen unter der Rubrik Erfahrung. Nur: Viele Menschen nehmen die Vergangenheit viel zu wichtig, grübeln über Dinge, die nicht mehr zu ändern sind. Seltener tanken sie Kraft aus schönen Erinnerungen, meist machen sie sich selbst nieder: »Was habe ich wieder mal falsch gemacht? Typisch für mich …«

Damit blockieren sie die Gegenwart, den Augenblick. Wer nicht den Augenblick wahrnehmen kann, erlebt nicht das Aufgehen im Hier und Jetzt, das Glück pur (mehr dazu ab Seite 37).

Der Blick in die Zukunft

Ein Shaolin-Mönch sagte einmal: »Lebe immer für den Augenblick – die Zukunft wird sich von selbst ergeben.« Viele Menschen sind auf die Zukunft fixiert. Aus dem einfachen Grund: Sie haben Angst. Das Morgen ist unbestimmt. Der Mensch hat Angst, weil er seine Zukunft nicht kennt. Angst um den Job, Angst vor dem Alter, Angst um den Verlust des Partners … Darum sind wir so leicht manipulierbar, persönlich und politisch.

Und diese Angst lässt uns die Gegenwart verpassen, die Gunst des Augenblicks. Fragen Sie doch mal ein paar Menschen, wie viele Stunden das Jahr hat. Geben Sie Größenordnungen von etwa 10 000, 50 000 und 100 000 vor. Alle werden spontan auf eine hohe Zahl tippen. Und ganz erstaunt sein, wenn auf dem Taschenrechner nur 8760 rauskommt.

Schärfen Sie Ihr Gegenwartsbewusstsein. Dazu eine kleine Übung:

➤ Eine Volksweisheit sagt: »Vergangene Liebe ist bloße Erinnerung. Künftige Liebe ist ein Hirngespinst. Nur im Hier und Jetzt können wir lieben.« Und nun ersetzen Sie das Wort Liebe durch Leben, Genuss, Freundschaft, Erfolg, Glück …

Das Bumerang-Prinzip und die Zeit

Wer den Wert der Zeit begreift, setzt sich Ziele

Haben Sie ein Ziel? Etwas ganz Konkretes, das Sie sich wünschen und an dessen Erreichen Sie arbeiten? Ex-Bundeskanzler Kohl hatte ein solches Ziel. Mit 16 beschloss er: Ich will Kanzler werden. Ein sehr konkretes Ziel. Und er hat es erreicht.

Persönliche Ziele sind die Grundvoraussetzung für Glück und Erfolg im Leben. Und es lohnt sich, in diese Ziele Zeit zu investieren.

In einer Studie der Yale-Universiät wurden alle Absolventen des Jahrgangs 53 danach befragt, ob sie sich denn bestimmte Ziele gesetzt hätten. Nur drei Prozent des gesamten Jahrgangs antworteten mit Ja. Zwanzig Jahre später fragte man dieselben Leute noch einmal. Und stellte fest: Die drei Prozent, die sich Ziele setzten, waren glücklicher verheiratet, generell erfolgreicher, gesünder und reicher. Sage und schreibe 97 Prozent des Nettovermögens all dieser Yale-Ehemaligen befand sich im Besitz dieser Drei-Prozent-Gruppe.

Der Weg ist das Ziel. Um sich auf den richtigen Weg zu machen, muss das Ziel klar sein.

Die beste Wunsch-Website

Für mich gilt: Von den Besten kann man lernen (Stichwort: Benchmarking). Dan Pena ist einer der erfolgreichsten Männer in den USA. Der Gründer, Chairman und Hauptaktionär von The Guthrie Group, einem internationalen Finanzdienstleister, schrieb ein Buch darüber, wie er seine ersten 100 Millionen Dollar gemacht hat.

Werfen Sie einen Blick auf seine Website *www.danpena.com*. Unter »You can't do that!« finden Sie 95 Herausforderungen und Ziele, die er gemeistert hat. Von »Du schaffst es nicht, 38 Meilen an deinem 38. Geburtstag zu laufen« über »… ein Buch in weniger als 100 Tagen zu schreiben« bis »… Glamis Castle (Queen Mother's Zuhause) für deinen 50. Geburtstag zu mieten« …

Leben Sie Ihr ganzes Potenzial!

Der weltbekannte Glücksforscher Mihaly Csikszentmihalyi (Seite 157) sagt: »Die Lebensqualität hängt davon ab, was man für sein Glück tut. Steckt man sich keine Ziele, die der eigenen Existenz einen Sinn verleihen, und setzt man seinen Geist nicht ganz ein, dann erreichen die angenehmen Gefühle nur einen Bruchteil unseres Potenzials.« Die folgenden Seiten bringen Sie auf den Weg zum Ziel.

Die Bumerang-STRATEGIE

Der Weg zum Glück führt über das Ziel

Alle, die Erfolg haben, wissen ziemlich genau, was sie wollen. Sie setzen sich Ziele und verfolgen sie unbeirrt. Der Weg ist einfach – spielen Sie doch mal folgende Strategie durch:

1

Wissen, was ich will

Hört sich gut an: Wissen, was ich will. Ziele verfolgen. Aber unbeirrt – das sind die wenigsten. Und Ziele verfolgen: Das hört sich ziemlich groß an, nach »Lebenskonzept«, dauernd anstrengen und nie mal Pause. Ist aber anders.

Was will ich eigentlich?

Kreuzen Sie an, was auf Sie zutrifft:

- [ ] Ich will nicht immer unter Zeitdruck stehen.
- [ ] Ich will nicht ständig Überstunden machen.
- [ ] Ich will nicht den ganzen Tag viele Dinge gleichzeitig machen.
- [ ] Ich will nicht von Familie, Kunden, Kollegen, Telefon und Mail auf Trab gehalten werden.
- [ ] Ich will nicht allein für den Haushalt zuständig sein.

Gemerkt? Das sind alles Dinge, die Sie *nicht* wollen. Fallen Ihnen noch mehr ein, schreiben Sie sie auf, das befreit.

Das könnte so aussehen: Ich will nicht permanent Kreuzweh haben; ich will nicht nur für den Job leben; ich will meinen Schwimmreifen um den Bauch loswerden ... Halt! Das war schon ein »Ich will!« Machen Sie gleich weiter.

Was trifft auf Sie zu?

- [ ] Ich will Zeit für meine Familie haben.
- [ ] Ich will mehr mit Freunden unternehmen.
- [ ] Ich will mein Hobby aufleben lassen.
- [ ] Ich will was für meine Gesundheit tun.
- [ ] Ich will innerlich zur Ruhe kommen.

Bestimmt fällt Ihnen noch mehr ein. Sie werden stutzen – weil es plötzlich sehr privat wird, wenn man sich auf das Wollen einlässt.

Aber was will ich im Beruf?

- [ ] Ich will meine Zeit nicht mit Kleinkram verplempern.
- [ ] Ich will in Ruhe arbeiten und mich mit dem wirklich Wichtigen beschäftigen.
- [ ] Ich will mir Zeit für die Arbeiten nehmen, die mich meinen Zielen näher bringen.
- [ ] Ich will Störfaktoren in den Griff kriegen und selbst steuern, wann ich mit wem rede.
- [ ] Und ich will in einer normalen Arbeitszeit mein Pensum schaffen, Überstunden sind für Sonderfälle da.

Ich will ...
... welche Wünsche haben Sie?

Das Bumerang-Prinzip und die Zeit

Zeit abzwacken

Wenn Sie wirklich mehr Zeit für Familie, Freunde, Interessen und Gesundheit finden wollen, müssen Sie Ihrem gewohnten Tag gewaltig etwas abluchsen. Begeben Sie sich auf die Suche nach der verlorenen Zeit – was klaut Ihnen eigentlich Stunde um Stunde?

- [ ] Post, Fax, Mail, die Hälfte Werbemüll – schon bin ich im ferngesteuerten Trott drin.
- [ ] Das Telefon klingelt ständig, und die Gespräche dauern zu lange.
- [ ] Dreißigmal am Tag steht jemand in meiner Tür und will mit mir quatschen.
- [ ] Eine Besprechung nach der anderen, und es kommt kaum etwas dabei heraus.
- [ ] Ich vertue viel Zeit mit Suchen in meinem ganzen Papierkram.
- [ ] Ich kann nicht Nein sagen, wenn mir jemand was aufs Auge drückt.
- [ ] Ich nehme mir generell zu viel vor und bin abends frustriert.
- [ ] Größere Aufgaben schiebe ich halb angefangen vor mir her, bis sie brandeilig werden.

Was würde ein Erfolgsmensch tun, der weiß, was er will? Der würde garantiert den Schreibtisch freifegen und sich das Wichtigste vorknöpfen, nämlich das Große Aufgeschobene: Tür zu, Telefon auf die Kollegin umgestellt, Meeting abgesagt und vier Stunden konzentriert geackert. Wetten, dass danach das Konzept, die Analyse, die Präsentation fertig ist – oder ein wirklich gutes Stück weiter? Danach: Kopf aus dem Zimmer stecken, »War was Wichtiges?«, dann erst Post und Kleinkram.

Wenn nicht jetzt, wann dann?

Rückblick, der die Augen öffnet

➤ Nehmen Sie sich ein Blatt Papier. Dann – nicht erschrecken – stellen Sie sich an das Ende Ihres Lebens. Und nun schreiben Sie auf, was Ihnen einfällt zu: »Wenn ich noch einmal leben dürfte, dann ....«
So spüren Sie auf, was Sie zu tun versäumen und anders machen können. Die meisten Menschen wissen zwar, wie sie ihren Urlaub verbringen. Aber nur wenige kennen ihre Lebensziele.

Spielen Sie Erfolgsmensch, dann werden Sie einer

➤ Sagen Sie dem Partner, dem Chef, dem Kollegen, was Ihnen wichtig ist, was Sie wollen, und zwacken Sie sich Zeit dafür ab. Sagen Sie: »Mir ist das heute sehr wichtig, und es blockiert mich total, wenn ich das Projekt nicht endlich einen entscheidenden Schritt weiterkriege.« Dagegen kann keiner etwas haben, es nützt ja allen. Legen Sie in jeder Woche einen halben Tag fest, an dem Sie wichtige Konzeptarbeit machen. Nach dem Prinzip: abschotten, konzentrieren, weiterkommen. Haben Sie sich etwas fest vorgenommen, fällt es Ihnen leicht, unwichtige Zusatzaufgaben abzuwehren.
➤ Das Post-Erledigen vom Morgen auf die Zeit nach dem Mittagessen verlegen – dann färbt das nicht den ganzen Tag mit Kleinkram-Grau und Fernsteuerung ein.
➤ Mit Kollegen, die Sie sprechen wollen, verabreden Sie sich mittags in der Kantine.

MEINE ZEIT, MEIN GLÜCK, MEIN LEBEN

➤ Am Telefon fragen Sie: »Darf ich Sie in drei Minuten zurückrufen?«, machen sich Notizen, worüber *Sie* mit demjenigen reden wollen, legen Unterlagen bereit. Gute Ausrede: »Ich hatte gerade ein Gespräch hier im Büro.«

Das Erfolgsrezept: Die Hauptsache zuerst machen und in der restlichen Zeit den Kleinkram erledigen. Plötzlich haben Sie kein schlechtes Gewissen mehr, wenn Sie Feierabend machen.

3 Das Wollen lernen

Sie wollten ja nicht bloß lernen, im Job effektiver zu arbeiten, sondern auch Spielraum gewinnen für die Dinge, die Sie persönlich wichtig finden. Mal angenommen, Sie kommen ab jetzt relativ pünktlich heim – was machen Sie mit der gewonnenen Luft? Familie und Partnerschaft, Freunde und Hobby, Gesundheit und innere Ruhe: Ist damit das bisschen Freiraum nicht arg überfordert?

Wollen kann man viel, richtig wollen kann man lernen

»Ab jetzt will ich mehr Zeit für die Familie haben.« Was heißt das genau diese Woche? Wie wäre es, wenn Sie am Freitag einen Spieleabend machen – Malefiz, Wer wird Millionär, Canasta, alles, was den Kindern und Ihnen Spaß macht. Wenn Sie sich für jedes »Ich will« etwas Konkretes ausdenken, klappt es auch.
➤ Wie könnten Sie Ihrer Partnerschaft etwas Gutes tun? Ohne Grund ein Strauß Blumen wär schon mal nicht verkehrt. Aber da fällt Ihnen noch mehr ein. Aufschreiben.
➤ Freunde? Welche vermissen Sie am meisten, was haben Sie gerne miteinander getan? Anrufen, verabreden.

➤ Hobby? Auch hier konkret formulieren, genau terminieren: »Übermorgen nehme ich mir eine Stunde, um zu fotografieren oder neue Saiten auf die Gitarre zu ziehen oder die Carrerabahn startklar aufzubauen (und beobachte genau, ob die Begeisterung neu entflammt oder ob es ein versöhnlicher Abschied wird).«
➤ Gesundheit: Viermal die Woche eine halbe Stunde joggen … nee, morgen früh, eine halbe Stunde früher wecken, keine Diskussion!
➤ Sinn? Zur Ruhe kommen: Samstag, 16 Uhr, zwanzig Minuten meditieren; am Freitagabend vor dem Einschlafen nachlesen, wie das geht.

Das sind natürlich nur kleine Ziele. Zielchen. Wenn Sie das aber jede Woche so machen, kommen Sie in einem Jahr viele Schritte voran – wesentlich weiter als mit den großen abstrakten Vorhaben nach dem Motto »Eigentlich müsste man unbedingt …«

4 Ziele klein schneiden

Große Ziele in kleine Zielchen zerlegen – machen das die Erfolgreichen genauso? Natürlich setzen sich große Leute auch große Ziele. Vielleicht haben sie eine Vision – oder das Wollen und Erreichen in den Genen. Oder sie haben klein angefangen. Mit Zielchen. Wer merkt, dass er sich in kleinen Dingen auf sich selbst verlassen kann, wird auch größere Sachen in Angriff nehmen.
➤ Überlegen Sie, welche Projekte Sie in Ihrem Leben zum Erfolg gebracht haben. Diplomarbeit geschrieben, Kind erzogen, einen Marathon gelaufen? Im Verein eine Jugendmannschaft aufgebaut. Eine Familie versorgt.
Wir vergessen so leicht, was wir erreicht haben, wenn uns genügend Zeit gelassen wurde. Gut,

Das Bumerang-Prinzip und die Zeit

wenn Sie sich das hin und wieder einmal in Erinnerung rufen.

Mit Gedanken in die Ziellinie beamen

Sie haben eine Idee, ein Ziel, eine Aufgabe?

➤ Holen Sie sich ein Bild in den Kopf: Wie es aussieht, wenn es fertig ist. Sie: 10 Kilo schlanker im kleinen Schwarzen. Das Werbeplakat an der Litfaßsäule. Wie der Chef Sie lobt ob Ihrer Leistung. Wie alle auf Ihren Aufstieg zum Abteilungsleiter anstoßen. Damit fängt es immer an: mit einem Bild.

Schritt für Schritt zum Ziel gehen

Und dann denken Sie: Was mache ich jetzt?

➤ Das ist der erste Schritt: Nehmen Sie Stift und Zettel, und schreiben Sie auf, was Ihnen dazu einfällt.

➤ Dann fragen Sie jemanden, dem Sie etwas zutrauen, was er täte und wie er es täte. Schreiben Sie alles auf, stichwortartig, wie es kommt.

➤ Machen Sie die ersten Anrufe, Erkundigungen, Besorgungen, Gespräche.

➤ Ihnen fallen alle möglichen To-do's ein? Machen Sie ein Konzept, einen Ablaufplan für Ihr Projekt. Schreiben Sie alles ins Notizheft.

➤ In ruhigen Minuten checken Sie die alten Seiten daraufhin durch, ob Sie etwas vergessen haben oder noch mal angehen müssen, und schreiben das auf eine neue Seite. Wie beim Vokabeln-Lernen.

»Eine Reise von tausend Meilen beginnt mit dem ersten Schritt«, sagen die Chinesen. Wenn Ihnen etwas zu groß erscheint, dann lassen Sie sich nicht einschüchtern. Schauen Sie sich an, wie Sie das Problem in kleine Teilaufgaben zerbröseln können. Immer einen Schritt nach dem anderen. Das Ziel bleibt im Blick, damit Sie nicht aus dem Ruder laufen. Aber entscheidend ist immer der nächste Schritt.

Mit den Zielen ist es wie beim Golf: Selten trifft man mit einem Schlag ins Loch – Teilziele sind der Weg zum Erfolg.

Bleibt noch die Frage, welche Ziele Sie sich nun setzen wollen?

➤ Machen Sie gleich eine konkrete Liste. Und werfen Sie einen Blick auf Seite 118. Da steht, wie Sie Ihre Ziele nach der SMART-Formel richtig formulieren. Nehmen Sie dafür auch den kleinen Zeit-Guide, der diesem Buch beiliegt, zur Hand (Seite 14).

Machen Sie es also künftig so:

➤ Ziel formulieren

➤ Gesamtaufgabe in Teile zergliedern, Reihenfolge festlegen, Termine setzen

➤ Step by Step erledigen

➤ Ergebnis prüfen und genießen.

Das Adrenalin-Zeitalter

Leben in der Tempogesellschaft

Wir leben unter der Diktatur des Adrenalins. Hasten atemlos durchs Tempoland. Wir glauben, alles erreichen zu können, wenn wir nur beschleunigen.

Zum Beschleunigen brauchen wir Adrenalin. Es ist das Hormon der High-Speed-Gesellschaft, unserer Non-Stop-Kultur. Mit Handy, Pager, Laptop ist immer Rushhour.

Früher brauchten wir Stress, um vor dem Säbelzahntiger zu fliehen. Heute brauchen wir ihn, um unser Verhalten an eine sich ständig wandelnde Umwelt anzupassen, um flexibel zu reagieren, um Neues zu lernen.

Wir sind stets und überall erreichbar, hochwachsam, rund um die Uhr. Wir hetzen, mobil und flexibel, wie wir sind, weil es von uns verlangt wird, rund um die Welt. Politiker sind heute in Chicago, morgen in Peking. Unsere Manager heute in Chelsea und morgen in Prag, unsere Verkäufer heute in Celle und morgen in Pirmasens.

Im fliegenden Wechsel kommen wir selbst zu kurz

Wir wechseln den Job, den Arbeitgeber, den Ort – und nicht immer, aber immer öfter den

Das Adrenalin-Zeitalter

Partner. Die Familie ist sauer – denn der Job frisst uns auf. 60 Prozent der Deutschen beklagen sich laut einer Forsa-Umfrage, dass das Privatleben zu kurz kommt. Unter den 30- bis 39-Jährigen sind es sogar 80 Prozent.
Immer ist etwas los, immer ist etwas zu tun. Das Leben ist ge-füllt, nur eben nicht er-füllt. Vielen geht vieles, wenn nicht fast alles, viel zu schnell. Wir müssen ständig auf dem Laufenden sein. Der Schnelle frisst den Langsamen, der Bewegliche den Schwerfälligen.
Sogar unsere Sprache ist von der Hetze infiltriert: Ich geh mal schnell telefonieren. Ich geh rasch Pause machen. Kannst du mal schnell meinen Mantel holen? Als ob man das nicht langsam tun könnte. Nichts läuft ohne Adrenalin, das Hormon der Nebenniere, das uns antreibt und beschleunigt.

Die Rolle in der Tempogesellschaft

Die Kluft zwischen Arm und Reich gibt es immer noch. Allerdings werden wir nicht mehr so stark wie noch vor hundert Jahren in unsere Rolle in der Gesellschaft hineingeboren. Der Sohn übernimmt nicht automatisch die Schreinerei des Vaters. Meist muss er sich seinen Platz in der Gesellschaft selbst schaffen. In der Tempogesellschaft.
Neuere Technologien verlangen, in immer schnellerem Tempo, unter stärkerem Druck mit weniger Budget und weniger Personal in kürzerer Zeit immer mehr zu schaffen. Die Erwartungen an sich und an andere sind gestiegen – und damit das Risiko, sie nicht zu erfüllen. Heute zählen weniger handwerkliche Fertigkeit oder Kraft und körperliche Ausdauer als Kreativität, höchste Konzentration, psychologisches Geschick, emotionale Intelligenz, situative Kompetenz, Flexibilität, ständiges Dazulernen. Hinzu kommen: Informationsflut, Leistungsdruck, schlechtes Betriebsklima, mangelnde Aufstiegschancen, Mobbing, Burn-out. Angst um den Job. Das ist Stress in Reinkultur.

Ist Ihr Zeitgefühl in Balance?

Oder rotieren Sie zu schnell durchs Leben?
▶ Schauen Sie auf die Uhr. Und nun schließen Sie die Augen. Machen Sie die Augen erst wieder auf, wenn Sie meinen, eine Minute sei herum.

Sind weniger als 55 Sekunden vergangen? Dann läuft Ihr Zeitempfinden Amok.

Tempo essen Seele auf

Das Arbeitsumfeld hat sich verändert – vom Acker zum Schreibtisch. Statt Schwerarbeit leisten wir Kopfarbeit. Da sind stabile Nerven gefragt. Wir fehlen nicht mehr so oft in der Arbeit, weil der Körper krankt, sondern viel häufiger, weil die Seele das alles nicht mehr verkraftet.
Stress ist ein Massenphänomen. Wir schuften wie die Hamster im Rad, und das dreht sich schneller und schneller. Die Folgen: 8 Millionen Deutsche leiden unter Migräne, 3 Millio-

MEINE ZEIT, MEIN GLÜCK, MEIN LEBEN

nen unter dem Burn-out-Syndrom, der völligen Erschöpfung. Jeder Zehnte leidet unter Panikattacken und jeder Dritte unter Rückenschmerzen. Die Weltgesundheitsorganisation (WHO) erklärte Stress zu einer der größten Gesundheitsgefahren des 21. Jahrhunderts.

70 Prozent aller Krankheiten sind stressbedingt. Mehr als 50 Milliarden Euro büßt die deutsche Wirtschaft jährlich durch stressbedingte Krankheiten ein.

Allein der Gedanke an den Job lockt Stresshormone

Man muss nur an die Arbeit denken – und schon reagiert der Körper mit Stress, fanden jüngst britische Forscher heraus. Die Wissenschaftler vom University College London nahmen Speichelproben von 75 Testpersonen. Sie stellten fest: Das Stresshormon Cortisol ist eine halbe Stunde nach dem Aufstehen nur an Arbeitstagen erhöht, am Wochenende ist der Spiegel niedriger.

Kein Wunder: Globalisierung, Technisierung, Flexibilisierung, Outsourcing, Just-in-Time-Produktion führen dazu, dass immer weniger Menschen immer mehr arbeiten müssen. Jeder zweite Arbeitnehmer sagt, der Stress habe in den letzten Jahren zugenommen. Für viele ist die Grenze des Erträglichen längst überschritten. Jeder vierte Berufstätige findet seinen Job »nervenaufreibend, geistig sehr anstrengend, seelisch belastend«. Ein Drittel beklagt sich über »zu viel zu tun, ständig gehetzt zu sein«.

Jede psychische Belastung löst im Körper eine Stressreaktion aus, die mit dem Gefühl der Angst einhergeht. Man arbeitet mehr, als einem gut tut. Die Zahl der Überstunden wächst mit der Angst um den Job. Für

> ### ... zum Nachdenken
> Amerikanische Arbeitsmediziner stellten eine neue Zeitrechnung auf: das Web-Jahr. Sie sagen sogar, ein Jahr vernetzt zu arbeiten entspreche einer Belastung von früher *drei* normalen Arbeitsjahren.

Klatsch und Kaffee ist keine Zeit mehr. Druck fördert die Boshaftigkeit am Arbeitsplatz. Und Mobbing macht krank.

Wir ersticken in der Infoflut

Alle zehn Monate verdoppelt sich die Informationsflut. Sie kennen das. Sie müssen nur Ihren Computer anmachen, Ihren Posteingang sichten. Doppelt so viel E-Mails, doppelt so viel Post und Faxe ... Das heißt aber auch: Wir müssen doppelt so viel arbeiten – und uns doppelt so oft entscheiden, welcher Schritt als nächster zu tun ist.

Nicht nur das Berufsleben, auch der Alltag verlangt laufend überlegte Entscheidungen: Welche Telefon- oder Stromgesellschaft ist die günstigste? Welche Waschmaschine arbeitet ökologisch? Welche Versicherung ist die richtige für mich? Ständig muss man up to date sein. Ein Software-Update jagt das nächste. Stress pur.

Weil viele das nicht ertragen, nehmen sie Drogen – sie dopen sich, um im Tempoland mitrasen zu können, mit Ecstasy oder Kokain. Oder beruhigen sich mit Alkohol, um vom hohen Stresslevel herunterzukommen.

Das Adrenalin-Zeitalter

Die Gefühle der Tempogesellschaft

▪ **Angst.** Sie hat viele Gesichter. Sie beginnt mit der Furcht, Fehler zu machen, die Existenz zu verlieren. Sie macht uns manchmal so aufgeregt, dass wir keinen klaren Gedanken mehr fassen können, und schickt uns irgendwann zum Therapeuten: Jeder Zehnte leidet unter behandlungsbedürftigen Panikattacken. Um dem vorzubeugen, machen Sie sich bewusst: Wer keine Fehler macht, lernt nichts. Rückschläge sind die Treppenstufen zum Erfolg. Vertrauen Sie auf Ihre eigene Kraft, und machen Sie sich unabhängig vom Applaus anderer, dann verletzt Sie auch Kritik weniger.

▪ **Wut und Zorn.** Typische Stressventile. Lange hieß es: Rauslassen. Heute weiß man, dass negative Emotionen über kurz oder lang zum Herzinfarkt führen können. Dazu zählen auch Misstrauen, Neid und Missgunst. Steigt eine negative Emotion auf, sollten Sie sich fragen: »Was ist passiert? Warum bewerte ich diese Situation so? Wie kann ich angemessen reagieren – ohne mir zu schaden?«

▪ **Unruhe.** Termin- und Konkurrenzdruck machen nervös. Machen Sie Termine mit sich selbst. Tragen Sie diese in Ihren Terminkalender ein. Und halten Sie sie ein, wie einen Geschäftstermin. Wer sich keine Zeit für sich nimmt, verkümmert.

Kein Wochenende ohne Adrenalin?

Sogar die Freizeit läuft nach der Stoppuhr. Im Takt des Adrenalins. Was zuerst tun? Wie viele Aktionen bringe ich in meinem Freizeitpaket namens Wochenende unter: Einkaufen, Wäsche waschen, Oma besuchen, Kino, Fitness-Studio, Wildwater-Rafting, Kneipe gehen, Motivationsseminar, Yogakurs?

Virtuelle Kontakte (SMS, Mail, Chatroom) ersetzen die reale Kommunikation, das Gespräch mit dem Freund, der Freundin – weil es schneller und unverbindlicher geht. Im Urlaub jettet man mal eben ans Ende der Welt, um dort schnell viel zu erleben. Abgestumpft durch die ständige Reizüberflutung, holt man sich die Extraportion Adrenalin im Drill-Camp oder am Bungee-Seil.

Schon den Kindern fehlt es an Zeit zum Spielen, Träumen, Nachdenken. Der Verlust der Lebensbalance ist ein schleichender Prozess. Und erst auf der Intensivstation wacht man auf – und ist bereit, etwas zu ändern.

Die Amerikaner haben einen Namen dafür: Hurry-Sickness-Syndrom. Hetzkrankheit.

Der Stress im Job hat in den letzten Jahren dramatisch zugenommen. Die hohe Belastung führt bei vielen zu dem Gefühl, überfordert zu sein, zu innerer Unruhe und Angst. Und das macht auf Dauer richtig krank.

TEST

Leiden Sie unter der Hetzkrankheit?

Ist Ihr Leben in Balance, sind Sie die Ruhe selbst – oder wird es Zeit, auf die Bremse zu treten, zu entschleunigen?

Machen Sie den Test

Welche der folgenden Aussagen treffen auf Sie zu? Kreuzen Sie diese an.

- [ ] Ich fahre häufig schneller als erlaubt.
- [ ] Ich unterbreche andere, wenn sie sprechen, oder beende ihre Sätze.
- [ ] In Arbeitssitzungen oder im privaten Gespräch werde ich schnell ungeduldig, wenn jemand vom Thema abweicht.
- [ ] Auf eine Verspätung von fünf Minuten reagiere ich mit Ungeduld.
- [ ] Wenn ich auf den Ober mehr als drei Minuten warten muss, beschwere ich mich.
- [ ] Eine Verkäuferin, die mit einer Kundin vor mir ein Gespräch führt, ärgert mich.
- [ ] Wenn ich in einer Warteschlange stehe, steigt Zorn auf. Ich wechsle oft zum anderen Schalter in der Hoffnung, dass es dort schneller geht.
- [ ] Menschen, die langsam sprechen, handeln und entscheiden, halte ich für weniger kompetent.
- [ ] Herumgammeln ist reine Zeitverschwendung.
- [ ] Ich treibe meinen Partner, meine Kinder, Freunde häufig zur Eile an.

Wie viele Kreuzchen haben Sie gemacht? Tragen Sie die Summe hier ein.

SUMME:

Die Auswertung

0–3 PUNKTE:

Sie lassen sich nicht hetzen, Sie wirft nichts aus der Bahn, Sie sind die Ruhe in Person, führen das ausbalancierte Leben eines Bumerang-Typen. Herzlichen Glückwunsch!

4–6 PUNKTE:

Sie neigen eher zum HB-Männchen. Die Hetzkrankheit setzt bereits ihre Schrauben an. Sie sollten sich um mehr Ausgeglichenheit bemühen. In diesem Buch finden Sie viele praktische Ratschläge.

7–10 PUNKTE:

Die Hetzkrankheit hat Sie im Griff. Höchste Zeit, Ihr Leben zu entschleunigen. Dieses Buch hilft Ihnen dabei.

Das Adrenalin-Zeitalter

Das Peter-Prinzip

Die Hetzjagd um Macht und Erfolg

Viele Menschen setzen sich zum Ziel: Wohlstand, Macht oder Erfolg. Weil sie meinen, mächtige Menschen seien glücklichere Menschen, reiche Menschen seien glücklichere Menschen. Um dieses Ziel zu erreichen, ackern sie sich auf der Karriereleiter ab. Auf dem mühsamen Weg steil nach oben fragen sie zu wenig nach den eigenen Bedürfnissen. Und stolpern.

Was ist Erfolg?

Erfolg heißt für mich: Zufriedenheit mit der eigenen Leistung, mit dem eigenen Leben. Erfolg ist das Ergebnis steten, geplanten Handelns in einem balancierten Leben – und stellt sich jeden Tag neu ein.
Die Hetzjagd nach Erfolg kann fatale Auswirkungen haben: Der Adler endet als Suppenhuhn. Denn viele stellen sich nicht die Frage: »Wie hoch ist hoch genug für mich?« Und alles endet nach dem Peter-Prinzip.

Absturz nach dem Aufstieg

Der Amerikaner Laurence J. Peter stellte Anfang der 70er Jahre die These auf, dass die meisten Menschen so weit in der Hierarchie aufsteigen, bis sie ihre jeweilige persönliche Stufe der Unfähigkeit erreicht haben. Überforderung und Inkompetenz führen dann zu schweren Belastungen und Konflikten mit sich und den Kollegen. Die Folgen: Neurosen, Alkoholmissbrauch, Herzinfarkt, Magengeschwüre.
Das Hinaufklettern ist so lange kein Übel, solange es wirklich Spaß macht, den eigenen

Schön, wenn es die Karriereleiter hinaufgeht. Problematisch wird's, wenn die Höhenluft zu dünn und der Aufstieg Stress pur ist.

privaten Beziehungen keinen Abbruch tut und einem selbst das Gefühl der Sicherheit vermittelt. Eine Beförderung sollte man niemals aus Eitelkeit annehmen, wenn man sich nicht hundertachtzigprozentig sicher ist, dass der Aufstieg einen nicht aus der Balance bringt.

MEINE ZEIT, MEIN GLÜCK, MEIN LEBEN

Wollen und Können in Balance

Negativer Stress entsteht immer dann, wenn Menschen eine schlechte, eine falsche oder sogar überhaupt keine Zeit- und Zielplanung betreiben. Negativer Stress ist ein Ungleichgewicht zwischen Wollen und Können. Wenn Sie in einer für Sie zur Verfügung stehenden Zeit mehr tun wollen, als Sie können, gefährden Sie Ihre Gesundheit.

> Wenn nicht jetzt, wann dann?

Was macht mir Druck?

Holen Sie sich einen Stift und ein Blatt Papier, nehmen Sie sich etwa 30 Minuten Zeit, und denken Sie bitte über diese Fragen nach:

- Für was hätte ich gerne endlich mehr Freiräume?

- Bei welchen Aktivitäten nehmen mir andere Freiräume weg?

- Welches Handeln verursacht bei mir Druck?

- Warum lasse ich es zu, dass Hektik entsteht?

- Wie erlebe ich Stress?

Wenn wir Chaos, Hektik und Stress in den Griff bekommen wollen, müssen wir zuallererst bei uns selbst beginnen. Es sind weniger die äußeren Umstände, denen wir so gern die Verantwortung zuschieben. Wir entscheiden selbst, was wir tun und was nicht. Doch selten fragen wir nach den Gründen, warum wir etwas so und nicht anders tun. Im Laufe des Lebens haben wir uns Denkschablonen zurechtgelegt, nach denen wir oft unbewusst entscheiden und handeln.

Der Ausweg aus der Tretmühle heißt: Zeitmanagement ist Lebensmanagement. Und das bedeutet: Streben nach einer Balance zwischen den vier Lebensbereichen Beruf, Familie, Gesundheit und der Frage nach dem Sinn. Mehr dazu ab Seite 56.

Stress als Motor

Ob Sie nun Ihre Arbeit, Ihr Leben als *positiven Stress* erleben, der Sie beflügelt, oder als negativen Stress, der Ihnen jegliche Lebensfreude raubt, Sie krank macht, das hängt von Ihrem inneren Dialog ab. Wie reagieren Sie selbst auf Erlebnisse, Geschehnisse und Eindrücke von außen? Mit Grübeln und Sorgen – oder mit einem »Mensch, das schaff ich schon«? Wer Herausforderungen als Chance begreift, den stresst Stress nicht. Den führt Stress zum Erfolg.

In diesem Buch finden Sie viele Anregungen, mit Stress künftig anders umzugehen, ihn zu verwandeln von einem Killer in eine Antriebsfeder. Stress ist nicht nur Bedrohung. Stress ist auch Herausforderung. Stress macht den Geist hellwach, den Körper bereit zum Handeln. Und hat man dann alles geschafft, freut man sich, ist zufrieden und entspannt. Und lebt im Serotonin-Zeitalter.

Das Serotonin-Zeitalter

Wer entschleunigt, lockt Serotonin

Wie viel Zeit verbringen Sie mit dem Glück? Denken Sie um: vom Zeitverbrauch hin zum Zeitgenuss. Lernen Sie von den Gelassenen. Laden Sie Kairos, den Gott der Muße, ein in Ihr Leben. Und puschen Sie die Produktion des körpereigenen Botenstoffs des Glücks, des Serotonins.

Viele Menschen denken in gestern-heute-morgen. Ihre Zeit läuft in Wochen, Tagen, Stunden, Minuten. Sie planen, teilen ein, sparen. Man kann die Zeit auch anders sehen: qualitativ. Wertvoll. Wie die alten Römer. »Carpe diem« – nutze (wörtlich: pflücke) den Tag! Denn es geht nicht darum, die Stunden bestmöglich auszunutzen, sondern für sich zu nutzen.

Wie oft packen Sie Kairos am Schopf?

Wir leben in einer chronometrischen Gesellschaft. Chronos war der Gott der sequenziellen Zeit, der linearen Zeit, der deutschen Zeit: pünktlich, zuverlässig, ordentlich, verplant. Kairos wurde im alten Olympia als Gott des Augenblicks, der Spontaneität verehrt. Er symbolisierte den Einschnitt in den Fluss des Chronos. Er erschien einem einfach so, ohne Anmeldung, ohne Planung. Er brachte eine günstige Gelegenheit, eine göttliche Chance, persönliche Glücksmomente. Diese Gelegenheit musste man nur »beim Schopfe packen«: In einem alten Relief wird Kairos mit einem dicken Haarschopf über der Stirn, kahlem Hinterkopf und eilenden, geflügelten Füßen dargestellt – wer nicht rechtzeitig zugriff, hatte seine Chance schon vertan …

In unserem Kulturkreis dominiert Chronos. In den südlichen Ländern Kairos. Um ein erfolgreiches glückliches Leben zu führen, brauchen wir aber beide. Denn wenn wir uns zu sehr mit den chronometrischen Zeitabläufen (Pläne & Co.) zuschütten lassen, nehmen wir die zufälligen, wichtigen Gelegenheiten des Lebens nicht mehr wahr. Deswegen ist Faulsein dem Kairos förderlich. Er beschert uns kreative Einfälle und öffnet die Augen für die schönen Dinge des Lebens.

Nur wenige beherrschen in unserer Gesellschaft die Kunst des Faulseins. Es gibt viele, die gar nichts mehr mit ihrer Zeit anzufangen wissen. Das Wort Muße ist wie ein seltenes Tier, wie eine seltene Pflanze, im aktiven Sprachgebrauch ausgestorben. Stress, Performance, Speed – diese Begriffe werden viel häufiger gebraucht.

Faulheit ist das halbe Leben

Im Serotonin-Zeitalter sehen Sie morgens Menschenmassen durch den Park joggen und walken. Auf der Wiese macht eine Gruppe locker gekleideter Menschen Tai Chi. Hinten an der Eiche steht einer mit leuchtenden Augen – der Bumerang landet in seiner Hand.

Die Kinder müssen erst um neun in die Schule, denn die Mama gleitet zeitselbstbestimmt in ihre Arbeit. Man trifft sich abends in den Städten zum Inline-Skaten oder zur Sinndiskussion über den Dalai Lama und das Glück in einer Kneipe bei einem Glas Wein. Im Büro wird wieder geratscht. Und beim Chef liegt die »Bunte« auf dem Schreibtisch, weil er mit smalltalken will.

Im Serotonin-Zeitalter stellt man am liebsten »Slobbies« ein: Slower but better working people – Menschen, die langsamer, aber besser arbeiten. Die Firma führt Arbeitszeitkonten ein. Auf dem Nachttisch liegt »Die Entdeckung der Langsamkeit« oder »Faulheit ist das halbe Leben«. Jeder kennt einen, der gerade ein Sabbatical-Jahr macht – sich Auszeit vom Job nimmt, um eine andere Seite des Lebens zu genießen: die Muße.

Rendezvous mit Kairos

▶ Nehmen Sie sich gleich mal ein paar Minuten der Muße. Und denken Sie nach: Wie viel Zeit teilen Sie mit Kairos, mit dem Glück? Nun legen Sie die Stirn in Falten. Und es wird Ihnen klar: weniger als mit Chronos. Weniger als mit Terminen, mit dem Finanzamt, weniger als mit dem Computer, weniger als mit dem Telefon, dem Chef, den nörgelnden Kollegen, dem Stau oder dem Staubsauger. Nun, das kann sich künftig ändern. Im Serotonin-Zeitalter.

Das Serotonin-Zeitalter

Man trifft häufiger auf Zeitpioniere. Sie reduzieren ihre Arbeit auf drei Tage die Woche. Oder arbeiten sieben Tage, machen sieben Tage frei. Merkwürdig ist, dass sie in dieser Zeit genauso viel schaffen wie in ihrem Vollzeitjob. Diese Zeitpioniere verdienen zwar weniger Geld, haben dafür aber mehr Zeit für sich, für ihr Hobby, für ein gutes Buch, für Freunde, für die Familie. Zeitwohlstand ist ihnen wichtiger als Geldwohlstand. In ihrem Leben sind Muss und Muße in Balance.

Und wer so einen Zeitpionier zum Freund hat, gewinnt. Denn wer es genießt, Zeit zu haben, muss nicht konkurrieren. Er kann den Zeitluxus genießen und das auch zeigen – und teilen. Damit macht er anderen ein Geschenk: ein Stück kostbare Lebenszeit.

Sogar die deutsche Pünktlichkeit wird nicht mehr ganz so ernst genommen. Schon Oscar Wilde wies darauf hin: »Pünktlichkeit stiehlt die beste Zeit.« Es gibt immer mehr Menschen, die nicht nach der Uhrzeit, sondern nach der Ereigniszeit leben – sie lassen ihren Tagesablauf von Ereignissen bestimmen. Sie essen, wenn sie hungrig sind, stehen auf, wenn sie wach sind. Bestehen darauf, dass etwas »seine Zeit braucht« und dass man keine »Zeit verschwenden« kann, weil auch das »Nichtstun« ein Ereignis ist. Sie leben nach der inneren Uhr. Wie Sie – ab Seite 70.

Schauen Sie sich um. Das Serotonin-Zeitalter hat bereits begonnen.

Die Moleküle der Gefühle: Serotonin & Co.

In Ihrem Gehirn, genauer: im synaptischen Spalt zwischen den Nervenzellen, tummeln sich kleine Moleküle, Botenstoffe des Glücks namens Serotonin. Zumindest sollten sie sich

Unter Dauerstress vergeht jedem irgendwann das Lachen. Höchste Zeit, die Serotoninproduktion anzukurbeln!

da tummeln, denn dann geht es Ihnen gut. Das weiß auch die Pharmaindustrie, deswegen produziert sie »Serotonin-Wiederaufnahmehemmer«. Also Antidepressiva, die dafür sorgen, dass viel Serotonin im synaptischen Spalt verweilt, damit man nicht traurig ist, die Welt fröhlicher sieht.

Chemische Trostpflaster

Jeder zweite Manager in den USA schluckt solche »Glückspillen«, die seine Seele in das chemische Serotonin-Zeitalter beamen. Das hat nur einen Nachteil: Sein Körper verweilt noch im Tempoland, im Adrenalin-Zeitalter. Das geht vielleicht eine Zeit lang gut. Doch dann zeigen sich die Kerben, die das Stresshormon ungebremst in seine Adern schlägt in Form eines Herzinfarktes, eines Schlaganfalls. Oder das chemische Trostpflaster wirkt nicht mehr. Er ist ausgebrannt. Burn-out-

MEINE ZEIT, MEIN GLÜCK, MEIN LEBEN

Wenn nicht jetzt, wann dann?

Entschleunigen Sie kurz

Probieren Sie doch mal diese Übung aus:
➤ Verlangsamen Sie alle Bewegungen auf die doppelte Zeit. Bewegen Sie sich wie ein Pantomime, der seinem Publikum das Hantieren unter Wasser demonstriert.
Halten Sie die »Entschleunigung« mindestens drei Minuten durch, bis Sie merken, wie der Druck allmählich von Ihnen weicht.

Künftig sollten Sie immer, wenn Sie sich dabei ertappen, in arg hektische Betriebsamkeit zu geraten, »Stopp!« sagen und diese Übung machen.

Syndrom. Und dann geht er in eine der vielen Kliniken, die sich auf ausgebrannte Führungskräfte spezialisiert haben. Lernt, seinen Körper zu entspannen. Lernt, Zeit mit Muße zu verbringen. Lernt, sein Glück selbst zu produzieren. Sein Serotonin selbst zu machen. Das geht. Man muss nur in Balance sein: Auf Anspannung folgt Entspannung – eine Pause, in der Sie einfach faul sind, eine Entspannungsübung machen, die Sie beherrschen (Yoga, Autogenes Training, Muskelrelaxation nach Jacobson, Meditation). Und schicken Sie die negativen Stresshormone in die Wüste – durch Bewegung. Mit regelmäßigem Ausdauersport (Radeln, Joggen, Walken, Inline-Skaten oder Schwimmen) können Sie Ihr Serotonin nach Bedarf locken.

Noch mehr Moleküle der Gefühle

Zum Beispiel Endorphine: Diese Botenstoffe des Gehirns übertragen Signale von Nervenzelle zu Nervenzelle, betäuben Schmerz und versetzen Sie in einen Glücksrausch. Endorphine produziert die Mutter, die ein Kind zur Welt bringt, der Läufer, der seinen »Runner's High« erlebt, der Freeclimber, der Bungee-Springer. Endorphine produziert aber auch, wer seine Lieblingsmusik hört. Leider hält die Hochstimmung nicht lange an. Weil körpereigene Enzyme die Endorphine binnen weniger Minuten abbauen.

Gefühle entstehen in unserem limbischen System zwischen Großhirn und Hirnstamm. Hier sitzen Neugierde und Motivation. Und hier sitzt die Schaltstelle euphorischer Stimmungen. Hier arbeitet der Botenstoff Dopamin. Der Vermittler tiefer Zufriedenheit, seliger Momente. Dopamin heißt der Grund, warum Sie lachende Kinderaugen unter dem Weihnachtsbaum nie vergessen. Warum Sie der Anblick eines Picasso oder einer schönen Landschaft mit Gänsehaut überzieht. Warum Sie schöne Augenblicke immer wieder genießen wollen. Gehetzte Menschen sammeln keine glücklichen Augenblicke, sie erleben beim Anblick eines wunderbaren Bildes auch kein Dopamin-Glücksgefühl.

Wer entschleunigt, entdeckt den Sinn der Sinne

Jagen Sie nicht länger nach dem Glück. Entschleunigen Sie Ihr Leben. Der Mystiker Bernhard von Clairvaux hat gesagt: »Wenn du dein ganzes Leben und Erleben ins Tätigsein verlegst und keinen Raum mehr für die Besinnung vorsiehst, wie kannst du dann voll

Das Serotonin-Zeitalter

und ganz Mensch sein?« Hetzen Sie sich nicht länger bis zur Besinnungslosigkeit, kommen Sie zur Besinnung. Entdecken Sie Ihre Sinne wieder. Entdecken Sie die Langsamkeit. Denn sie schärft die Sinne.

Wir bewegen uns auf abstrakten Landkarten und vergessen die Landschaft, die Realität, das Leben. Der Sinn der Sinne ist, dass wir die Welt erleben. Und wenn wir unsere Sinne bewusst einsetzen, er*leben* wir. Nur über die Sinne entsteht in Ihrem Körper Glück. Alles, was mit den Sinnen zu tun hat – riechen, hören, lieben, fühlen, schmecken, schauen –, gewinnt an Tiefe und Qualität, wenn Sie es *langsam* tun. Ihre Sinne sind die Kanäle für Glück. Denn wenn Sie intensiv an einer Rose riechen, Ihren Partner betrachten, Mozart hören, den Hund streicheln, einen Stein befühlen, Erdbeeren genießen, Schokolade naschen, Rotwein schmecken oder einem Goldfisch zusehen, antwortet Ihr Körper mit mehr Serotonin.

Und schauen Sie doch einmal hinter das Bild. Hinter die Struktur der Rosenblätter. Wie beim »Magischen Auge«. Wenn Sie sich auf »Sehen« konzentrieren, dann verschwinden lärmende Gedanken – und man ist nur noch »Auge«. Sinn pur. Man meditiert.

Die bekannte Wissenschaftlerin Gertrud Höhler schrieb in der »Welt am Sonntag«: »Wonach sie alle jagen, das Glück, ist eben nicht das Glück des Schnellsten oder Klügsten. Glück ist, im Gegenteil, vergessene Zeit. Wo wir das Ticken der Uhr nicht mehr hören, da sind die eigentlichen Orte erfüllter Zeit, die Inseln des Glücks. Jeder kennt sie, aber nicht jeder kann aus eigener Kraft dorthin so oft zurückkehren, wie er möchte.« Doch, das kann man lernen. Wenn nicht jetzt, wann dann?

Mit allen Sinnen den Moment genießen, »voll das Leben« – das ist Glück.

Der Weg zu mehr Sinnlichkeit

Im Tempoland sind unsere Sinne überfordert. Nehmen Sie einfach einen Kaufhausbesuch: Sie werden beschallt von Musik, die Sie nicht mögen, das Licht ärgert das Auge – und meist auch noch die Seele, wenn man sich neonbeleuchtet im Spiegel sieht. Im Gedränge wird man angerempelt. Schweiß mischt sich unter Billigparfümaromen. Nach einer halben Stunde ist man fertig. Ausgelaugt. Ohne Energie. Die Stresshormone tanzen.

➤ Wenn Sie dagegen Ihre Sinnesorgane gezielt nutzen, tanken Sie Energie. Hören Sie Ihre Lieblings-CD, spüren Sie Fröhlichkeit.

MEINE ZEIT, MEIN GLÜCK, MEIN LEBEN

Lassen Sie sich nicht mehr so stressen: Wenn's zu hektisch wird, gehen Sie einfach für eine kleine Pause ins Straßencafé.

Wenn Sie Ihren Partner streicheln, strömt die Glücksenergie. Eine süße Erdbeere weckt das Kind in Ihnen. Ein gutes Parfüm lässt die Seele schweben.

Ein Ausflug in die Sinnlichkeit

▶ Setzen Sie Ihre Sinne ein. Nehmen Sie einen Bumerang, und gehen Sie hinaus in die Natur. Erst werfen und fangen Sie die Stresshormone mit dem Bumerang weg, und dann machen Sie einen Spaziergang der Sinne – riechend, hörend, fühlend, sehend …

Was riechen Sie? Pilze, Laub, Regen? Konzentrieren Sie sich auf jedes einzelne Aroma, und spüren Sie, welche Gefühle, Erinnerungen aufsteigen.

Schauen Sie genau hin. Ergötzen Sie sich an der Vielfalt der Farben und Formen. Stellen Sie sich auch ein Blümchen auf den Schreibtisch. Und wenn es stressig wird, tauchen Sie einfach kurz ab in die entspannende und Kraft gebende Schönheit der Natur.

Den Hörsinn vernachlässigen Sie häufig. Sie lassen sich beschallen, erleben selten die Töne der Natur. Hören Sie genau hin: auf das Surren der Insekten, das Singen der Vögel, das Murmeln des Wassers. Übrigens gibt es solche Töne auf CD zum Entspannen.

Auch das Tasten erschließt Ihnen die Kräfte der Natur. Zerreiben Sie einen Grashalm zwischen den Fingern. Fühlen Sie die Rinde eines Baumes.

Je häufiger Sie einen Spaziergang der Sinne machen, desto besser trainieren Sie Ihre Kanäle gegen den Stress – für mehr Zufriedenheit und Glück.

Der Sushi-Express-Effekt

Wenn Sie am Telefon Sushi bestellen, fragt man Sie: »Wann wollen Sie sie haben?« Sie antworten: »Sofort.« Und denken: »Nicht erst in 45 Minuten.« Die Selbstverständlichkeit, mit der immer alle alles sofort haben wollen, nenne ich den Sushi-Express-Effekt. Viele Menschen lassen sich von diesem allgemeinen Wunsch nach »Sofort« beherrschen und denken gar nicht mehr über den Unterschied von Dringlichkeit und Wichtigkeit nach. Sie sind nicht mehr Herr ihrer Zeit. Sondern die Zeit beherrscht sie.

Machen Sie sich klar: Genau so, wie Sie alles sofort erledigt haben wollen, so setzt man Sie gern unter Druck. Machen Sie den Anfang. Gehen Sie alles gelassener und damit realistischer an. Prüfen Sie jedes »Sofort« auf seine tatsächliche Dringlichkeit. Sagen Sie: »Ich freue mich, wenn Sie die Sushis in 45 Minuten bringen.« Und so gehen Sie künftig mit allen Ihren Mitmenschen um: Entschleunigen Sie das Zusammenleben. Mit realistischen Zeitwünschen. Ohne unnötigen Druck.

Das Serotonin-Zeitalter

Druck erzeugt Gegendruck

Starker Druck auf Menschen verursacht immer Stress. Sie drücken zurück, damit sie nicht umfallen. Sie verteidigen Standpunkte, die ihnen gar nicht so wichtig sind.
Druck verbraucht Ihre Energie und erzeugt eine Gegenenergie. Wenn Sie stärker sind, haben Sie im besten Falle einen Zentimeter gewonnen. Das ist unökonomisch. Humor ist effizienter und erzeugt ein freundliches Mitmachen. Und Ihr Serotonin-Spiegel wie der Ihres Gegenübers steigen an.

Vom Un-Sinn: Warte mal schnell!

Verbannen Sie das Wörtchen »schnell« aus Ihrer Sprache. Wenn eine meiner Mitarbeiterinnen sagt: »Ich geh mal schnell zur Post«, sage ich: »Das können Sie auch langsam tun. Ist viel ungefährlicher und geht genauso schnell.« Wie unsinnig ist der Spruch: »Warte mal schnell.« Als ob man mit einem gewissen Tempo warten könnte. Beobachten Sie sich und Ihre Umwelt, wie oft alle sinnloserweise meinen, etwas schnell tun zu müssen. Glauben Sie mir, das gibt Stoff für ein ganzes Buch. Ich habe es geschrieben: *Wenn Du es eilig hast, gehe langsam* (Buchtipp Seite 232).

... zum Nachdenken

Entdecken Sie Anzeichen und Symptome der Entschleunigung:
- eine verdächtige Fähigkeit, jeden Augenblick zu genießen
- eine Neigung, spontan zu denken und zu handeln, statt auf die Uhr zu reagieren
- eine bemerkenswerte Unfähigkeit, sich Sorgen zu machen
- eine erhöhte Toleranzgrenze
- unwiderstehliche Gefühle, mit anderen und mit der Natur verbunden zu sein
- eine beachtliche Neigung, Dinge natürlich passieren zu lassen, anstatt sie herbeizuzwingen
- häufigeres Lächeln oder Lachen
- Pflege wichtiger Beziehungen
- Gelassenheit gegenüber Kalendern und Uhren – vielleicht sogar Verzicht auf eine Armbanduhr
- plötzliches Wohlbefinden
- die Fähigkeit, ohne übermäßige Anstrengung warten zu können
- weniger Besorgnis, die »Kontrolle« zu behalten

aus: Hunt, Diana/Hait, Pam: Das Tao der Zeit. München: Econ, 1998

Die Zeichen der Zeitrevolution

- In den USA wächst die Zahl der Slobbies, die sich einfach nicht unter Druck setzen lassen und gute Arbeit leisten. Auch bei uns zeichnet sich ein Trend ab: Die Porzellanmanufaktur Meißen stellte 1999 einen Teil ihrer Produktion von Akkord- auf Gruppenarbeit um. Und bezahlte für die Stücke, die zum Verkauf geeignet sind. Woraufhin die Mitarbeiter langsamer und sorgfältiger arbeiteten. Die Folgen: weniger Ausschuss, höhere Löhne, mehr Zufriedenheit.
- 17 Prozent der Deutschen beantragen Teilzeit. 37 Prozent haben ein Arbeitszeitkonto: Man arbeitet mehr, wenn Arbeit da ist. Und kann einen langen Urlaub einlegen, wenn Flaute herrscht.
- Ein neuer Trend in Deutschland: Sabbatical – raus aus dem Job, rein ins Abenteuer »Ein Jahr Pause«. Und immer mehr Arbeitgeber spielen mit. Mehr darüber auf Seite 204.

MEINE ZEIT, MEIN GLÜCK, MEIN LEBEN

- Slow Food ist »in«. Der Verein der fröhlichen Genießer, die Lobby des guten Geschmacks »Slow Food Deutschland« gewann allein im Jahr 2001 40 Prozent mehr Mitglieder. Fast-Food-satt haben viele Menschen erkannt: Wer in die Zubereitung des Essens wieder mehr Zeit steckt, wenige gesunde Zutaten zu einem kulinarischen Highlight vereint, Essen genießt, lebt gesünder und damit länger. Genuss braucht Zeit. Wer ohne Genuss isst, holt sich Befriedigung nicht über die Sinnesfreuden, sondern über die Nahrungsmenge. Folge: Im Kragen steht XXXL.
- Der »Verein zur Verzögerung der Zeit« am Forschungsinstitut der Universität Klagenfurt verzeichnet zunehmend Mitglieder – ein durchaus ernst zu nehmender Verein, 1990 gegründet, der forscht, veröffentlicht und berät: www.zeitverein.com

Entschleunigen heißt auch, …

… nie mehrere Dinge gleichzeitig zu tun. Richten Sie Ihre ganze Aufmerksamkeit auf das, was Sie gerade tun. Essen Sie. Dann lesen Sie die Zeitung. Und dann hören Sie Musik. So erleben Sie jede Situation getrennt für sich – also viel intensiver. Und: Schreiben Sie mal wieder mit der Hand, langsam, am besten mit Füllfederhalter. Wer so schreibt, kann seine Ideen und Gefühle besser, authentischer ausdrücken.

Die 10 Gebote der Zeitverzögerung

1. Jeder hat ein Lebenszeitkonto. Machen Sie sich jetzt gleich 30 Minuten lang Gedanken darüber, ob und mit was Sie Ihre Lebenszeit hektisch verprassen und für was Sie sie sinnvoll investieren.
2. Planen Sie jeden Tag Zeit für sich selbst ein – fest notiert in Ihrem Terminkalender. Und halten Sie diesen Termin ein.
3. Legen Sie immer mal wieder eine Pause ein. Ideal: alle 90 Minuten. Gehen Sie dann, wenn es besonders hektisch wird, ins Café.
4. Verschwenden Sie ruhig auch einmal Zeit. Das bringt Balance in zeitverplante Tage.
5. Ihre Zeit ist eng verknüpft mit der Zeit anderer. Machen Sie den anderen weniger Zeitdruck, dann werden auch Sie nicht mehr so unter Druck gesetzt.
6. Verschenken Sie Zeit. Das macht glücklich und zufrieden. Dann schenkt man auch Ihnen Zeit. Sie gewinnen.
7. Finden Sie Ihren Rhythmus, Ihre innere Uhr (Seite 70). Wenn Sie danach leben, beherrschen Sie die Zeit und nicht die Zeit Sie.
8. Sagen Sie nie mehr: »Ich habe keine Zeit.« Sie haben alle Zeit dieser Welt – wie jeder 24 Stunden täglich.
9. Ihr künftiges Zeitmotto lautet: Richtige Zeitplanung ist ein Rezept des Erfolgreichen, sinnvolle Zeitgestaltung das eines Weisen.
10. Immer wenn Sie es eilig haben, gehen Sie langsam.

Vom Stress in den Flow

Es gibt auch positiven Stress – Eustress. Herausforderungen, die wir freudig annehmen. Eustress lädt uns mit Energie auf, entzündet in uns Schaffensdrang, macht uns konzen-

Das Serotonin-Zeitalter

triert, erfüllt uns mit Freude, Optimismus, Glück.

Ob wir Stress als positiv oder negativ empfinden, liegt vor allem an uns selbst. Stress widerfährt uns nicht einfach, wir können ihn annehmen, interpretieren und verarbeiten. Wir müssen überflüssigen Stress vermeiden. Wir dürfen die Langzeitschäden nicht länger ignorieren, die chronischer Stress hinterlässt. Und wir müssen unvermeidlichen Stress so lenken, dass er uns nicht zermürbt. Wege finden Sie ab Seite 148.

Flow ist nichts anderes als Serotonin

Wir nehmen alles viel zu ernst. Gehen verbissen statt begeistert an die Arbeit. Schuften mit Sorgenfalten statt mit einem Pfeifen auf den Lippen. Nur das, was Schweiß kostet, kann auch etwas bringen. Das Gegenteil ist der Fall. Dale Carnegie, Autor des Bestsellers »Sorge dich nicht – lebe!« sagte: »Wirklichen Erfolg werden Sie nur erreichen, wenn Sie Interesse und vor allem Freude an dem haben, was Sie tun.«

Und der ungarisch-amerikanische Psychologe Mihaly Csikszentmihalyi (sprich: Tschiksentmihai) fasste das Ganze in den viel beschriebenen vier Buchstaben zusammen: Flow (Seite 64). So nennt er das Glücksgefühl, das sich dann einstellt, wenn ein Mensch ganz aufgeht in der Sache, die er gerade tut. Und dreimal dürfen Sie raten, welches Hormon beim Flow im Körper regiert. Klar: das Serotonin.

SO MACH ICH ES

Einfach bärig!

Jeder braucht ein Hobby, denn das ist eine einfache Möglichkeit, Freude und Sinn zu finden. Und meines heißt: Bären. Die verschaffen mir Flow ohne Ende.

Das populärste Spielzeug der Welt ist nun mal auch etwas für Erwachsene. Ich mag Bären, weil sie in unserer hektischen, manchmal auch gefühlskalten Welt für Wärme, Nähe, Wohlbehütetsein stehen. Ein Bär hat etwas zu tun mit Sympathie, Geborgenheit und Herzlichkeit – er weckt das Kind im Mann. Und natürlich steht er auch für Eigenwilligkeit und Stärke. Deswegen geniere ich mich auch nicht in meinen Boxershorts mit Bären drauf, meinen Schuhen, Krawatten, Strümpfen, Baseballkappen ... Und selbstverständlich ist der Bär das Key-Visual (Bildmarke) meines Instituts.

Der Bär steht für Spaß, für Abwechslung, für Herz, für andere Gedanken. Ich hätte gern einen kleinen Bären als Haustier. Nur leider bleiben die nicht klein. Deswegen wartete ich jahrelang auf die Patenschaft im Heidelberger Zoo. Ich wollte unbedingt einen kleinen Eisbären oder einen Grizzly. Und musste lernen, dass die rar sind und schnell »vergriffen«. Mit List und Tücke habe ich nun meinen Bär. Na ja, eigentlich wollte ich diese Geschichte niemandem erzählen. Doch mittlerweile stehe ich auch zu diesem: zu Bubu, meinem Waschbär.

45

MEINE ZEIT, MEIN GLÜCK, MEIN LEBEN

... zum Nachdenken

Lebensweisheit

Ein Philosophieprofessor stand vor seinen Studenten und hatte ein paar Dinge vor sich liegen. Als der Unterricht begann, nahm er ein großes leeres Gurkenglas und füllte es bis zum Rand mit großen Steinen. Anschließend fragte er seine Studenten, ob das Glas voll sei. Sie stimmten ihm zu.

Der Professor nahm eine Schachtel mit Kieselsteinen, schüttete sie in das Glas und schüttelte es leicht. Die Kieselsteine rollten in die Zwischenräume der größeren Steine. Dann fragte er seine Studenten erneut, ob das Glas jetzt voll sei. Sie stimmten wieder zu und lachten.

Der Professor seinerseits nahm eine Schachtel mit Sand und schüttete ihn in das Glas. Natürlich füllte der Sand die letzten Zwischenräume im Glas aus.

»Nun«, sagte der Professor zu seinen Studenten, »ich möchte, dass Sie erkennen, dass dieses Glas wie Ihr Leben ist! Die Steine sind die wichtigen Dinge im Leben. Ihre Familie, Ihr Partner, Ihre Gesundheit, Ihre Kinder: Dinge, die – wenn alles andere wegfiele und nur sie übrig blieben – Ihr Leben immer noch erfüllen würden. Die Kieselsteine sind andere, auch wichtige Dinge, wie Ihre Arbeit, Ihre Wohnung, Ihr Haus oder Ihr Auto. Der Sand symbolisiert die kleinen Dinge im Leben. Wenn Sie den Sand zuerst in das Glas füllen, bleibt kein Raum für die Kieselsteine oder die großen Steine.

So ist es auch in Ihrem Leben: Wenn Sie all Ihre Energie für die kleinen Dinge in Ihrem Leben aufwenden, haben Sie für die großen keine mehr. Achten Sie daher auf die wichtigen Dinge, nehmen Sie sich Zeit für Ihre Kinder oder Ihren Partner, achten Sie auf Ihre Gesundheit. Es wird noch genug Zeit geben für Arbeit, Haushalt, Partys und so weiter. Achten Sie zuerst auf die großen Steine – sie sind es, die wirklich zählen. Der Rest ist nur Sand.«

Nach dem Unterricht nahm einer der Studenten das Glas mit den großen Steinen, den Kieseln und dem Sand – bei dem mittlerweile sogar der Professor zustimmte, dass es voll war – und schüttete ein Glas Bier hinein. Das Bier füllte den noch verbliebenen Raum im Glas aus; dann war es wirklich voll.

Und die Moral von der Geschicht'?

Egal, wie erfüllt Ihr Leben ist, es ist immer noch Platz für ein Bier ...

Oder zum Beispiel für ein Glas Champagner, um Ihre Erfolge, Ihr Glück zu feiern.

Das Serotonin-Zeitalter

Die Frage nach dem Sinn

Warum stehen Sie Morgen für Morgen auf und hetzen ins Büro?

Um Geld zu verdienen? Um Karriere zu machen? Um Ihr Können unter Beweis zu stellen? Um sich selbst zu verwirklichen …? Um glücklich zu sein? Um Menschen zu treffen? Um etwas Bleibendes zu schaffen?

Wenn Sie sich überlegt haben, ob diese Ziele den Gang in die tägliche Tretmühle wert sind – dann haben Sie sich die Frage nach dem Sinn Ihres Lebens gestellt. Zumindest dem Sinn Ihres Arbeitslebens. Sie haben schon den Bumerang geworfen. Arbeit kostet Lebenszeit.

Ähnliches gilt für alle anderen Lebensbereiche: Lebe ich wirklich mit den Menschen zusammen, die ich liebe? Bin ich fähig, meinen Kindern Freude am Leben, soziale Kompetenz zu vermitteln – so dass sie später ihr Leben sinnvoll finden? Trage ich dazu bei, dass andere Menschen einen Sinn in ihrem Leben sehen? Sie werfen den Bumerang.

Werfen oder nicht werfen …

Viele Menschen tragen eher eine gedankliche Scheuklappe: »Sinn des Lebens? Wo ich schon Mühe habe, meinen Terminflut zu bewältigen, im Job überhaupt zu bestehen? Keine Zeit zum Grübeln. Nein danke!« – die werfen den Bumerang natürlich nicht. Aber auch, wer nur so in den Tag hineinlebt, ohne über das Wie und Warum nachzudenken, begründet, warum er so und nicht anders handelt. Er richtet eben lieber alle Aufmerksamkeit auf den nächsten Karriereschritt. Auch das gibt dem Leben Sinn. Bumeranglos.

DER BUMERANG TIPP

Nachdenken – und Lebenszeit gewinnen

Wer sich Zeit nimmt, über Sinnfragen nachzudenken, verliert keine Zeit, sondern gewinnt freie Stunden dazu. Der Bumerang entfernt sich von uns, dreht sich und dreht sich, und kommt zu uns zurück. Die Reflexion hilft, das Wichtige von Unwichtigem zu trennen; Prioritäten zu setzen; sinnlose Tätigkeiten, die viel Zeit kosten, aber wenig Befriedigung bringen, zu erkennen und zu vermeiden. Sie hilft, Nein zu sagen zu Zeiträubern und Saboteuren des Lebensglücks, der Zufriedenheit.

Philosophie hilft

Die Bibel und Bücher wie »Sofies Welt« von Jostein Gaarder haben Hochkonjunktur – denn in unserer hektischen Zeit keimt immer häufiger der Wunsch, nicht nur keep smiling der Karriere nachzujagen, sondern über den Sinn des Lebens nachzudenken. Philosophie hilft. Philosophie ist das Werfen des Bumerangs: Ich stelle eine Frage, werfe sie in die Welt hinaus und schaue, welche Antwort die Frage mir zurückträgt. Und sie wird immer aktuell sein, denn Philosophien altern nicht. Viele Probleme, denen die Menschen heute ratlos gegenüberstehen, sind nicht neu. Es gab sie schon in früheren Zeiten. Kluge Köpfe dachten über Möglichkeiten nach, damit umzugehen. Lust auf Philosophen? Schauen Sie ins Internet unter *www.philo.de/Philosophie-Seiten* und *www.lebensbuecher.net*

TEST

Gute Zeiten, schlechte Zeiten

Haben Sie oft das Gefühl, Ihre Zeit mit Sinnlosem zu vergeuden? Stehen Sie häufig unter Druck? Sind Sie ein Perfektionist? Der Test macht deutlich, wie es um Ihre persönliche Zeit- und Lebensbalance steht.

1. Ich schaffe mir genügend Freiräume für wirklich wichtige Tätigkeiten.
2. Ich orientiere meine tägliche Zeitplanung an mittel- und langfristigen Zielen.
3. Ich stelle für jeden Tag oder jede Woche eine To-do-Liste mit Prioritäten auf.

4. Ich habe Spaß am Erfolg und will zu den Besten und Erfolgreichsten gehören.
5. Je ungeduldiger und gestresster meine Umwelt agiert, desto ruhiger werde ich.
6. Ich habe genügend Zeit für meine Familie, Freunde, Hobbys etc.

7. Meine Planung ist so straff – für Störungen und Überraschungen ist kein Platz.
8. Für brandeilige Aufgaben lasse ich sehr schnell alles stehen und liegen.
9. An meinem Arbeitsplatz kann nur ich mich in der Unordnung zurechtfinden.

10. Es belastet mich, wenn ich mehrere Dinge gleichzeitig erledigen muss.
11. Ich bin in Eile oder weiß vor Termindruck weder ein noch aus.
12. Ich habe den Eindruck, mich für meinen Job kaputtzumachen.

13. Ich erarbeite mir gezielte Strategien, um mich auf meine Zukunft vorzubereiten.
14. Ich erledige Arbeiten konsequent, entsprechend ihrer Wichtigkeit.
15. Ich fasse ähnliche Aufgaben zu Blöcken zusammen und arbeite sie ab.

16. Durch berufliche oder private Herausforderungen laufe ich zur Höchstform auf.
17. Ich kann mich gezielt entspannen und auch nach der Arbeit gut abschalten.
18. Ich arbeite, um zu leben, und lebe nicht, um zu arbeiten.

19. Ich mache etwas entweder richtig oder gar nicht.
20. Ich habe so viel um die Ohren – ich kann nur noch auf Tagesereignisse reagieren.
21. Ich werfe meine Tagesplanung mehrfach um, weil immer wieder Neues passiert.

22. Mir gehen auch in der Freizeit berufliche Probleme und Pläne durch den Kopf.
23. Ich werde ungeduldig, wenn Dinge zu langsam vorangehen.
24. Ich frage mich, wie ich das alles überhaupt noch schaffen soll.

Und so wird's gemacht

Gehen Sie die nachfolgenden Aussagen zügig ihrer nummerierten Reihenfolge nach durch. Bitte seien Sie bei der Beantwortung der Fragen so ehrlich wie möglich. Geben Sie jeder Aussage eine Punktzahl – je nachdem, was zutrifft:

0 = nie, 1 = selten, 2 = manchmal, 3 = häufig, 4 = immer

Anschließend zählen Sie die Punkte zeilenweise zusammen. Zum Beispiel addieren Sie die Fragen 1, 13, 25 und schreiben die Summe in das dazugehörige Kästchen »Effektivität«.

25. Ich delegiere Arbeiten, die von anderen erledigt werden sollten. ☐ ☐ Effektivität
26. Ich richte mir Zeitfenster für langfristig wichtige, nicht dringliche Aufgaben ein. ☐ ☐ Wichtigkeit
27. In meinem Tagesplan reserviere ich mir Pufferzeit für unerwartete Ereignisse. ☐ ☐ Planung

Summe Leistung

28. Ich habe eine positive Grundstimmung und sehe optimistisch in die Zukunft. ☐ ☐ Energie
29. Wenn mich etwas aufregt, atme ich erst mal tief durch, bevor ich reagiere. ☐ ☐ Gelassenheit
30. Ich kann wirklich sagen, in innerer Balance und Zufriedenheit zu leben. ☐ ☐ Zufriedenheit

Summe Lebensqualität

31. Ich lege auch unter Zeitdruck Wert auf äußerst genaue Arbeit. ☐ ☐ Perfektionismus
32. Dringende Kleinigkeiten halten mich von wichtigen Aufgaben ab. ☐ ☐ Dringlichkeit
33. Ich muss Dinge erledigen, die ich eigentlich schon am Vortag tun wollte. ☐ ☐ Chaos

Summe Aktionismus

34. Ich leide häufig unter Spannungskopfschmerzen oder Muskelverspannungen. ☐ ☐ Erschöpfung
35. Ich »funktioniere« am besten, wenn besonders viel unter Zeitdruck zu tun ist. ☐ ☐ Hektik
36. Ich arbeite auch dann weiter, wenn ich mich schlapp oder krank fühle. ☐ ☐ Burn-out

Summe Stress

MEINE ZEIT, MEIN GLÜCK, MEIN LEBEN

Die Auswertung

▶ Haben Sie etwa bei »Effektivität« 7 Punkte oder mehr (maximal 12 sind möglich), dann deutet das darauf hin, dass Sie Ihre Zeit eher effektiv nutzen. 10 Punkte bei »Hektik« weisen Sie hingegen als potenziellen Aktionisten aus.

▶ Addieren Sie nun die einzelnen Punktzahlen in den vier dafür vorgesehenen Kästchen. Also zum Beispiel die Punkte für »Effektivität«, »Wichtigkeit« und »Planung« im darunter liegenden Feld »Summe Leistung«.
Mit den vier Summen für »Leistung«, »Lebensqualität«, »Stress« und »Aktionismus« können Sie Ihren persönlichen Zeitmanagement-Kompass erstellen (Grafik unten). Er zeigt Ihnen, wie gut Sie insgesamt mit Ihrer Zeit umgehen. Kreuzen Sie dazu an jedem der vier Pfeile die erreichte Punktzahl an.

▶ Lesen Sie den Kompass ab: Haben Sie viele Punkte bei Leistung (24–36), wenige Punkte bei Aktionismus (0–11)? Herzlichen Glückwunsch! Sie gehen intelligent mit Ihren Ressourcen um. Haben Sie viele Stress-Punkte (mindestens 25)? Dann aufgepasst: Hektik setzt Ihnen zu, Erschöpfung und Burn-out drohen. Haben Sie nur wenig Lebensqualität (0–11 Punkte)? Dann fehlen Ihnen Energie, Gelassenheit und Zufriedenheit.

Was Sie tun können, um Ihre Werte zu verbessern?

Die folgenden Tipps gehen auf vier besonders häufige »Zeit-Typen« ein. Wo haben Sie die meisten Punkte? Lesen Sie, wie Sie typgemäß mehr Lebensqualität und Leistung erreichen können, ohne ständig in Zeitnot zu sein.

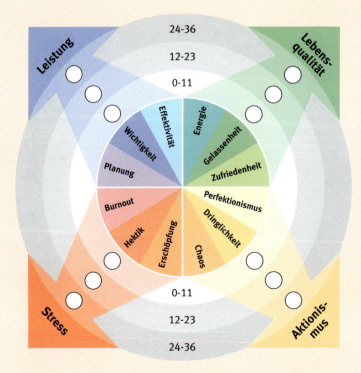

Wie steht es um Ihr Zeit- und Lebensmanagement? Kreuzen Sie in jedem Pfeil des Kompasses Ihre Punktzahl aus dem Test an. Wo ist sie hoch, wo niedrig?

© Lebensbalance-Test: Seiwert-Institut GmbH, Heidelberg, www.seiwert.de. Nachdruck mit Genehmigung.

Das Serotonin-Zeitalter

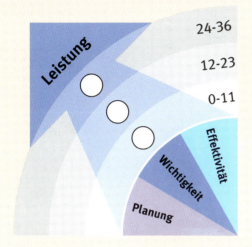

Hohe Leistung

Sie erzielen eine hohe Leistung (ab 24 Punkte), konzentrieren sich also aufs Wesentliche und gehen planvoll und effektiv vor – wichtige Grundlagen, um erfolgreich zu sein.

A Haben Sie zusätzlich noch eine hohe Lebensqualität (ab 24 Punkte), sind Sie zu beglückwünschen! Sie haben Ihre Zeit und damit Ihr Leben bestens im Griff. Dennoch zwei Tipps für Sie:
➤ Überprüfen Sie immer wieder ganz besonders die Zeit-Balance zwischen Berufs- und Privatleben. Lesen Sie ab Seite 56.
➤ Schriftlich formulierte Ziele helfen Ihnen, im turbulenten Alltag die Richtung auch langfristig nicht aus den Augen zu verlieren. Anleitung finden Sie auf Seite 116.

B Haben Sie zugleich viele Stresspunkte (ab 24) oder wenig Punkte bei »Lebensqualität« (bis 11), so gilt für Sie: Weniger ist mehr! Sie können einen angenehmeren Alltag bei gleicher Leistung haben, wenn Sie immer wieder mal das Tempo in Ihrem Leben drosseln, Ihren Aktionismus reduzieren und sich weniger von Ihrer Umwelt hetzen lassen. Halten Sie sich an das Pareto-Prinzip, Seite 215.
➤ Verordnen Sie sich täglich Mußestunden, die ohne Zeitdruck ablaufen (ausgedehnte Mahlzeit, kreative Denkpause, Nickerchen). Lesen Sie über Stress ab Seite 148. Und Nutzen Sie die Chance faul zu sein (ab Seite 200).
➤ Haben Sie mehr Mut zu Ruhe und Gelassenheit, vor allem am Arbeitsplatz. Dazu finden Sie viele Rezepte in diesem Buch.

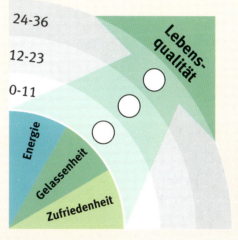

Hohe Lebensqualität

Eine hohe Punktzahl bei der »Lebensqualität« (ab 24 Punkte) weist darauf hin, dass Sie genügend Energie besitzen, gelassen sind und persönlich zufrieden.

C Haben Sie zusätzlich auch noch eine hohe Leistung (ab 24 Punkte), gilt für Sie **A**.

D Haben Sie daneben eine höchstens mittlere Leistung (bis 24 Punkte) und zeigen eher wenig Aktionismus (bis 11 Punkte), dann gehören Sie wahrscheinlich zur Gruppe der Lebenskünstler. Sie planen eher wenig und lassen die Dinge geschehen. Sie sind in Ihrer Arbeit großzügig, vor allem beim Delegieren. Sie verstehen es, sich elegant durchzuwursteln. Wollen Sie in Zukunft jedoch mehr erreichen, dann beachten Sie Folgendes:

➤ Packen Sie Unangenehmes sofort an, und schieben Sie es nicht ständig auf die lange Bank. Lesen Sie über das Direkt-Prinzip ab Seite 223.

➤ Nehmen Sie Unterbrechungen nicht zum Anlass, sich Tagträumereien hinzugeben.

➤ Erstellen Sie einen Tagesplan, und bringen Sie damit mehr Struktur in Ihren Arbeitstag (Seite 122).

➤ Formulieren Sie Ziele schriftlich, und vereinbaren Sie feste Erledigungstermine. Sie brauchen die SMART-Formel (Seite 116).

➤ Engagieren Sie sich in Meetings, und nehmen Sie Wichtiges gleich in Angriff. Den Blick für das Wichtige schärfen Sie auf Seite 120.

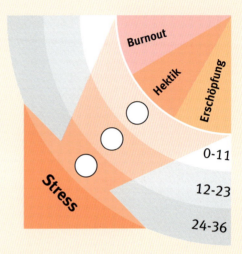

DER BUMERANG TIPP

Das Miles & More-Prinzip

➤ Siege muss man feiern, das motiviert zum nächsten Schritt. Belohnen Sie sich daher nach jedem Teilerfolg. Machen Sie sich eine »Belohnungsliste« nach dem Miles & More-Prinzip. Was für den einen der Blumenstrauß, ist für den anderen die schöne Flasche Cabernet Sauvignon. Was tut Ihnen gut? Die Safari in Afrika: 1000 Meilen. Das Fünf-Sterne-Essen: 200 Meilen. Die neue CD: 10 Meilen. Der Besuch bei der Kosmetikerin: 100 Meilen. Für kleine Erfolge gibt's die 10-Meilen-Belohnung – für große Erfolge den Besuch im All.

Hoher Stress

Mit vielen Stresspunkten (ab 24) haben Sie wesentliche Anlagen für ein unvorteilhaftes Lebensmanagement: Sie sind oft erschöpft und gehetzt oder fühlen sich ausgebrannt. Machen Sie den Burn-out-Test auf Seite 68.

E Haben Sie außerdem viele Punkte für eine hohe Leistung (ab 24 Punkte), gilt für Sie **B**.

F Haben Sie außerdem viele Aktionismus-Punkte (ab 24), lesen Sie **I**.

G Erzielen Sie zusätzlich nur eine niedrige Leistung (bis 11), dann reagieren Sie wahrscheinlich häufig hilflos auf Ereignisse. Sie »werden« regelrecht gearbeitet, wollen es allen recht machen und fühlen sich ständig unter Druck. Meine Tipps:

➤ Suchen Sie nach neuen Wegen, um schneller zu gewünschten Ergebnissen zu kommen, statt an bewährten Abläufen festzuhalten. Pro-

Das Serotonin-Zeitalter

bieren Sie es mal mit Mind-Mapping: Seite 187. Ihre Kreativität schulen Sie auf Seite 191.
➤ Nehmen Sie Dinge einfach selbst in die Hand. Fangen Sie mit kleinen Dingen an. Halten Sie sich an das Prinzip der Mikroschritte auf Seite 28.
➤ Ab Seite 108 lernen Sie, dass geplante Veränderungen Ihr Leben bereichern können.
➤ Verbessern Sie die Effizienz Ihrer zeitlichen Abläufe, beschleunigen Sie Prozesse. Geben Sie Gas (ab Seite 213).
➤ Trauen Sie sich mehr zu – und sagen Sie öfter einmal Nein. Anleitung Seite 208.
➤ Denken Sie weniger an den Arbeitsaufwand als an das Ziel. Wie Sie Ziele setzen, steht auf Seite 116.

> **... zum Nachdenken**
>
> »Wenn du es eilig hast, setze dich!« lautet ein asiatisches Sprichwort. Im Sitzen sind wir gelassener als zwischen Tür und Angel. Im Sitzen weicht der innere Druck, der Puls normalisiert sich. Statt kopflos auf etwas zuzurennen, kommt die Lösung aus der Ruhe. Und darin liegt bekanntlich die Kraft. Nicht Kampf, sondern Besonnenheit bringt zum Ziel.

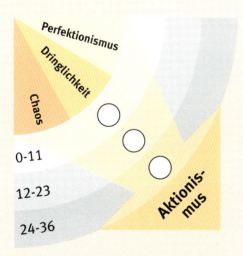

Hoher Aktionismus

Viele Aktionismuspunkte (ab 24) deuten darauf hin, dass Sie einen Hang zur Perfektion haben und Dringendem hinterherhetzen, statt sich mit Wichtigem zu beschäftigen.

H Haben Sie zusätzlich eine höchstens mittlere Punktzahl bei »Lebensqualität« und »Stress« (jeweils bis 23 Punkte), tun Sie des Guten wahrscheinlich eher zu viel. Sie machen die Dinge lieber richtig und ordentlich – oder gar nicht. Drei Tipps (mehr ab Seite 213):
➤ Konzentrieren Sie sich auf Ergebnisse, nicht auf Perfektion in der Erledigung.
➤ Setzen Sie sich für die Erledigung Ihrer Aufgaben unbedingt ein striktes Zeitlimit.
➤ Lernen Sie, flexibler zu werden und Dinge – auch in Ihrem Leben – einfach loszulassen.

I Haben Sie hingegen außerdem viel Stress (ab 24 Punkte), sind Chaos und Hektik für Sie wahrscheinlich enge Vertraute. Sie setzen Zeitplanmethoden zu wenig ein, sind häufig unter Druck; vieles wird erst in letzter Minute fertig. Sie arbeiten mehr als andere und geben auch nicht viel Arbeit ab. Ihr Engpass ist die Selbstdisziplin. Unsere Tipps:
➤ Entfliehen Sie der Dringlichkeitsfalle, und fokussieren Sie sich auf die Wichtigkeit eigener Ziele (Seite 120).
➤ Verabschieden Sie sich vom Perfektionismus auf Seite 213.
➤ Schalten Sie Ihre Drehzahl einen Gang zurück. Entschleunigen Sie Ihr Leben, entdecken Sie die Langsamkeit, und genießen Sie die Kunst, faul zu sein. Anleitung ab Seite 200.

So bringen Sie Ihr Leben in Balance

- Vier Elemente machen das Leben aus: Arbeit, Körper, Beziehungen, Sinn. Sind sie nicht im Gleichgewicht, kippt alles in eine Richtung – und irgendwann stürzt man ab, wie ein Bumerang.

- Genießen Sie jedes Element, finden Sie wieder die innere und äußere Balance – und mehr Zeit fürs Glück.

- »Träume dein Leben – lebe deinen Traum«: In sieben Schritten kommen Sie ans Ziel Ihrer Wünsche!

Die Entdeckung der vier Lebensbereiche

Was wirklich zählt im Leben

Viele Menschen haben Erfolg im Beruf, doch beim Versuch, ein erfülltes Leben zu führen, scheitern sie. Sie hetzen von Termin zu Termin, sprinten auf der Karriereleiter nach oben, häufen um sich Wohlstand an. Und haben irgendwann das Gefühl: Das Leben streicht an mir vorbei.

Und dann sehen sie eines Tages ein Kind über einen Käfer gebeugt vor Freude in die Hände klatschen. Und plötzlich ist der Porsche vor dem Haus nichts mehr wert. Man weiß tief innen: Das Leben funktioniert zwar irgendwie, aber erfüllt ist es nicht. Kein Wunder: Diesen Menschen fehlt die Kunst des Life-Leadership.

Der Lebensbereich »Arbeit und Leistung« hat absolute Priorität. Die anderen Bereiche »Sinn«, »Körper und Gesundheit«, »Familie und Beziehungen« verkümmern.

Hat ein Bereich das Übergewicht, kippt das Ganze irgendwann

Der Bauch ist fett, die Seele leer, man steuert auf den Burn-out zu, entfremdet sich wortkarg vom Partner und zeitlos vom Freundeskreis. Mancher wacht in der Intensivstation

Die Entdeckung der vier Lebensbereiche

auf. Und weiß, vielleicht sogar, weil er »das Licht« gesehen hat: Nun ist es höchste Zeit, etwas zu ändern.

Diesem Buch ist ein Bumerang mit vier Flügeln beigelegt. Er soll Sie immer daran erinnern, dass Sie nur auf den Auftriebskräften des Lebens segeln, wenn Sie in Ihren vier Lebensbereichen Balance halten.

Mein vierfarbiges Schlüsselerlebnis

Es ist schon eine Weile her, da besichtigte ich eine der großen Druckereien Deutschlands. Zur gleichen Zeit wälzte ich die ersten Gedanken darüber, wie der gestresste, getriebene Mensch in ein Gleichgewicht kommen könne, das ihm Kraft gibt für all die Aufgaben, die ihn belasten. Beides hatte nichts miteinander zu tun – in meinem Kopf aber fügte es sich zu einem Schlüsselerlebnis.

Wir schauten die Kupferwalzen an, in die spiegelbildlich die Zeitschriftenseiten geätzt waren, und wir bewunderten den rasenden Wirbel des Papiers in Druckmaschinen, die so groß waren wie eine Häuserreihe. Und dann kamen wir an eine Station, an der zwei Männer die riesigen Walzen bei langsamer Umdrehung millimeterweise justierten, damit die Druckfarben genau aufeinander passen. Gedruckt wurde das Titelbild einer Frauenzeitschrift, nennen wir sie der Neutralität zuliebe »Marianne«.

Ich sah dieses: Aus vier wird eins. Mal rot, mal gelb, mal blau, mal schwarz schieben sich vier fast identische Gesichter ineinander, beginnen zu verschmelzen. Ein- bis zweitausendmal flattern sie immer exakter aus der Presse, bis die Farb- und Tonwerte stimmen. Eine gelbe, eine rote, eine blaue und eine schwarze Marianne haben sich vereint zu einem einzigen Gesicht mit gesunder Hautfarbe, dezentem Make-up, winddurchstöbertem Haar und einem fröhlich-jungen Lachen.

Die magischen Farben ...

Gelb, Rot, Blau, Schwarz – aus diesen vier magischen Farben setzt sich jedes Farbfoto zusammen, das wir in Illustrierten sehen. Alle anderen Farben und Tönungen sind nichts als die immer neue und immer verschiedene Zusammensetzung dieser vier Elemente: Rot und Blau ergeben Violett, Gelb und Rot werden Orange, Gelb und Blau mischen sich zu Grün. Die Farbe Schwarz gibt Hell und Dunkel dazu, scharfe und zarte Konturen.

Zu Beginn des Andrucks saß Mariannes schwarzes Auge auf ihrer grünen Nase, der blaue Mund biss in das rote Ohr. Aber da ist der Drucker, der Marianne misstrauisch mustert, da ist der Lehrling, der die Kurbeln dreht und so die tonnenschweren Druckzylinder gegeneinander verschiebt, bis sich die vier verschiedenfarbigen Marianne-Gesichter sauber ineinander fügen.

... und ihre Symbolik

Auf der Heimfahrt hatte ich Zeit, nachzudenken. Und Mariannes perfektes Gesicht wurde für mich zum Symbol einer neuen, eigentlich sehr alten Sicht des Menschen: Du musst die auseinander klaffenden Teile integrieren. Du musst die so unterschiedlichen Bereiche in Einklang bringen. Du musst für dein Leben und für deine Leser und Zuhörer die Balance finden. So sorgfältig wie der Drucker und sein Lehrling, bevor die Routine der Massenproduktion beginnt. So systematisch wie die vier Druckformen Blau, Rot, Gelb, Schwarz. So menschlich wie das Gesicht Mariannes.

SO BRINGEN SIE IHR LEBEN IN BALANCE

SO MACH ICH ES

Bärige Symbole

Auf Seite 45 können Sie lesen, dass ich Bärenfan bin. Ich habe mir von Steiff die vier farbigen Bären besorgt. Sie erinnern mich jeden Tag daran, dass auch ich meine vier Lebensbereiche in Balance halten muss. Der rote Bär steht für meine Beziehungen, das familiäre und soziale Leben. Dort hinein stecke ich momentan 20 Prozent meiner Zeit. Der braune Bär steht für mein berufliches Leben, meine Leistungen. Dieser Bereich erhält 25 Prozent meiner Zeit. Der weiße Bär erinnert mich daran, meinen Personal Trainer anzurufen, er steht für meinen Körper, meine Gesundheit; mitsamt Schlaf: 30 Prozent meiner Zeit. Und der blaue Bär holt mich in die Welt der Gedanken, er steht für den Sinn, für Kultur, für Muße – der Rest.

➤ Rechnen Sie doch einmal aus, mit was Sie Ihre 168 Wochenstunden verbringen?

Die Farben und die vier Lebensbereiche

Als ich daheim die Garage aufschloss, hatte ich meine vier Farben gefunden:

■ das **Rot** des familiären Lebens und der sozialen Beziehungen,
■ das **Schwarz** des beruflichen und leistungsbezogenen Lebens,
■ das **Gelb** des physischen und gesundheitlichen Lebens und
■ das **Blau** des mentalen und sinnorientierten Lebens.

Wenn jede einzelne Farbe der menschlichen Existenz zu ihrem Recht käme, würde jede die anderen unterstützen und zur vollen Geltung bringen.

Welche Farbe ist Ihnen wichtig?

Wie oft stellen Sie sich die Frage: Was ist für mich wichtig in meinem Leben? Auf diese Frage können Sie sich nämlich nur selbst eine Antwort geben. Sie finden sie in keinem Ratgeber.

Manchen Menschen sind alle vier Bereiche, alle vier Farben wichtig: Körper, Beziehungen, Sinn und Arbeit. Das sind die Bumerang-Typen. Die ausgeglichen durch das Leben kreisen. Andere leben nur für ihre Beziehung, nur für die Fitness oder nur für den Sinn, den sie in einer karitativen Beschäftigung finden.

➤ Was ist Ihnen wirklich wichtig? Das sollten Sie sich einmal im Jahr fragen. Denn Werte verändern sich auch. Manche Menschen gehen dafür zwei Wochen ins Kloster. Und arbeiten jeden Tag an ihrer Balance.

Nehmen Sie sich nun ein paar Minuten, und machen Sie den Test auf der folgenden Seite.

TEST

Wie steht es um Ihre Lebensbereiche?

Sind die vier Elemente ausgewogen? Was kommt zu kurz?

Körper & Gesundheit
Ernährung, Erholung, Entspannung, Fitness, Lebenserwartung

Sinn & Kultur
Selbstverwirklichung, Erfüllung, Liebe, Philosophie, Religion, Zukunftsfragen

Lebens-balance

Arbeit & Leistung
Beruf, Geld, Erfolg, Karriere, Wohlstand, Vermögen

Familie & Kontakt
Freunde, Zuwendung, Anerkennung

Betrachten Sie einen Moment lang in Ruhe das Schaubild. Dann überlegen Sie, welche Bereiche zurzeit in Ihrem Leben besonders wichtig sind. Wenn Sie den »Kuchen« selbst aufteilen sollten: Wie groß wären die vier Stücke? Welchen prozentualen Anteil würden Sie gerade jetzt den einzelnen Bereichen zuordnen?

Arbeit & Leistung ---------- %

Familie & Kontakt ---------- %

Sinn & Kultur: ---------- %

Körper & Gesundheit ---------- %

Zeichnen Sie nun einen Kreis, und teilen Sie ihn in Ihre »Kuchenstücke« auf (das können Sie auch im beiliegenden Zeit-Guide auf Seite 6 machen).
Wahrscheinlich nimmt bei Ihnen, wie bei achtzig Prozent der Menschen, der Bereich Arbeit den größten Raum ein. In diesem Buch erfahren Sie, wie Sie durch organisiertes Arbeiten Zeit gewinnen, die Sie sinnvoll in andere Lebensbereiche investieren können.

➤ Nutzen Sie die »Lebenskuchen«-Grafik in regelmäßigen Abständen – immer dann, wenn Sie die Balance Ihrer Lebensbereiche überprüfen und sich darüber eine Rückmeldung geben möchten.

Balance-Modell: Peseschkian/Seiwert, in Zusammenarbeit mit der Wiesbadener Akademie für Psychotherapie, www.wiap.de

Erstes Element:
die Arbeit

Zwischen Erfolg und Burn-out

Von Ihren 168 Wochenstunden verbringen Sie wie viel mit Arbeit? 40, 50, 60 oder gar 80? Tut Ihnen das gut? Oder nimmt die Arbeit zu viel Platz in Ihrem Leben ein? Dann verlassen Sie die optimale Lebensbahn. Nur durch ständigen Wechsel zwischen den Extrempunkten kommt es zu einer geradlinigen Vorwärtsbewegung. Sie kennen das vom Bumerang.
Eine Lexmark-Umfrage unter europäischen Managern zeigte: Deutsche Manager sind generell überlastet. Die europäischen Kollegen in Spanien, Frankreich … arbeiten weniger und verwenden ihre Freizeit seltener für Kundenpflege oder Geschäftsreisen.
Aber Vielarbeiter findet man nicht nur unter Managern. Arbeitssucht ist nach Ansicht von Bremer Forschern zu einem gefährlichen Massenphänomen in Deutschland geworden. Hunderttausende rackern sich maßlos und selbstzerstörerisch in ihrem Job ab.
Viele sind unzufrieden mit ihrer Arbeit und nehmen sie auch noch nach Dienstschluss mit nach Hause. Die Folgen sind oft: Herzinfarkt, Hörsturz, Burn-out.
Es gibt Menschen, die arbeiten, weil es sie glücklich macht, weil es sie erfüllt. Weil sie

Erstes Element: die Arbeit

eins sind mit ihrer Tätigkeit – weil Arbeiten ihnen das Glück namens Flow beschert (Seite 64). Der Psychologe Dr. Steven Reiss sagt: Ein Workaholic muss nicht deswegen jede Menge arbeiten, weil er eine innere Leere ausfüllen oder vor Lebensproblemen flüchten will. Sondern er hat vielleicht ein ausgeprägtes Interesse an Macht, Leistung oder Status. »Nichts zu tun erschöpft mich«, meinte beispielsweise Pablo Picasso, »wenn ich arbeite, entspanne ich mich.«

Machen Sie den Test

Auf Seite 134 können Sie Ihr Reiss-Motiv-Profil erstellen. Wie sieht es aus? Sind Sie geschaffen dafür, viel Zeit mit der Arbeit zu verbringen? Oder täte es Ihnen besser, den Fuß vom Gaspedal zu nehmen, bevor der Burnout droht, oder vielleicht sogar den Job zu wechseln, weil Sie alles andere als erfolgreich oder glücklich sind? Jede fünfte Frau in Deutschland möchte eigentlich den Arbeitsplatz wechseln, weil sie unzufrieden ist – der Mut fehlt, die Balance auch.

Nicht die Anzahl der Stunden entscheidet darüber, wie balanciert Sie in Ihrem Lebensbereich Arbeit sind, sondern ob Sie Erfolg haben. Und das Maß für persönlichen Erfolg ist nicht Geld, sondern Flow.

EKS – der Weg zum Erfolg ...

... ist absehbar – mit der richtigen Strategie. Es gibt Gesetzmäßigkeiten, die für soziale Systeme, Unternehmen und Einzelpersonen gleichermaßen gelten. Und sie sind die Basis für Erfolg. Die folgenden Grundprinzipien sind angelehnt an das Konzept der **Engpass-Konzentrierten-Strategie (EKS)** von Wolfgang Mewes.

... zum Nachdenken

Drei Kinder spielen im Sandkasten. Sagt das erste: »Mein Papa ist Manager und arbeitet jeden Tag bis in die Nacht hinein.« Sagt das zweite: »Mein Papa ist Manager und fährt einen roten Porsche.« Antwortet das dritte: »Mein Papa ist Manager, fährt einen roten Porsche und spielt jeden Abend mit mir.« Dieses Kind hat übrigens seinen Vater in der Arbeit besucht und den Eindruck gehabt: Er spielt ...

Prinzip 1: Konzentration der Kräfte

Es geht viel Energie verloren, wenn wir uns für zu viele Dinge gleichzeitig engagieren – oder besser: verzetteln. In Vorträgen demonstriere ich das folgendermaßen: Ich hole einen kräftig gebauten Teilnehmer nach vorn, der ein Stück Holz mit einem Hammer (Fäustel) teilen soll. Geht nicht. Unmöglich. Der Teilnehmer haut mit großem Karacho auf das Holz – und die gesamte Kraft und Energie verpufft. Die Erfolgsstrategie heißt: Kräfte wirkungsvoll einsetzen.

Dann hole ich eine zarte Teilnehmerin nach vorn, der ich ein Beil in die Hand drücke. Und siehe da, sie spaltet das Holz mühelos. Obwohl sie weniger Kräfte zur Verfügung hat, erzielt sie eine größere Wirkung, weil die Form der Axt ihre Kräfte konzentriert.

Dieses Prinzip gilt universell für alle Bereiche des Lebens. Wenn wir unsere Kräfte spitz konzentrieren, statt uns breit zu verzetteln, überwinden wir Widerstände einfacher und

Konzentrieren Sie sich auf Ihre Stärken

Das tun Sie einfach, indem Sie sich zwei Fragen stellen: »Tue ich etwas gern? Mach ich es gut? Bügle ich gern? Bügle ich gut? Nein.« Dann ist es doch intelligenter und strategisch sinnvoller, Bügeln, Tippen, Buchführung ..., all das, was Sie weder gern noch gut machen, zu delegieren. Und in der Zeit, die Sie dadurch gewinnen, etwas zu tun, das Sie können, das Euros bringt – und Spaß macht. Was Sie speziell in der Arbeit antreibt, Ihre Motivationsknöpfchen können Sie ab Seite 168 herausfinden.

erzielen mit dem, was wir tun, eine größere Wirkung. Und das geht ganz einfach: Besinnen Sie sich auf Ihre Stärken.

Prinzip 2: Spezialisieren Sie sich – werden Sie einsame Spitze

Hat man seine Kernkompetenzen erkannt und definiert, soll man diese einsetzen und vorantreiben. Der Chirurg, der sich auf Herzen spezialisiert hat, sollte sich nicht auch noch Facelifting zum Fachgebiet machen. Der Autor, der Sachbuch-Bestseller schreibt, tut sich und anderen mit einem Roman selten etwas Gutes. Der Werbeagentur, die sich auf Banken spezialisiert hat, fehlt die Kompetenz für Mode. Die Sekretärin, die vier Fremdsprachen beherrscht, muss nicht auch noch die Buchhaltung übernehmen. Statt in die Breite zu gehen, sollte man seine Kernkompetenz vorantreiben. Und auch die Kollegen und den Arbeitgeber davon überzeugen. Was man kann, festigt sich durch Wiederholung, und man wird immer besser. Man wird zum Spezialisten. Und die sind immer gefragt. Beispiel Sport: Spitzenathleten sind stets auf eine Disziplin spezialisiert, und sie können nur durch konsequentes Training, also Wiederholungen, nach vorn kommen.

Bleiben Sie also konsequent dabei, sich in Ihren Stärken immer weiter zu verbessern und zu profilieren. Eine Anleitung, wie Sie diese aufspüren, finden Sie auf Seite 115.

Prinzip 3: Anderen einen Nutzen bieten

Die Evolution hat gezeigt, dass jeder dann am erfolgreichsten ist, wenn er es verstanden hat, mit seiner Umwelt in bestmöglicher Harmonie zu leben. Nicht konkurrieren, sondern kooperieren. Und das heißt, sich darauf zu konzentrieren, anderen – das können der Kunde sein, die Kinder, der Partner, der Chef, die Kollegen – den größten Nutzen zu bieten. Das nennt man altruistisches Denken statt egozentrisches Denken. Fragen Sie sich nicht länger: Was will ich? Sondern: Wo nützt das, was ich tue (mir Spaß macht, ich kann), anderen am meisten? Ihr Chef wird sich freuen, Ihr Partner, Ihre Kinder, Ihre Kollegen. Und Sie sich erst!

Und wenn Sie mehr Nutzen bieten, als Ihre Umwelt von Ihnen erwartet oder von anderen bekommen kann, wird das zum Bumerang. Alles kommt zu Ihnen zurück – in Form von Erfolg.

Langfristig erfolgreiche Unternehmen haben stets alles darangesetzt, ihren Kunden den

Erstes Element: die Arbeit

Das macht erfolgreich: den anderen einen Nutzen bieten. Nicht konkurrieren, sondern kooperieren. Mit der eigenen Stärke die anderen stärken.

optimalen Nutzen zu bieten. Henry Ford stellte beispielsweise fest, dass es in den USA mit ihren riesigen Entfernungen einen großen Bedarf an Automobilen gab. Allerdings konnten sich die meisten Menschen den Kauf der teuren Fahrzeuge nicht leisten, geschweige denn Reparaturen. Er entwickelte daraufhin das bekannte Modell T, das sowohl preiswert als auch robust und von jedem selbst zu reparieren war.

Prinzip 4: In die Lücke gehen

Der Naturforscher Justus von Liebig entdeckte, dass eine Pflanze vier Elemente zum Wachstum benötigt. Fehlt nur eines, wächst sie nicht weiter – selbst dann nicht, wenn alle anderen Faktoren im Überfluss vorhanden sind. Erst wenn man das fehlende Element wieder zuführt, wächst die Pflanze.

Auf dieses Element, diese Nische, müssen Sie sich in Ihrem Leben, Ihrer Arbeit konzentrieren. Suchen Sie sich einen Engpass. Tun Sie etwas, was möglichst noch nicht besetzt ist. Tun Sie nicht das, was alle anderen auch schon tun. Arbeiten Sie heraus: Wo kann ich mich von anderen deutlich unterscheiden? Mit meinen Sprachkenntnissen, mit meiner Fingerfertigkeit, mit meiner Fähigkeit zu schreiben, fröhlich zu kommunizieren oder zu konzipieren, mit einer genialen Idee …

Tun Sie das nämlich nicht, wird Ihre Leistung nur über den Preis definiert. Gibt es viele Systemprogrammierer, nimmt man eben den billigsten. Suchen Sie Ihre Marktnische, diesen Engpass bei Ihrem Kunden, Ihrer Firma, Ihrem Chef, Ihrem Kind, Ihrem Partner. Und helfen Sie ihm beim Wachsen. Das ist Ihr Weg zum Erfolg. Und die Basis für Flow.

Flow kann jeder haben …

… vom Fließbandarbeiter bis zum Komponisten. Der Glücksforscher Mihaly Csikszentmihalyi (Seite 157) befragte über Jahrzehnte hinweg Tausende von Menschen unterschiedlicher Herkunft, Religion, Bildung, verschiedenen Alters und Geschlechts – und fand bei Chirurgen, Künstlern, ja sogar Fließbandarbeitern ähnliche Muster, die zu einem Glücksempfinden führen, zu einem unbeschreiblich schönen Gefühl, außerhalb der Zeit zu stehen, von Selbstvergessenheit und Versunkenheit in eine Aufgabe.

Jeder von uns kennt diesen Zustand. Der eine vom Segeln in den Sonnenuntergang, der andere von der Skipiste, vom Golfen, auf dem Rücken eines Pferdes. Die Mutter erlebt ihn, wenn sie ihr Baby badet. Die Sekretärin, wenn sie eine Herausforderung meistert. Ludwig van Beethoven hat unter Flow komponiert.

Vielleicht haben Sie ihn auch schon in der Arbeit gespürt. Selbstvergessen versinken Sie in einer Aufgabe, Ihre Aufmerksamkeit ist voll auf die Arbeit fokussiert. Sie spüren Ihren Körper nicht, merken nicht, wie die Zeit verfliegt. Energie berauscht Seele, Geist und jede Körperzelle. Sie haben das Gefühl, zu schweben, als würde eine Welle Sie tragen – und das Ergebnis ist einfach exzellent. Es macht Sie zufrieden, stärkt Ihr Selbstwertgefühl. Flow stellt sich dann ein, wenn Balance herrscht zwischen Herausforderung und Können. Und wenn Sie ein Ziel haben.

Ein Ziel führt zum Flow

Menschen, die den Flow erleben, haben realistische, sehr konkrete und selbst gewählte Ziele. In diese Ziele stecken sie all ihre psychische Energie. Das führt zum Erfolg, daran wachsen sie. In der Arbeit hat also nur ein Flow-Erlebnis, wer mit Spaß, Begeisterung

SO MACH ICH ES

Gute Energien

Voraussetzung für stressfreies, glückliches Arbeiten ist eine gute Energie. Und die verspricht die jahrtausendealte chinesische Lehre des Feng Shui. Unser neues Büro ist unter Anweisung eines Fachberaters komplett nach den Regeln des Feng Shui eingerichtet worden. So bekam zum Beispiel jede Mitarbeiterin ihren Bürostuhl und alle Arbeitsutensilien in der Farbe ihres persönlichen Elements (Feuer, Wasser, Erde, Holz). An den Fenstern hängen Glaskristalle, um Stör-Energien (Sha-Chi) zu zerstreuen, und vor jedem Bildschirm liegt ein Bergkristall, um die Strahlung abzuhalten. Ein extra aus China gelieferter begrünter Brunnen aus Marmor sorgt im Chefzimmer durch leises Plätschern für Beruhigung. Und natürlich wurden viele grüne und blühende Pflanzen in die Räume gestellt – für ein entspanntes und gesundes Arbeiten. Unser Büro strahlt jetzt eine rundum angenehme und warme Atmosphäre aus.

Erstes Element: die Arbeit

und den richtigen Zielen bei der Sache ist. Mehr über den Flow lesen Sie ab Seite 155. Und wie Sie sich die richtigen Ziele setzen, finden Sie ab Seite 116.

Burn-out: Die totale Erschöpfung

Lang die Arbeitstage, kurz die Wochenenden. Die Arbeit macht Spaß. Ein unerschöpflicher Energiestrom treibt zu Höchstleistungen an. Und plötzlich scheint jemand den Stecker rauszuziehen. Der Kopf ist schwer, die Nackenmuskeln schmerzen, bleierne Erschöpfung macht sich in jeder Körperzelle breit. Die Batterie ist leer, die Seele ist Asche. Alles ist einem zu viel, nichts geht mehr: Burn-out. Treffen kann es jeden, die Hausfrau und Mutter, den Politiker und die Ärztin, den Lehrer und die Managerin – in Deutschland leiden 3 Millionen Menschen unter dem Syndrom der totalen Erschöpfung, und täglich werden es mehr. Sie haben die Balance zwischen ihren Lebensbereichen verloren.

Meist dauert es sieben Jahre, bis einen die Überforderung im Job und/oder Privatleben plötzlich in den Zustand extremer Erschöpfung katapultiert. Auf dem Weg dorthin treten viele Symptome auf, die meist nicht ernst genommen werden, wie Schlafstörungen, Rückenbeschwerden, Tinnitus, Migräne, Magenprobleme, geschwächtes Immunsystem, Asthma, Bluthochdruck, Herzprobleme, Depressionen, Ängste.

Wen trifft es? Die besonders Tüchtigen. Menschen mit ausgeprägtem Pflichtbewusstsein. Kopfmenschen, die ihre Gefühle unterdrücken. Ich-muss-perfekt-sein-Menschen, die so lange mit ihrem eigenen Leistungsanspruch ringen, bis es eben nicht mehr geht.

Das Risiko der Tüchtigen: Burn-out, die totale Erschöpfung.

Der Weg in den Burn-out

Burn-out ist ein langwieriger Prozess, aber er schreitet unerbittlich voran.

Erster Schritt: Es beginnt alles mit dem Wunsch, sich zu beweisen. Dieser aber treibt einen in den Zwang, sich noch mehr anzustrengen, noch mehr zu leisten. Es allen recht zu machen. Man nimmt jeden Auftrag an, sagt immer seltener Nein. Jettet von Termin zu Termin. Und nimmt abends die Arbeit mit nach Hause.

Zweiter Schritt: Man nimmt seine eigenen Bedürfnisse nicht mehr wahr. Schläft zu wenig, isst hastig oder gar nichts. Sagt den Kinobesuch mit Freunden ab.

Dritter Schritt: Man missachtet die Warnsignale des Körpers. Schlafstörungen, Verspannungen, Kopfschmerzen, hoher Blutdruck, flaches Atmen, Konzentrationsschwäche.

Vierter Schritt: Um wieder funktionieren zu können, greifen manche zu Drogen wie Schmerzmitteln, Schlaftabletten, Alkohol, Aufputscher.

SO BRINGEN SIE IHR LEBEN IN BALANCE

Fünfter Schritt: Das eigene Wertesystem verändert sich. Die Freunde sind langweilig, der Besuch mit dem Kollegen im Café verschwendete Zeit. Die Probleme mit Partner oder Familie einfach nicht wahr. Man zieht sich zurück aus gesellschaftlichen Kontakten. Und endet oft in völliger Isolation.
Sechster Schritt: Die Persönlichkeit verändert sich. Alles dreht sich nur noch darum, zu funktionieren, zu arbeiten. Gefühle und Emotionen werden verdrängt. Man verliert den Humor, reagiert mit Schärfe und Sarkasmus, empfindet Verachtung für Menschen, die Faulsein genießen. Man verhärtet.
Siebter Schritt: Man verliert das Gefühl für die eigene Persönlichkeit. Spürt nur noch Gereiztheit, Schmerzen, Erschöpfung, Überlastung, Angst vor einem Zusammenbruch. Und sonst nichts mehr. Keine Freude, keine Fröhlichkeit, keine Neugierde. Der Mensch funktioniert wie eine Maschine. Die Seele erstarrt.
Achter Schritt – ins Aus: Die wachsende innere Leere, genährt von dem Gedanken »Wenn ich nicht arbeite, was bin ich dann?«, führt zur Depression, zur völligen Erschöpfung, zum Zusammenbruch, zum Ausgebranntsein.

Der Weg aus dem Burn-out

… ist ebenfalls ein langwieriger. Erst müssen die körperlichen Symptome gelindert werden. Und dann braucht die Seele Hilfe.
»Wir sind keine Panzerknacker«, sagt Tilla Fischer, Psychotherapeutin der Habichtswald-Klinik in Kassel. Dorthin kommen viele Führungskräfte, aber auch durch Beruf und Familie überlastete Frauen mit Burn-out-Syndrom. »Wir brauchen Zeit, um den harten Panzer abzubauen, zu den Gefühlen durchzudringen und die Emotionen wieder frei-

Wer sich immer wieder auf seine kleinen Wohlfühlinseln zurückzieht, brennt nicht aus.

zulegen.« Behandelt wird das Syndrom mit Schulmedizin, Traditioneller Chinesischer Medizin, Ayurveda, Homöopathie, psychotherapeutischen Methoden, Bewegung und natürlich Entspannungstechniken: Atemtherapie, Tanztherapie, Yoga, Meditation.
Das Ziel: Die Betroffenen müssen ihre eigenen seelischen und körperlichen Interessen wieder entdecken, sich spüren, Gefühle zulassen, lachen und weinen. Sie lernen, ihre Bedürfnisse zu äußern, sie lernen, Nein zu sagen, um Hilfe zu bitten, den Perfektionismus abzulegen. Und sie lernen, das eigene Tempo neu zu bestimmen – entdecken ihre individuelle Langsamkeit.

Erstes Element: die Arbeit

Reif für die Wohlfühlinsel

Einen Schutz gegen das Burn-out-Syndrom haben Menschen, die es schaffen, sich auf ihre Wohlfühl-Zeitinseln zurückzuziehen. Sie können zwar 16 Stunden durcharbeiten, suchen aber immer wieder ihre kleinen Inseln auf, wo sie auftanken: abends beim Wein mit Freunden. Beim verlängerten Wochenende in den Bergen. Sie spüren sich, ihre Emotionen, ihre Bedürfnisse, den Sinn ihres Lebens – und verlieren auch nie den Bezug zu den anderen Menschen, der Kraftquelle des Lebens.

Das sind die Bumerang-Typen, die ihre vier Lebensbereiche in Balance halten. Menschen, die Sinn empfinden in dem, was sie tun. Die mit dem Herzen, mit Freude dabei sind. Die sich nicht hundertprozentig funktionalisieren lassen. Die nach ihrem individuellen Tempo leben. Diese Menschen brennen nicht aus.

Ein Tag für die Phantasie

➤ Nehmen Sie sich in jedem Fall immer mal wieder einen freien Tag zur Regeneration – einen Relaxtag. Machen Sie Urlaub vom Alltag, von der Familie. Machen Sie keinen Plan, stöpseln Sie das Telefon aus, legen Sie Musik auf, und tun Sie nichts weiter, als vor sich hin zu träumen. An einem schönen Tag können Sie auch ein einsames Fleckchen Natur aufsuchen. Hinlegen, abschalten, abtauchen.

Nach einer Weile verändert sich Ihr Zeitgefühl, die inneren Rhythmen Ihrer Phantasie siegen über die äußeren Zeitgeber. Würde man jetzt Ihre Gehirnwellen messen, fände man einen überraschend hohen Anteil Alpha-Wellen, die sonst nur kurz vor dem Einschlafen auftreten – ein Hinweis, dass Sie einen meditativen Zustand innerer Ruhe erreicht haben.

Recht auf Arbeit »light«

Sie wollen ja gar nicht so viel Zeit in der Arbeit verbringen? Sie wollen mehr Frei-Zeit, um den Burn-out abzuwenden?

Seit 2001 ist in Deutschland das Gesetz über Teilzeitarbeit und befristete Arbeitsverträge in Kraft. Nicht nur Kinderbetreuung ist ein Grund für Teilzeitarbeit, auch Weiterbildung oder ein Sportprogramm.

Teilzeit: Die tägliche Arbeitszeit wird gekürzt, oder man arbeitet weniger Wochentage.
Jobsharing: Zwei oder mehr Arbeitnehmer teilen sich eine Stelle.
Teilzeit Invest: Man arbeitet Vollzeit, bekommt aber nur Teilzeit bezahlt. Die Differenz wird auf einem Zeit- oder Geldguthabenkonto gespart.
Saisonale Teilzeit: In Hochzeiten Vollzeitarbeit. Ist wenig los, hat man frei.
Teilzeit zu Hause: Ein Teil des Teilzeitjobs kann von zu Hause aus erledigt werden.
Sabbatical: Man nimmt sich für einen längeren Zeitraum Auszeit. Mehr dazu ab Seite 204.

Sicher: Ein Anrecht darauf hat man nicht, der Chef kann aus betrieblichen Gründen ablehnen. Aber: Fragen kostet nichts. Machen Sie sich vorher beim Bundesarbeitsministerium schlau unter *www.teilzeit-info.de;* kostenloses Info-Telefon: 0800/1515153.

TEST

Sind Sie in Balance?
Oder droht der Burn-out?

Wenn Sie wissen wollen, wie gefährdet Sie sind, beantworten Sie bitte die folgenden Fragen.

Entscheiden Sie, welche der drei Antwortmöglichkeiten am ehesten auf Sie zutrifft, und tragen Sie ins Kästchen Ihre Bewertung ein:

- ■ »grundsätzlich ja«   2 Punkte
- ■ »manchmal«   1 Punkt
- ■ »nein«   0 Punkte

Addieren Sie dann alle Ihre Punkte, und lesen Sie Ihr Testergebnis.

Ärgern Sie sich leicht? ☐

Sind Sie übersensibel? ☐

Sind Sie in allem sehr genau? ☐

Sind Sie ehrgeizig? ☐

Sind Sie leicht ängstlich? ☐

Sind Sie unzufrieden mit Ihrer Situation? ☐

Werden Sie leicht ungeduldig? ☐

Können Sie sich schwer für etwas entscheiden? ☐

Sind Sie leicht aufgeregt? ☐

Sind Sie neidisch? ☐

Sind Sie eifersüchtig? ☐

Fühlen Sie sich unsicher in Gegenwart Ihres Chefs? ☐

Fühlen Sie sich unentbehrlich auf Ihrer Arbeitsstelle? ☐

Nehmen Sie Ihre Arbeit mit nach Hause? ☐

Müssen Sie häufig unter Zeitdruck arbeiten? ☐

Leiden Sie an Minderwertigkeitsgefühlen? ☐

Misstrauen Sie Ihrer Umgebung? ☐

Können Sie sich über Kleinigkeiten nicht mehr freuen? ☐

Fällt es Ihnen schwer, abzuschalten und Ihre Sorgen zu vergessen? ☐

Trinken Sie mehr als ein Glas Wein oder Bier, um abzuschalten? ☐

Erstes Element: die Arbeit

Rauchen Sie mehr als 20 Zigaretten oder häufig Pfeife oder Zigarre? ☐

Nehmen Sie sich weniger Zeit für Ihre Freunde als früher? ☐

Schlafen Sie schlecht? ☐

Fühlen Sie sich morgens wie gerädert? ☐

Sind Sie wetterempfindlich? ☐

Beträgt Ihr Puls in Ruhe über 80 pro Minute? ☐

Haben Sie Übergewicht? ☐

Bewegen Sie sich zu wenig? ☐

Haben Sie öfter Herzschmerzen? ☐

Haben Sie dunkle Ringe unter den Augen? ☐

Sind Sie lärmempfindlich? ☐

Haben Sie leicht Kopfschmerzen oder öfter Magenschmerzen? ☐

Schwitzen Sie bei Aufregung leicht an den Handinnenflächen? ☐

Essen Sie viel tierisches Fett (Wurst, Eier, Sahnesaucen, fettes Fleisch)? ☐

Essen Sie oft Süßigkeiten? ☐

Fahren Sie mit dem Auto zur Arbeit? ☐

Summe ☐

Die Auswertung

0–6 PUNKTE: Sie sind ein Bumerang-Typ. Ihr Leben ist in Balance, Sie fühlen sich wohl, sind in aller Regel stabil und belastbar.

7–13 PUNKTE: Manchmal ist Ihnen etwas zu viel. Aber das schaffen Sie schon. Trotzdem: Auch ersten Anzeichen sollte schon etwas entgegengesetzt werden. Drosseln Sie Ihr Tempo. Schaffen Sie sich persönliche Zeitinseln.

14–20 PUNKTE: Vorsicht, Grenze. Belastung kann leicht in Überlastung umschlagen. Ziehen Sie die Bremse an, lernen Sie, auch mal Nein zu sagen (Seite 208).

21–30 PUNKTE: Sie sind eindeutig aus der Balance. Fühlen sich nicht mehr wohl. Und schreiten mit energischen Schritten auf den Burn-out zu. Sprechen Sie deshalb mit Ihrem Arzt, schildern Sie ihm Ihre Symptome, und lassen Sie sich einmal gründlich durchchecken. Sie müssen außerdem unbedingt etwas für die anderen Lebensbereiche tun. Arbeit ist nicht alles. Dieses Buch ist der erste Schritt in ein ausbalanciertes Leben.

MEHR ALS 31 PUNKTE: Sie sind in höchster Gefahr. Sie müssen dringend etwas tun, zum Arzt gehen, mit ihm sprechen, einen Grundcheck durchführen lassen. Und Ihr Leben in vielen Bereichen umstellen. Eine Anleitung dazu finden Sie auf den folgenden Seiten.

© Gabler-Verlag, Wiesbaden. Nachdruck mit Genehmigung. Quelle: Datené, Udo und Gerd: Burn-out als Chance. Wiesbaden: Gabler, 1994

Zweites Element:
der Körper

Kennen Sie den Takt Ihrer inneren Uhr? Und leben Sie auch danach? Das ist die Voraussetzung für Erfolg, Glück, Gesundheit und ein langes Leben. Wenn Sie dann noch Zeit in Ihren Körper investieren – dann vermehren Sie Ihr Lebenszeitkapital.

Alles braucht seine Zeit

Sie beschleunigen den Bumerang beim Wurf. Fangen ihn auf. Er kehrt in die Ruhe zurück. Das ist das rhythmische Gesetz der Natur, das genauso für uns Menschen gilt.

Der Körper ist endlich. Wir alle haben unser Mindesthaltbarkeitsdatum. Codiert in den Genen als maximale Lebensspanne. Während die Schildkröte 180 Jahre Zeit auf dieser Erde hat, steht unsere Lebensuhr auf 120 – im besten Fall. Wer gut mit dem Körper umgeht, kann mit ein wenig Glück das Verfallsdatum auf diese biologische Zeitspanne rausschieben. Wenn wir uns den künstlich beschleunigten Rhythmen entziehen und uns auf unseren eigenen Takt besinnen. Wenn wir den Wecker aus dem Schlafzimmer verbannen, den Chef vom Sinn der Gleitzeit überzeugen, der Hektik Pausen entgegensetzen – und auf unsere innere Uhr hören.

Zweites Element: der Körper

Das Leben nach der inneren Uhr

Es gab eine Zeit, in der existierten Sekunden nicht. Keine Minuten, keine Stunden, keine Uhr. In dieser Zeit fand der Mensch die Zeit einzig in der Natur. Im Auf- und Untergehen der Sonne, im Blühen und Verblühen der Pflanzen. Im Wechsel der Gestirne, in den natürlichen Zyklen. Millionen Jahre verlief das Leben rhythmisch mit der Natur.

Die Natur hat immer noch ihre Zeit, und jeder Mensch eine innere Uhr, nur stülpt man ihr eine Handfessel über.

Licht zieht die innere Uhr auf

Der Hahn kräht, die Sonne blinzelt durchs Fenster und lädt ein, mit ihr den Tag zu verbringen. Und wenige Stunden, nachdem die Sonne sich verabschiedet hat, schlüpft man müde in die Federn. So mag es unsere innere Uhr, im Fachjargon Suprachiasmatischer Nucleus (SCN) genannt. Das sind zwei stecknadelkopfgroße Nervenbündel im Gehirn. Unserer inneren Uhr gefällt es, täglich vom Licht aufgezogen zu werden. Und für einen regelmäßigen Tagesablauf bedankt sie sich, indem sie Körper und Seele im Takt hält.

Wie macht sie das? Indem unser SCN die inneren Rhythmen steuert: Körpertemperatur, Blutdruck, Sehschärfe, Hormon- und Spermienproduktion, Gehirnwellen. Alle Funktionen unseres Körpers haben dadurch ihren Zeitpunkt. Die innere Uhr reguliert, ob wir schlafen oder wachen, aktiv sind oder träge, der Geist kreativ oder die Muskeln fit. Ja, sie sagt, ob wir besonders schmerzempfindlich sind – oder eine halbe Aspirin reicht. Die innere Uhr diktiert unsere Bedürfnisse in Bezug auf die Stunden, den Tag, das Jahr, das Leben. Sogar der Tod hat seine Lieblingszeit. »Wir schatzen, dass jede unserer 70 Billionen Zellen einen eigenen Rhythmus hat«, so Dr. Jürgen Zulley, Regensburg. Und diesen Rhythmen, codiert auf Genen, sind die Chronobiologen (chronos = altgriechisch für Zeit) weltweit auf der Spur. »Jedes Ding hat seine Zeit«, stand schon in der Bibel; wissenschaftlich beschäftigt man sich mit den Zeitplänen des Körpers erst seit 100 Jahren. Die Ergebnisse sind vielversprechend: Wer im Einklang mit seinen inneren Rhythmen lebt, erntet Wohlbefinden, Lebensfreude und Erfolg.

Auch diese Rhythmen gibt es

■ Circardian beschreibt die vielen verschiedenen Tagesrhythmen. Nicht nur den Schlaf-Wach-Rhythmus, sondern auch die Stunden, in denen Medikamente am besten wirken.
■ Circalunar bezieht sich auf den Monatsrhythmus, das Auf und Ab der Hormone, den Zyklus der Frau.

Wenn nicht jetzt, wann dann?

Auf Ruhe folgt Beschleunigung ...

▶ Messen Sie Ihren Puls. Dann machen Sie zwanzig Kniebeugen und messen noch einmal Ihren Puls. Und Sie erkennen die Prinzipien der Natur: Auf Ruhe folgt Beschleunigung, dann wieder Ruhe ... Natürliche Rhythmen. Holen Sie diese zurück in Ihr Leben: Bringen Sie Arbeit und Muße, Leistung und Erholung in Balance.

SO BRINGEN SIE IHR LEBEN IN BALANCE

Die Sonne, das Licht, zieht unsere innere Uhr auf. Tag für Tag neu.

■ Circannual – die Jahresrhythmik. Das Frühjahr ist die beste Zeit für eine Diät. Mit dem Längerwerden der Tage, mit mehr Licht werden wir im Frühjahr mobil und sexuell aktiv, der Mai macht Lust auf die Liebe. Dass der Sommer die Zeit der stärksten Aktivität ist, lässt sich sogar auf Zellebene messen. Fingernägel wachsen im Juli schneller als in jedem anderen Monat. Wenn die Tage kürzer werden und das Licht immer weniger, nimmt die Traurigkeit zu: Der November kommt mit Depressionen (SAD, Winterdepression).
■ Die Zeitforschung kennt ganz kurze, ultradiane Rhythmen, beispielsweise von Nerven- und Gehirntätigkeit.
■ Und natürlich unterliegt auch das ganze menschliche Leben einem Rhythmus. Kindheit, Jugend, erstes und zweites Erwachsenenalter (Seite 85) und das Alter.

Ein Leben gegen die innere Uhr kostet uns Lebenszeit

Das winzige Nervenbündel namens SCN wird in unserer Non-Stop-Gesellschaft gebeutelt. Von wegen krähender Hahn, von wegen Sonne, von wegen Regelmäßigkeit.
Wir leben und arbeiten in Betonhöhlen, künstliches Licht macht die Nacht zum Tag, der Wecker rasselt gegen die Natur des Menschen an. Das Wochenende bringt unseren zeitlich straff organisierten Alltag aus dem Takt. Montag morgens präsentiert uns der Körper die Quittung dafür: Müdigkeit, schlechte Konzentration, null Bock.
Wir durchjetten Zeitzonen. Der Jetlag bestraft uns für den Sprung über die Kontinente mit Übelkeit, Magenbeschwerden, Schlaf- und Konzentrationsstörungen.
Kennen Sie die Parabel vom Indianerhäuptling, der im Wilden Westen mit dem Stahlross (Eisenbahn) quer durch den amerikanischen Kontinent nach Washington reiste, um vor dem Parlament zu sprechen? Dort angekommen, sah er sich außerstande, seine Rede zu halten. Er sagte, sein Körper sei zwar schon eingetroffen, seine Seele sei aber noch nicht angekommen.
Wenn sie mit dem Flugzeug in eine andere Zeitzone jettet, sagt eine Freundin von mir an den ersten beiden Tagen ständig: »Mein Indianer ist noch nicht da.«

Höchste Zeit für Körper-Zeitmanagement

Wir durchsprinten den Tag, ohne uns Zeit zu nehmen, wenn die inneren Rhythmen Muße fordern. Das macht schnell alt und krank: Depressionen, Angst, Nervenstörungen, Erkrankungen des Herz-Kreislauf-Systems und

Zweites Element: der Körper

des Verdauungstraktes, ja sogar Krebs gehen auf das Konto eines falschen Zeitmanagements für den eigenen Körper.

Ein klassisches Experiment zeigt: Fliegen hatten eine niedrigere Lebenserwartung, wenn sie ständig gezwungen wurden, ihre innere Uhr umzustellen. Hamstern erging es ähnlich, als man im Experiment ihre Tages- und Nachtzyklen jede Woche verschob. Experimente mit Menschen sind natürlich unmoralisch. Nur: Der Mensch macht da mit – mehr oder weniger freiwillig. Zwanzig Prozent der Bevölkerung arbeitet zu völlig unnatürlichen Zeiten. Und durch die zunehmende Globalisierung der Wirtschaft wird das wohl noch verstärkt.

Sommerzeit – nein danke

Wie sensibel die innere Uhr auf nur eine Stunde Zeitumstellung reagiert, zeigt sich am Montag, nachdem die Uhren auf Sommerzeit umgestellt wurden: mehr Verkehrsunfälle als an anderen Montagen.

Ein Leben gegen die innere Uhr bezahlen wir mit Lebenszeit. Tierexperimente dokumentieren, dass über längere Zeit gestörte biologische Rhythmen früher zum Tod führen. Hinzu kommt: Untersuchungen zur Einführung der Sommerzeit haben gezeigt, dass die Sommerzeit überhaupt nichts bringt. Man spart weder Energie ein, noch verbessert sich die Lebensqualität.

Darüber sollte man nachdenken – und handeln: In den meisten europäischen Ländern beginnt die Schule um neun Uhr, im Einklang mit dem biologischen Rhythmus der Kinder. Nur wir schicken unsere Kinder um acht Uhr morgens oder sogar früher in die Schule. Die Arbeitszeit der Erwachsenen beginnt meist erst um neun Uhr.

Auch die Krise in der Ökonomie ist eine Rhythmus-Krise, sagt der bekannte amerikanische Zeitforscher Jeremy Rifkin. Und er rät, um den drohenden Rhythmus-Infarkt abzuwenden: »Wenn wir unser Konto mit der Natur ausgleichen wollen, müssen wir das Tempo unserer Wirtschaftstätigkeit so drosseln, dass es sich mit den Zeitplänen der Natur verträgt.«

Das Gehirn und die Ereigniszeit

Auch unsere subjektive Zeitwahrnehmung weicht oft vom gleichmäßigen Ticktack der äußeren Uhren ab. Schon beim Blick auf die Uhr erscheint uns die erste Sekunde länger. Das Phänomen haben jüngst britische Forscher aufgeklärt: Die Täuschung entsteht,

Zeit für den Wohlfühl-Rhythmus

▶ Malen Sie jeden Tag einen Bumerang in Ihren Terminkalender. Er soll Sie an ein paar Minuten für Ihre Balance erinnern. Eine Zeitinsel, in der Sie niemand erreicht – und Sie nichts tun. Gar nichts. Konzentrieren Sie sich nur auf eine einzige Sache: sich selbst, Ihre Rhythmen, Ihren Körper. Finden Sie Ihren Wohlfühl-Rhythmus.

weil das Gehirn die Zeit, die wir für den Blick auf die Uhr brauchen, einfach zur ersten Sekunde addiert. Die Begründung: Diese Täuschung lässt uns die Welt stabil erscheinen. Was wir nicht sehen, ruht. Nur wenn wir die Uhr an einen anderen Ort verrücken, rechnet das Gehirn die Zeit, die der Blick sucht, nicht dazu. Die Sekunde ist nicht um einen Augenblick länger.

Wie lang uns eine Minute vorkommt, hängt davon ab, was in dieser Zeit passiert. Sie kennen wahrscheinlich das Bonmot: Eine Minute dauert unterschiedlich lang, je nachdem, auf welcher Seite der Toilettentür man sich befindet.

Wie die Zeit vergeht ...

Auch die Erinnerung trägt ihr Scherflein dazu bei, wie wir die Zeit empfinden. Wartezeiten und Langeweile erscheinen uns unerträglich lang, weil nichts geschieht. Aus dem gleichen Grund schmelzen sie in der Erinnerung zu einem Punkt zusammen. Umgekehrt verfliegt bei spannenden Erlebnissen die Zeit im Nu. In der Erinnerung bleiben aber diese abwechslungsreichen Ereignisse erhalten und nehmen einen viel größeren Raum im Gedächtnis ein als die objektiv viel längeren Wartezeiten auf die Erlebnisse.

Ein ähnlicher Mechanismus ist wirksam, wenn wir älter werden. Kindern erscheint ein Jahr unendlich lang, weil ihre Vergangenheit und damit die Erinnerung nur wenige Ereignisse enthält. Ihre Gegenwart dominiert.

Für ältere Leute verfliegen die Jahre immer schneller. Ihre Gegenwart nimmt im Vergleich zu ihrer wachsenden Erinnerung einen relativ immer kürzeren Zeitraum ein. Das kann man bremsen: durch viele Erlebnisse. Einfach aktiv bleiben.

Lerche oder Eule?

Jeder Mensch hat sein ureigenes Schwingungsmuster. Kein Rhythmus ist gleich. Das ist wichtig zu wissen, denn Ziel sollte es sein, seine Balance zu finden zwischen innerer Uhr und äußeren Anforderungen. Man muss der Ereigniszeit – »Wann habe ich Hunger, wann bin ich kreativ, wann arbeite ich am effizientesten?« – wieder mehr Aufmerksamkeit schenken als der Uhrzeit. Chronobiologen fanden heraus, dass die Leistungsfähigkeit je nach Uhrzeit um 20 Prozent abfallen kann. Wissenschaftler unterscheiden den Morgen- und den Abendtyp. Der Volksmund sagt:

... zum Nachdenken

2002 ergab eine repräsentative Inra-Befragung von 1000 Deutschen ab 14 Jahren für die Zeitschrift »Das Haus«:
- 29 Prozent würden den Wecker am liebsten morgens an die Wand knallen.
- 51 Prozent sagen: Ich brauche keinen Wecker, mich weckt meine innere Uhr.
- 26 Prozent darf man nach dem Aufstehen eine Weile nicht ansprechen.
- 57 Prozent haben schon beim Aufstehen eine gute Laune.
- 22 Prozent leisten sich jeden Tag einen kleinen Mittagsschlaf – manch einer sogar im Job.
- 9 Prozent haben oft Stress mit ihrem Partner, weil einer Nachtmensch ist und der andere Frühaufsteher.

Zweites Element: der Körper

Lerche oder Eule. In unserer Gesellschaft sind Eulen die armen Wesen und müssen sich, um gesund und glücklich zu leben, viel stärker gegen das Zeitkorsett wehren.

Lerchen springen frühmorgens aus dem Bett, starten aktiv in den Tag, gehen früh ins Bett. Selten stehen sie mit dem Wecker auf Kriegsfuß. Eulen hingegen blinzeln morgens ungnädig in die Welt, kommen nur schwer aus den Federn, brauchen ihre Stunde Anlaufzeit. Bringen vormittags kaum etwas auf die Reihe. Und wachen erst nachmittags richtig auf. Sie müssen den Wecker abschaffen. Und brauchen ein Leben mit Gleitzeit.

Sie wissen noch nicht, zu welcher Spezies Sie gehören? Unter www.bumerang-prinzip.de finden Sie einen Eulen-Lerchen-Test.

So tickt Ihre innere Tagesuhr

Lust auf Sex, Hunger oder Schmerzempfinden, Hochzeit für das Gehirn oder den Muskel – alles hat seine Zeit. Der innere Fahrplan fährt mit uns Achterbahn über Höhen und Tiefen. Die folgenden Zeitangaben gelten für die Mehrheit von uns. Eulen addieren ein bis zwei Stunden, ausgesprochene Frühaufsteher ziehen eine Stunde ab.

6 bis 8 Uhr: Die Zeit der Lust

Sobald der Morgen dämmert, Licht in unsere Augen dringt, wird die Produktion des Gute-Nacht-Hormons Melatonin gedrosselt. Herzschlag, Blutdruck und Adrenalinspiegel steigen an. Und katapultieren den Morgentyp aus den Federn. In dieser Zeit ist das Risiko, einen Schlaganfall oder Herzinfarkt zu erleiden, höher, weil das Blut noch dickflüssig ist, die Gefäße eng sind. Um diese Zeit sind Herz-

Eulen sind in unserer Zeit die arme Spezies. Wichtige Artenschutzmaßnahme: Gleitzeit.

medikamente am sinnvollsten. Die »Morgenlatte« zeigt das männliche Testosteron-Hoch. Bei Frauen beginnt der Östrogenspiegel zu steigen. Der Blutzuckerspiegel ist auf einem Minimum. Lerchen haben Lust auf ein Frühstück. Ideal: Müsli, Milchprodukte, Obst. Eulen sollten sich wenigstens ein Glas frisch gepressten Saft genehmigen.

8 bis 10 Uhr: Nur keinen Zahnarzttermin

Der Geist wacht langsam auf. Bestimmte Medikamente und Alkohol wirken drei- bis fünfmal so stark wie abends. Um diese Zeit ist die Körperabwehr geschwächt. Und die Schmerzempfindlichkeit am höchsten. Wenn Sie morgens um 9 Uhr ein bis zwei Gläser Sekt trinken, wirken sie genauso stark wie eine Flasche am Abend. Wenn Sie nun schon in der Arbeit sitzen, dann erledigen Sie erst Aufgaben, die nicht Ihre ganze Geisteskraft verlangen. Für wichtige Geschäftstermine gut zu wissen: Am kräftigsten ist unser Händedruck zwischen 9 und 10 Uhr.

SO BRINGEN SIE IHR LEBEN IN BALANCE

Am Morgen zwischen zehn und zwölf sind nicht nur die Gehirnzellen aktiv, sondern auch die Gute-Laune-Hormone.

10 bis 12 Uhr: Hochzeit für das Gehirn

Die Leistungsfähigkeit erreicht zwischen 10 und 11 Uhr das Maximum, hält sich eine Weile und beginnt ab halb 12 langsam abzuflauen. Zu keiner Zeit des Tages arbeitet das Kurzzeitgedächtnis so gut. Die Gute-Laune-Hormone sind aktiv, die Kreativität sprudelt. Die stimulierenden Nervenbotenstoffe Dopamin und Noradrenalin optimieren Konzentrationsfähigkeit und Kreativität. Knacken Sie komplizierte theoretische Probleme in den späten Vormittagsstunden, melden Sie sich für diese Zeit zu Prüfungen an. Der späte Vormittag eignet sich auch gut für Fitness – falls Ihr Arbeitsalltag das zulässt. Wichtig, um die Leistungskapazität voll auszuschöpfen: Nach eineinhalb Stunden eine kleine Pause einlegen und dann noch mal neunzig Minuten arbeiten.

12 bis 15 Uhr: Zeit für ein Power-Nap

Die Leistungskurve fällt stark ab. Der Körper braucht nun Energie – in Form von leichter Nahrung und einem Power-Nap (mehr dazu auf Seite 81). Um 12 Uhr meldet sich Hunger. Um 13 Uhr geht es mit der Leistungsfähigkeit in die Mittagssenke, die Produktion der Magensäure läuft auf Hochtouren. Und um 14 Uhr steht unsere innere Uhr auf Abtauchen zu einem kleinen Mittagsschlaf von 15 bis 30 Minuten. Oder gehen Sie ins Fitness-Studio: Unsere Muskeln sind um 13.30 Uhr am leistungsfähigsten. Falls Sie nur eine kurze Pause haben und weiterarbeiten müs-

Zweites Element: der Körper

sen: Legen Sie sich in diese Zeit Routineaufgaben wie Post und Telefonate, und erledigen Sie diese ohne Hast. Um 13 bis 14 Uhr ist die Geisterstunde des Tages, der Kreislauf ist labil – keine gute Zeit für wichtige Termine.

15 bis 17 Uhr: Das zweite Tageshoch

Die Leistungskurve steigt wieder an. Nun kommt die Hochzeit für Eulen. Atem und Puls erreichen Spitzenwerte, Haare und Nägel wachsen am schnellsten. Manuelle Tätigkeiten, die Geschicklichkeit und Tempo erfordern, gehen nun am leichtesten von der Hand. Der Geist ist willig. Vor allem das Langzeitgedächtnis. Nun sollten Sie wichtige Arbeiten erledigen, Vokabeln pauken oder einen Vortrag halten. Sie sind sensibler – eine gute Zeit für die Liebe. Ab 16 Uhr sind Sie stressempfindlicher. In diese Zeit passen gut monotone Tätigkeiten. Dafür sinkt die Schmerzempfindlichkeit um zwei Drittel. Die beste Zeit für Arztbesuche. Wer sich um diese Zeit impfen lässt, hat weniger mit Nebenwirkungen zu tun.

17 bis 19 Uhr: Hochzeit für Fitness

Nun ist die beste Zeit für den Gesundheitstee. Die Niere steht auf Entgiftung. Eine neue Spitzenzeit für Ausdauertraining: Jetzt müssten Sie die Stresshormone des Tages abjoggen. Wer nun Zeit und Schweiß ins Fitness-Studio investiert, erntet das höchste Muskelwachstum. Leber und Bauchspeicheldrüse sind gut in Form. Und: die ideale Zeit fürs Abendessen.

19 bis 21 Uhr: Die Stunden der Sinne

Während die Denkleistung nachlässt, erreichen die Sinnesorgane Augen, Ohren und Nase ihr Leistungsmaximum. Die Geschmackspapillen goutieren das Glas Wein. Hinzu kommt: Alkohol wird nun fünfmal besser vertragen als morgens und schneller abgebaut. Die beste Zeit für Musik, Theater – oder ein anregendes Gespräch. Da Blutdruck

SO MACH ICH ES

E-Mail-Horror

Ich bekomme etwa 100 E-Mails pro Tag. Die meisten erledigen sich von selbst – sie sind zwar dringend, aber nicht wirklich wichtig. Ich lass mich nicht zum Sklaven machen. Wenn das Mail-Symbol blinkt, reagiert das Zwischenhirn wie bei unseren Vorfahren, wenn sie von einem Säbelzahntiger angegriffen wurden. Der Adrenalinpegel steigt, man liest die Mail aus Neugier und ärgert sich über den Mist, der drinsteht. Hurry-Sickness, der zwanghafte Drang, sich zu beeilen, wird durch E-Mails noch verschärft. Niemand hat Verständnis, wenn ich auf eine Mail nicht spätestens nach einer halben Stunde reagiere. Dadurch fühle ich mich immer in der Bringschuld. Der Weg aus der Zeitfalle: Blöcke bilden. Vormittags, wenn das Leistungsvermögen am höchsten ist, sollte man sich abschotten und die wichtigen Dinge erledigen. Mails lesen und beantworten kann man am Nachmittag, wenn man schon etwas müde wird. Mehr Tipps, wie Sie Ihren Arbeitstag effektiv planen, finden Sie auf Seite 122.

SO BRINGEN SIE IHR LEBEN IN BALANCE

Wer nachts gut schläft, ist wach gut drauf. Das verhindern: Alkohol und ein voller Magen.

und Puls sinken, sind Sie ruhig und entspannt und können auch gut Konflikte lösen. Zeit für ein klärendes Gespräch mit dem Partner. Oder investieren Sie die Abendstunden in Ihre Schönheit: Die Haut ist jetzt am durchlässigsten für kosmetische Wirkstoffe.

21 bis 23 Uhr: Die Stunde der Angst

Der Adrenalinspiegel sinkt. Der Melatonin-Spiegel steigt an. Das Gute-Nacht-Hormon, das ausgeschüttet wird, wenn es dunkel ist, signalisiert dem Körper: Aktivitäten reduzieren. Es bereitet den Morgenmenschen für den Schlaf vor mit so genannten günstigen Schlaftüren, die rasches Einschlafen, erholsamen Schlummer garantieren. Eulen haben ihre Schlaftüre erst nach 24 Uhr. Die Infektabwehr ist nun besonders aktiv. Dagegen arbeitet die Verdauung auf Sparflamme: Nichts mehr essen, sonst liegt es lange schwer im Magen. Auch Alkohol kann Ihre innere Uhr empfindlich stören und sorgt für schlechten Schlaf. Um diese Zeit sinkt die Laune, Gefühle wie Aggressivität und Angst stellen sich verstärkt ein. Einsamkeit wird in diesen Stunden am schwersten ertragen.

23 bis 1 Uhr: Murmeltierzeit

Die Zeit des tiefsten Schlafs. Wer jetzt gut schläft, erholt sich doppelt. Und schläft sich jung. Nun ist das Wachstumshormon aktiv, das jede Körperzelle regeneriert, Fett abbaut, Muskeln aufbaut. Wer wach bleibt: Die Reaktionsfähigkeit sinkt stark ab. Das Risiko Autounfall steigt an. Schmerzempfindungen erreichen ihr Maximum. Um 24 Uhr macht sich die Ur-Furcht bemerkbar – nun ist man besonders schreckhaft.

1 bis 3 Uhr: Ab ins Land der Träume

Nach der Tiefschlafphase folgt die Traumphase. Wer in dieser Zeit wach wird, hat oft größere Schwierigkeiten, wieder einzuschlafen, als zu einer früheren oder späteren Stunde. Blutdruck, Stoffwechsel und Körpertemperaturen erreichen ihr Minimum. Nachtfahrer sehen um 2 Uhr besonders schlecht.

3 bis 6 Uhr: Die Stunde des Wolfs

Um etwa vier Uhr schlägt die Stunde des Wolfs. Schmerzen empfinden wir stärker, die Gedanken sind schwarz. Nur nicht grübeln, lieber ablenken. Körper und Geist haben ihren biologischen Tiefpunkt erreicht. Asthmatiker bekommen jetzt Probleme, weil die Gefäße eng sind. Am ungeschicktesten hantieren Nachtarbeiter zwischen 3 und 4 Uhr. Die meisten Fehler und Unfälle am Arbeitsplatz ereignen sich in diesen Stunden – aber auch die meisten Todesfälle und Geburten.

INTERVIEW

Fragen an unsere innere Uhr

Wie bestimmt die innere Uhr unser Leben? Der bekannte Chronobiologe Prof. Jürgen Zulley aus Regensburg gibt hier Antworten auf Fragen zu Jetlag, Mittagstief, Schlaf & Co.

Urlaubszeit, Jet-Zeit, was sagt unsere innere Uhr dazu?
Nein, danke! Die innere Uhr mag keinen Zeitzonenwechsel. Sie hält an der alten Zeit fest und stellt sich erst langsam um: mit Hilfe des Tageslichts um eine Stunde pro Tag. Wer also einen längeren Urlaub in einer anderen Zeitzone plant, sollte sich schon einige Tage vorher umstellen – jeden Tag eine Stunde später essen, eine Stunde später zu Bett gehen. Für Flüge in westliche Richtung: ins Freie gehen, Licht verlängert die Periode der inneren Uhr. Für Flüge nach Osten: Licht meiden, bis die »innere Nacht« vorbei ist.

Was sollten Manager tun, wenn sie einen Kurztrip in die USA machen?
Für den guten Eindruck: wichtige Termine in die Morgenstunden legen, dann ist man den Amerikanern um Stunden voraus. Für den Körper: Gar nicht erst auf die andere Zeit umstellen.

Kann man nie mal gegen die innere Uhr leben?
Eine durchwachte Nacht verzeiht sie durchaus. Allerdings hat das die gleiche Auswirkung auf die Reaktionszeit wie 0,8 Promille Alkohol im Blut. Der Mensch ist ein biologisches Wesen, keine Maschine. Er muss seinem komplizierten biologischen System gerecht werden. Darum fordert unsere innere Uhr, mit der Natur im Einklang zu leben – Pausen einzulegen.

Stehen die biologischen Zeiger nur im Winter auf traurig?
Unsere Stimmung ist eindeutig vom Licht abhängig. Ab November leiden viele mangels Licht unter der Winterdepression. Mit einer Lichttherapie können wir gut helfen. Forscher fanden übrigens heraus, dass die Zirbeldrüse mit ihrer Melatonin-Produktion auch auf Licht reagiert, wenn man mit einer Lampe ins Knie leuchtet. Denn die Haut leitet Lichtreize weiter. Darum macht ein Sonnenbad fröhlich. Einen kleinen Winter erleben wir jede Nacht um vier Uhr – die Zeit der Suizide. Wer um vier aufwacht, hat häufig schwarze Gedanken, die bei Licht ganz anders aussehen.

Warum sind »Eulen« trauriger als »Lerchen«?
Laut einer Studie der Universität Iowa ist die früh muntere »Lerche« tatsächlich fröhlicher und zufriedener als der Nachtmensch, die »Eule«. Vielleicht, weil »Lerchen« einfach besser schlafen. Und mehr Licht tanken, weil sie früher aufstehen.

Wie trickst man Zeitdiebe wie unwichtige Meetings und Postberge aus?
Sie gewinnen Stunden, wenn Sie schwierige Arbeiten auf den Vormittag oder auf den späten Nachmittag legen. Der frühe Nachmittag ist ideal für Besprechungen oder Konferenzen, Ablage und Post.

SO MACH ICH ES

Laufend eine Stunde gewinnen

Ich bin eine Eule. Oh, was halten mich die Federn morgens fest! Ich brauche 90 Minuten, um richtig in die Gänge zu kommen. Nun haben die Chronobiologen festgestellt, was die innere Uhr aufzieht: Licht und Bewegung. Und das nutze ich: Ich gehe jeden Morgen laufen. Mindestens 30 Minuten. Danach bin ich frisch. Und das erspart mir die anderen 60 Minuten Anlaufzeit. So gewinne ich jeden Tag eine Stunde. Macht im Jahr 365 Stunden. Ist doch was – oder?

»Wenn du es eilig hast, gehe langsam« – trickst man so die innere Uhr aus?
»Entschleunigung« heißt das Geheimnis für unsere schnelllebige Zeit. Wenn wir unseren Rhythmus beachten und Pausen nicht vergessen, leben wir nicht nur angenehmer, gesünder – wir sind auch effektiver. Der Satz »Ich habe keine Zeit« ist nicht nur unhöflich und wichtigtuerisch, sondern schlichtweg unsinnig.

Wie kann ein Betrieb über die inneren Uhren der Mitarbeiter den Umsatz steigern?
Mit dem Mittagsnickerchen für alle. Das Mittagstief mit dem Wunsch nach Schlaf gehört zu unserem biologischen Programm. Wer 10 bis 30 Minuten schläft, ist nicht nur leistungsfähiger, sondern auch fröhlicher. Bloß nicht länger schlafen! Weil man sonst in den Tiefschlaf fällt und den Rest des Tages vergessen kann.

Was holt den Manager aus seinem Mittagstief?
Wenn kein Nickerchen, dann eine Lichtdusche. Denn helles Licht unterdrückt die Ausschüttung des müde machenden Hormons Melatonin, hebt die Stimmung, macht uns leistungsfähiger und fit. Das geht natürlich nicht mit der Schreibtischlampe. Man braucht eine Speziallampe mit 2500 Lux (im Büro normal: 500 Lux).

Wann sollte man eine Pause einlegen?
Es gibt nicht nur die Tages-, Monats- und Jahreszyklen, in die man Pausen einbauen sollte. Wir haben auch einen 90-Minuten-Zyklus der Leistungskraft – nach 90 Minuten verlässt man automatisch den Schreibtisch.

Müssen wir unserer inneren Uhr abends mitteilen, dass es Zeit ist ...?
Ja. 30 Minuten vor dem Schlafengehen kein helles Licht mehr, nur warmes Licht. Entspannung ist das A und O – körperlich und geistig. Um zur Ruhe zu kommen, müssen wir erst einmal Ruhe schaffen. Spazieren gehen, ruhige Musik hören, keine Arbeit, keine Probleme.

Wie stellt man den Wecker intelligent?
Indem man sich nicht aus der Tiefschlafphase reißen lässt, sondern aus der Traumschlafphase (REM). Die erste REM-Phase hat man 60 Minuten nach dem Einschlafen. Anschließend im 90-Minuten-Takt. Man sollte also den Wecker nach 5,5, 7 oder 8,5 Stunden stellen – und rechnet die 15 Minuten Einschlafzeit einfach dazu. Theoretisch können Sie sich auf Ihren inneren Wecker verlassen. Studien zeigen: Kündigt man abends eine Weckzeit an, wachen Probanden von allein kurz vorher auf. Sie bilden das Wachhormon ACTH früher.

Wir schlafen im Schnitt 30 Minuten weniger als vor 25 Jahren. Was sagt die innere Uhr dazu?
30 Minuten weniger Regeneration bedeuten weniger Leistungskraft. Freilich ist das Schlafbedürfnis individuell: zwischen fünf und zehn Stunden. Nur – kaum einer weiß mehr, wie es ist, hellwach zu sein. Und: 10 Millionen Deutsche leiden unter Schlafstörungen.

Zweites Element: der Körper

Mehr Leistung durch Siesta

Die Zeit im All ist für Astronauten begrenzt, weil unglaublich teuer. Deswegen hat die NASA eine Untersuchung gemacht, wie man diese Zeit optimal nutzen kann. Heraus kam: mittags schlafen. Im Grunde nichts Neues.

Das **Power-Nap** ist in amerikanischen Unternehmen schon so etwas wie ein Muss. Man bietet den Mitarbeitern für das Nickerchen zwischendurch (englisch: nap) die Möglichkeit, sich zurückzuziehen. In Japan mietet man sich im Ruheraum namens »Nap-Shop« eine Liege. Weil es die Produktivität der Firma steigert, weil Fehler und Unfälle messbar zurückgehen.

Berühmte Mittagsschläfer waren Winston Churchill, Isaac Newton, Benjamin Franklin, Albert Einstein, Konrad Adenauer, John F. Kennedy, Margaret Thatcher.

Füße auf den Tisch ...

Bei uns leisten sich das nur fünf Prozent der arbeitenden Bevölkerung. Obwohl viele Studien zeigen, wie effektiv so ein Schläfchen von 10 bis 30 Minuten sein kann: Die Leistung steigt um 35 Prozent. Ferner verbessert sich die Fähigkeit, Entscheidungen richtig zu beurteilen, um 50 Prozent. Die Ergebnisse lassen sich ohne weiteres auf weniger spektakuläre Arbeitsplätze als die von Astronauten anwenden.

▶ Das »Power-Schläfchen« kann man am Schreibtisch halten. Stellen Sie einfach einen Wecker oder Ihr Handy auf 10 bis 30 Minuten ein. Probieren Sie aus, wie viel Schlafzeit Ihnen gut tut – zu viel lockt Hormone, die völlig müde machen. Legen Sie sich gemüt-

Weltweit im Trend: Power-Schläfchen zur Mittagszeit.

lich auf eine Gymnastikmatte, oder machen Sie es sich im Bürostuhl bequem, die Beine auf den Tisch. Türe schließen, mit einem »Bitte nicht stören«-Post-it dran.

Mark Rosekind, Präsident von Alertness Solutions in Cupertino, Kalifornien – eine Firma, die Forschung zu Schlaf- und Tagesrhythmen auf den Alltag überträgt –, erklärte der Zeitung »The Times«: »Es ist ein Mythos, anzunehmen, je mehr Zeit am Tage man wach sei, umso mehr schaffe man auch.«

Übrigens: Mittagsschläfer erleiden um etwa 30 Prozent seltener einen Herzinfarkt als Leute in einem vergleichbaren Job, die sich tagsüber nicht ausruhen.

Braucht jeder eine Siesta?

Nein. Manche fühlen sich nach einer Tasse Kaffee wieder aktiv und frisch, anderen verhilft ein aktives Päuschen über das Leistungstief – mit Dehnübungen oder einem Spaziergang um den Block.

7-mal Zeit für den Körper!

Die Voraussetzung für längeres Leben ist also, dass Sie nach Ihrer inneren Uhr leben. Nun müssen Sie nur noch Zeit in Ihren Körper investieren – dann halten Sie Ihre Hülle lange jung. Die Formel heißt: 7-mal etwas Zeit.

Erhöht laufend das Haben auf dem Lebenszeitkonto: Bewegung.

1. Kalorien abstrampeln

Der sicherste Weg, um Ihre maximale Lebensspanne auszunutzen, führt über Bewegung. Forscher haben festgestellt: Wer 2500 Kalorien in der Woche wegtrainiert, lebt länger. Bauen Sie die vier bewegten Regeln, die das Leben verlängern, in Ihren Alltag ein.

Bewegte Regeln
➤ Laufen, walken, radeln Sie vier- bis siebenmal die Woche mindestens 30 Minuten.
➤ Wenn Sie es allein nicht tun, dann bestellen Sie sich einen Fitness-Trainer, verabreden Sie sich mit einem Freund oder einer Freundin, oder suchen Sie sich eine Sportgruppe.
➤ Investieren Sie jeden Tag 10 Minuten in Ihre Muskeln. Nach neuesten US-Forschungsergebnissen reichen 10 Minuten für maximalen Benefit. Kaufen Sie sich dafür ein Flexband und/oder Hanteln mit Anleitung im Sportfachgeschäft.
➤ Bauen Sie so viel Bewegungshäppchen in Ihren Alltag ein, wie Sie können. Benutzen Sie die Treppen, trippeln Sie am Kopierer, dehnen Sie Ihre Muskeln während des Telefonierens. Gehen Sie zu Fuß zum Einkaufen. Stellen Sie sich beim Zähneputzen auf die Zehen, und wippen Sie aktiv rauf und runter.

2. Alle dreißig Minuten die Zellen spülen

Altern ist nichts anderes als ein lebenslanger Dehydratationsprozess. Wir trocknen langsam aus – bis wir zu Staub verfallen. Deswegen hält nichts jünger als Trinken.
Wer morgens nicht schon 1,5 Liter trinkt, büßt geistige Leistungsfähigkeit ein, verschenkt Zeit.
Wasser, so Studien, hilft der Konzentration messbar auf die Sprünge. Wasser spült unsere 70 Billionen Körperzellen durch. Nimmt Gifte mit hinaus. Ist das Lebenselixier pur. Um den Körper vom übersäuerten Zustand, der für viele chronische Krankheiten verantwortlich gemacht wird, in den basischen, gesunden zu überführen, empfehlen Gesundheitsexperten Wasser ohne Kohlensäure. Mit der Zeitformel:
➤ Alle 30 Minuten ein Glas. Mindestens drei Liter am Tag.

Zweites Element: der Körper

3. Entspannen Sie sich

▶ Und zwar jedes Jahr sechs Wochen – im Urlaub. Nur: Legen Sie sich höchstens drei bis fünf Tage an den Strand. Denn wer länger faulenzt, baut geistig ab. Das Gehirn braucht ständig Anregung. Studien zeigen: Nach fünf Tagen sinken IQ und Konzentration erheblich. Binnen fünf Tagen um fünf Punkte, nach 20 Tagen um 20 Punkte. Urlaub ist dazu da, die eigenen Wünsche zu erfüllen und nicht die Vorstellung anderer. Man darf egoistisch sein und sollte das auch. So richtig gesund wird Urlaub, wenn Sie die Zeit dazu nutzen: das Rauchen aufzuhören, Gewicht zu verlieren, regelmäßig Sport zu treiben, ausgiebig zu schlafen.
▶ Verzichten Sie ruhig auch einmal auf Ihren Aktivurlaub, und legen Sie eine Woche Entgiftung von Körper und Seele ein. Ich fahre beispielsweise jedes Frühjahr zu meiner Ayurveda-Woche.
▶ Lernen Sie eine gute Entspannungstechnik: Autogenes Training, Muskelrelaxation nach Jacobson, Yoga, Tai Chi oder Qi Gong.

Puffern Stress ab: Entspannungspausen für Körper und Geist.

▶ Schlafen Sie nachts die Stunden, die Sie brauchen. Das können fünf, aber auch acht Stunden sein.
▶ Legen Sie alle 90 Minuten eine Pause ein.
▶ Und immer, wenn es stressig wird, atmen Sie tief in den Bauch hinein.

4. Stecken Sie Zeit ins Essen

Zu 70 Prozent ernährt uns die Industrie. Sie bedient die »Short-of-Timers«; so nennen die Lebensmittelgiganten den kollektiven Wunsch nach der Fünf-Minuten-Terrine, mit dem sich viel Geld machen lässt. In New York werden schon 40 Prozent der Apartments ohne Küche gebaut. Eine Mikrowelle ersetzt die Quadratmeter der Gesundheit und Gemütlichkeit. Eine Kultur geht verloren. Dagegen wettert Ernst-Ulrich Schassberger, der Präsident von Eurotoques, der Vereinigung für den Erhalt der europäischen Ess- und Trinkkultur: »Esskultur sollte nicht auf dem

---

SO MACH ICH ES

Dienstbarer Flaschengeist

Im meinem Büro steht ein gemieteter Wasserspender. Pro Woche trinke ich 1 Gallone Wasser = 18,9 Liter. Genau die richtige Menge fürs Büro. Zeit-Formel: Alle halbe Stunde ein Glas. (Anbieter von Watercoolern finden Sie auf Seite 235.)

SO BRINGEN SIE IHR LEBEN IN BALANCE

Futter für Nerven und Leistungskraft: alles Frische und Hochwertige.

Altar der Bequemlichkeit und der Zeitersparnis geopfert werden.«
Auch an deutschen Arbeitsplätzen herrscht Fast-Food-Kultur. Wenn überhaupt etwas gegessen wird, dann vor dem PC oder unterwegs zum nächsten Termin. Mehr als ein Drittel der deutschen Angestellten schwänzt die Mittagspause ganz. Das hat Folgen: Leistungsabfall, Verdauungsbeschwerden, erhöhtes Stressniveau. Wer gesund und leistungsfähig bleiben will, muss eben etwas Zeit in sein Essen stecken. Fast Food ist zwar schnell im Mund, raubt Ihnen aber Lebenszeit. Nichts gegen McDonald's. Den liebe ich. Ich esse einfach einen Salat zum Gemüse- oder Fischburger. Aber alles, was viele E-Nummern auf dem Etikett hat, sollten Sie meiden, so gut es geht. Denn es kommt vom Fließband, enthält kein Leben, keine Vitalstoffe mehr.

▶ Greifen Sie zu bei den Produkten der Natur. Wählen Sie gute Qualität, von der Sie wissen, wo sie herkommt, wie sie zubereitet wurde – das tut Ihrem Körper gut. Auch dafür gibt es Schnell-Rezepte (zum Beispiel in »Das große GU Kochbuch Schnelle Küche« von Cornelia Schinharl und Reinhardt Hess).

▶ Greifen Sie ruhig in die zeitsparende Tiefkühltruhe. Da hat schon jemand für Sie das Gemüse geputzt, den Fisch filetiert. Aber wählen Sie das, was die Industrie noch nicht bis zur Unkenntlichkeit verarbeitet hat. Sie bestimmen, was im Supermarkt liegt. Der Leiter von Unilever sagte mal in einem Interview: »Wenn sich die Wertvorstellungen in unserer Gesellschaft dahin gehend bewegen, dass wir noch mehr ursprüngliche Basisprodukte zu Hause haben wollen, dann sind wir garantiert die Ersten, die das machen.«

Köstliche Zeitinvestitionen

▶ Bereiten Sie sich täglich einen frischen Obst- und Gemüsesaft: 5 Minuten, die sich lohnen. Er versorgt Sie mit den lebensverlängernden Zauberstoffen der Pflanzen.

▶ Bereiten Sie sich fürs Büro Gemüsestifte mit einem Joghurt-Zitronen-Dip vor. Investition: 10 Minuten. Das erspart Ihnen Kummer mit der Linie (weil Sie keinen Riegel essen) und Zeit im Wartezimmer des Arztes, wenn Vitalstoffmangel Sie chronisch krank gemacht hat.

▶ Am allerwichtigsten: Planen Sie die Mittagspause ein, und genießen Sie! Meiden Sie fettige, schwere Kantinenmenüs. Salat, Gemüse, ein Stück Geflügel, Fisch ohne Sahnesauce sind meistens im Angebot.

Zweites Element: der Körper

5. Lachen Sie

Nichts schenkt mehr Lebenszeit als das Allheilmittel Lachen. Es massiert das Zwerchfell, baut Stresshormone ab, powert das Immunsystem und stellt den ganzen Menschen auf gesund um. »Jedes Mal, wenn der Mensch lacht, fügt er seinem Leben ein paar Tage hinzu«, sagte der italienische Schriftsteller Curzio Malaparte. Wer eine Minute lacht, fühlt sich so frisch und entstresst, als hätte er eine 30-Minuten-Entspannung hinter sich – oder 10 Minuten Joggen. Weil Lachen so gesund ist, dass es die Genesung beschleunigt, wird in Krankenhäusern die Lachtherapie angewandt. Sie suchen einen Grund zum Lachen? Hier finden Sie ihn: *www.humor.de*

6. Investieren Sie Zeit in Sex

Sex ist einer der besten Jungbrunnen, er lockt viele Forever-young-Hormone. Zum Beispiel das DHEA: Das hält den Geist jung, den Körper schlank und fit. Oder das Powerhormon Testosteron, das dynamisch und agil macht. Wer ein erfülltes Sexualleben hat, stellten Forscher fest, sieht zehn bis fünfzehn Jahre jünger aus, als im Pass steht.

7. Gehen Sie zum Vital-Check

▶ Machen Sie regelmäßig, ab 35 jährlich, einen Gesundheits-Check bei Ihrem Arzt. Am besten mit Vital-Check (Laktatmessung, Spiroergometrie, Muskelfunktionstest) und einer ausgiebigen Blutuntersuchung. Und nehmen Sie alle Krebsvorsorgemaßnahmen wahr (Infos: *www.Krebsgesellschaft.de*). Das erspart Ihnen später viele Stunden im Wartezimmer und schenkt Ihnen Lebenszeit.

... zum Nachdenken

Das zweite Erwachsenenalter

Heute wird man viel später alt. Es ist fast normal, dass eine Frau mit 40 ein Kind bekommt. Und ein Mann mit 45 ist auch noch lange nicht in seinen besten Jahren. Früher galt man zwischen 21 und 65 als erwachsen. Es gab nur *einen* Lebensabschnitt als Erwachsener. Nun hat die Amerikanerin Gail Sheehy als Erste eine neue Grenze beschrieben: Und zwar beginnt mit 45 das zweite Erwachsenenalter – ein neues Leben. Das nennt die Amerikanerin »mastery«, Überlegenheit. Vorher sterben wir zwar einen kleinen Tod, den man als frühe Midlife-Krise bezeichnen kann. Weil wir uns Gedanken über die Endlichkeit des Lebens machen. Und weil wir uns fragen, ob das, was hinter uns liegt, in der gleichen Art und Weise so weitergehen soll. Aber dann machen wir uns – geläutert und wie neu geboren – auf zum Gipfel, zur Spitzenleistung. Denn in diesem Alter haben wir die beste Möglichkeit, unser Leben nach den eigenen Vorstellungen neu zu gestalten: Wir verfügen über einen Schatz an Erfahrung und über das meiste Geld in unserem Leben. Beides hilft oft auch, das Leben neu anzugehen. Manche satteln in diesem Alter um und erfüllen sich den beruflichen Wunsch, den sie schon immer hatten. Andere gehen auf die Universität, studieren Philosophie oder Medizin. Oder wollen endlich etwas Sinnvolles tun: Sie kaufen einen Biobauernhof, züchten vom Aussterben bedrohte Rinder. Und wieder andere ziehen sich zurück auf die Insel.

Drittes Element:
Beziehungen

Das dritte Element, das Ihr Leben ausmacht, heißt: Beziehungen. Im Grunde das Wichtigste, was Sie haben, denn sie schenken Lebenszeit. Verschenken Sie Ihre Zeit – und sie kommt doppelt zurück.

Das Glücksnetz des Lebens

Wie knüpft man Bande der Freundschaft? Durch Geben und Loslassen. Der Bumerang steht für Freiheit und Loslassen. Eine arabische Weisheit sagt: »Wenn du dir irgendetwas ganz fest wünschst, dann lass es frei – nur dann kehrt es zu dir zurück und gehört dir wirklich.«

Mit Freunden herrlich lachen. Vom Vater in die Arme genommen werden. Mit Mama über Gott und die Welt reden. Oma trocknet die Tränen. Mit Kollegen gemeinsam über Aufgaben brüten. Den Samstagabend nicht allein verbringen, sondern auf einer Party mit lieben Freunden. Montagmorgens mit Holger joggen gehen, abends mit Jutta ins Theater. Mit Frank bei einem Wein über den Sinn des Lebens diskutieren. Das ist Glück. Das ist Leben. Das ist gut investierte Zeit.
Wenn man in diesem Zusammenhang überhaupt ein Wort aus dem Wirtschaftsjargon

benutzen will, dann vielleicht, weil diese »Investition« wirklich für ein Plus auf dem Lebenszeitkonto sorgt.

Jede Freundschaft verlängert das Leben

Menschen, die sich glücklich fühlen – dafür sind weder Reichtum noch Prestige ausschlaggebend, sondern Freunde und ein liebender Partner –, sind zumeist gesünder. Witwer sterben früher, Singles werden häufiger krank. Der Altersforscher Thomas Glass von der Harvard-Universität fand in einer Befragung von 2 700 Menschen über 65 Jahren heraus, dass Freunde das Leben bis zu einem Drittel verlängern. Das hat Glass selbst überrascht: »Wir wussten bereits, dass soziale Kontakte das Leben verlängern, aber uns war nicht bewusst, dass sie so einflussreich sind.« Der Ehepartner genügt übrigens nicht dafür, länger jung und im Alter gesund und geistig rege zu bleiben. Wir benötigen vielfältige Beziehungen zu unterschiedlichen Menschen.

Erfolgsrezept: Soziales Netzwerk

Freundschaften leisten noch mehr: Sie sind das Sicherheitsnetz unseres Lebens. Freunde fangen uns auf, wenn wir schlecht drauf sind. Sie geben uns das Gefühl, wertvoll zu sein – eine wichtige Voraussetzung für unser persönliches Glück. Gerade heute, wo auf dauerhafte Liebesbeziehungen kaum noch Verlass ist. Viele haben schon die Erfahrung gemacht: Die Liebe kommt und geht, die Freunde aber bleiben.
Wer seine Kontakte dem Zufall überlässt, der ist bald verlassen. Die Methode, die der Isolation vorbeugt, kommt aus den USA und heißt Networking. Kommunikationsexperten empfehlen, ein Netzwerk an Freunden genauso systematisch aufzubauen wie ein Haus oder eine berufliche Karriere.
Solche Kontakte verlangen jedoch Zeit, emotionales Engagement und Vorleistungen. Haben Sie für andere erst dann ein offenes Ohr, wenn Sie deren Hilfe dringend brauchen, werden Sie kaum auf Gegenliebe stoßen. Der andere fühlt sich ausgenutzt. Besteht Ihre Bekanntschaft aber schon eine Weile, wenn Sie mit einem Anliegen kommen, sieht die Sache anders aus. Pflegen Sie deshalb Ihr soziales Netz ständig.
Im Übrigen ziehen nicht nur Sie Nutzen aus der Leistung, die ein Freund für Sie erbringt, sondern auch er. Er erfährt, dass Sie seine Kompetenz schätzen. Dass Sie ihm Anerkennung für seine Hilfsbereitschaft zollen. Dass er sich Anspruch auf Ihre Dankbarkeit und Gegenleistungen erwirbt.

Der Weg nach oben:
Qualifikation »Vitamin B«

Einer der hartnäckigsten Mythen lautet: Den Tüchtigen gehört die Welt. Man müsse nur fleißig und strebsam sein, und dann werden sich früher oder später auch beruflicher Erfolg, soziale Anerkennung und Liebe einstellen. Wer kennt nicht die Wahrheit auf zwei Beinen: erschöpfte Workaholics, die auf der Stelle treten, anstatt Karriere zu machen. Kontaktfreudige Kollegen, die in der Firma gerade mal das Minimum leisten, aber dank sorgfältiger Beziehungspflege unaufhaltsam auf dem Weg nach oben sind.
Kontaktfähigkeit ist längst eine Schlüsselqualifikation geworden. Wer leicht zu Fremden ein Band der Sympathie knüpfen kann, ist als

Verkäufer, Manager oder Arzt erfolgreicher – selbst wenn er in puncto Fachkenntnissen hinter seinem eher verschlossenen Mitbewerber zurückbleibt. Glauben Sie mir, nichts lohnt mehr auf dem Weg nach oben, als ab und zu sein Büro zu verlassen und einen Teil seiner Zeit der systematischen Kontaktsuche und -pflege zu widmen.

Erster Schritt: Kontakte suchen

Etwa jeder zweite Deutsche schätzt sich als (teilweise oder stark) schüchtern ein. Er ist dankbar, wenn andere auf ihn zugehen. Also tun *Sie* es, denn das ist gar nicht so schwer. Schließlich mangelt es nicht so sehr an Kontaktmöglichkeiten. Die sind durch die steigende Zahl der Singles, die berufliche Mobilität und neue technische Möglichkeiten wie das Internet in den letzten Jahren eher angewachsen. Es mangelt vielmehr an der Fähigkeit, im Alltag die zahlreichen Chancen zu nutzen. Sie brauchen dazu nur ein wenig den Blickwinkel zu ändern: Gewöhnen Sie sich an, jede Situation, in der Sie sich unter Fremden bewegen, auch unter dem Gesichtspunkt zu betrachten, dass Sie interessante Leute kennenlernen können.

▶ **Zeigen Sie Kontaktfreude:** Wechseln Sie in Zukunft mit Menschen, die Sie in Ihrem Alltag treffen, zwei, drei Sätze. Tauschen Sie mit der Postfrau ein paar Bemerkungen über das Wetter. Fragen Sie in der Warteschlange im Supermarkt den Kunden hinter Ihnen, wie der Wein, den er im Wagen hat, schmeckt. Wühlen Sie in der Bibliothek nicht einsam in den Regalen, sondern fragen Sie eine Angestellte, ob sie ein Buch, das sie in letzter Zeit gelesen hat, empfehlen kann. Die Erfahrung

Gute Gespräche, Unterstützung finden, sich verbunden fühlen – mit Freunden verbrachte Zeit ist bestens investiert.

zeigt: Wer gewohnheitsmäßig Kontaktfreude zeigt, bleibt den Leuten im Gedächtnis. Ab und zu ergibt sich auch ein nützlicher Dauerkontakt, oder eine wunderbare Freundschaft beginnt. Mancher hat sogar auf diesem Weg seine große Liebe gefunden.

▶ **Nutzen Sie Kontaktbörsen:** Wenn Sie gern Kontakte zu einer bestimmten Art von Leuten hätten: Gehen Sie dorthin, wo sich diese Leute aufhalten. Gehen Sie zu Messen oder anderen Fachveranstaltungen, wenn Sie jemanden aus einer speziellen Branche kennen lernen wollen. Wie Sie eine Einladung erhalten? Rufen Sie den Veranstalter an, und sagen Sie, dass Sie zwar ein Außenstehender sind, sich aber brennend für das Thema oder die

Drittes Element: Beziehungen

Firma interessieren. Sie wären nicht der erste Fremde, der prompt eine Einladung erhält. Gelangweilte Pflichtteilnehmer hat der Veranstalter nämlich schon genug auf der Besucherliste.

▶ **Blicken Sie zurück:** Rufen Sie alte Bekannte aus der Schulzeit oder der Ausbildung an. Erkundigen Sie sich, was inzwischen aus ihnen geworden ist. Geben Sie eine Party, und laden Sie alle ein. Der Aufwand lohnt sich. Die meisten werden sich bei Ihnen mit Gegeneinladungen revanchieren. Und dort werden Sie die Netzwerke Ihrer Bekannten treffen – Ihre Chance für viele neue Kontakte.

Die Kunst des Small Talk

Haben Sie schon einmal Partygespräche belauscht zwischen Leuten, die sich gerade kennen gelernt haben? Der eine fragt, wie der Salat schmeckt, den der andere auf dem Teller balanciert. Ein Zweiter erzählt, wie oft er sich verfahren hat, ehe er das Haus des Gastgebers fand. Und zwei Frauen blättern in einem Bildband von Paris und plaudern über ihre Au-pair-Zeiten vor über zehn Jahren.

Wer sich das erste Mal begegnet, kennt weder den Charakter noch die Vorlieben und Abneigungen seines Gesprächspartners. Aus diesem Grunde wählt er ein Gesprächsthema, das Missverständnisse, Streit und andere Ärgernisse weitgehend ausschließt. Man tastet einander vorsichtig ab, indem man über unverfängliche Themen redet: die Party, das Wetter, den letzten Urlaub, den Wohnort, die Hobbys. Was auf Außenstehende oberflächlich wirkt, ist in Wahrheit ein geschicktes Gesprächsverhalten, um sich nach und nach aufeinander einzustellen.

Menschen treten dann erfolgreich in Kontakt, wenn sie im Small Talk gemeinsame Überzeugungen und Interessen finden. Überwiegen dagegen die Unterschiede, kann man sich nach ein paar Minuten unverbindlichen Geplauders wieder trennen, ohne ernsthaft aneinander geraten zu sein oder die Gebote der Höflichkeit verletzt zu haben. Wer hingegen eine gemeinsame Wellenlänge gefunden hat, wird vom Small Talk zu tief schürfenden Gesprächen wechseln. Aus Fremden werden Bekannte. Und im Laufe der Zeit vielleicht sogar Freunde.

SO MACH ICH ES

Smileys & Co.

Neben der Sachebene gibt es in der Kommunikation eine Gefühlsebene, so der führende amerikanische Kommunikationswissenschaftler Paul Watzlawik. Und die ist meistens die wichtigere. Um dies auch intern oder im Umgang mit Geschäftspartnern zu verdeutlichen, garnieren wir unsere Korrespondenz mit Smileys, um einen Gedanken positiv zu unterstützen. Oder mit kleinen gezeichneten Dracula-Gesichtern: Smile-Mund nach unten plus Dracula-Zähne, kurz »Drakis« genannt. Sie verdeutlichen ein Ärgernis, eine Beschwerde, eine Reklamation. Wenn wir uns – und auch das gehört zum Leben – mit Verwaltungsbürokratien, kundenfeindlichen großen Firmen, unflexiblen Seminarhotels und Ähnlichem herumärgern müssen. Funktioniert auch online: :-)) oder :-((– mehr Bilder-Codes für E-Mail-Befindlichkeiten auf Seite 218.

SO BRINGEN SIE IHR LEBEN IN BALANCE

Band der Freundschaft: Rufen Sie alle zwei Tage zwei Ihrer zehn besten Freunde an. Dann haben Sie jeden alle zehn Tage an der Strippe …

Kontakte pflegen

Wer hat nicht schon geklagt, dass ihm Job und Haushalt nicht genug Zeit für seine Freunde lassen? Viele Singles pflegen ihre Freundeskreise sehr bewusst – sie sind ihre Versicherung gegen Einsamkeit und seelische Tiefs. Am wenigsten Zeit für Freunde haben Fernpendler mit Familie. Das ergab eine Studie von Wissenschaftlern der Universitäten Mainz und Bamberg. Wer täglich acht Stunden arbeitet und morgens und abends noch je zwei Stunden in der Bahn oder im Auto zubringt, findet kaum eine Möglichkeit, sein soziales Netzwerk am Leben zu erhalten. Wer nach Monaten sein Adressbuch durchblättert, merkt plötzlich, dass er von einigen seiner besten Freunde schon ewig nichts mehr ge- hört hat. Hier hilft nur eins: etwas Systematik in die Kontaktpflege bringen. Gute Freunde springen nicht gleich ab, wenn Sie sie einige Monate lang nicht treffen. Mit wenig Zeitaufwand halten Sie Ihr Netzwerk zusammen.

Das Pareto-Prinzip und die Beziehungen

Das Pareto-Prinzip besagt: Mit zwanzig Prozent des Aufwandes erzielt man achtzig Prozent der Ergebnisse (mehr darüber auf Seite 215). Das können Sie auch auf Ihre Beziehungen übertragen. Mit wie vielen Menschen, die Sie wirklich mögen, verbringen Sie auch viel Ihrer Zeit?
Nur zwanzig Prozent der Beziehungen, die Sie haben, sind wirklich wichtig für Sie und schenken Ihnen achtzig Prozent Glück. Nur:

Drittes Element: Beziehungen

Genau diesen Menschen widmen Sie viel weniger als achtzig Prozent Ihrer Aufmerksamkeit, Ihrer Zeit.

Wetten, dass ...?

▶ Schreiben Sie die Namen der 20 Menschen auf, die Ihnen besonders viel bedeuten. Die wichtigsten zuerst. Nun verteilen Sie insgesamt 100 Punkte auf diese Beziehungen. Nach dem 80/20-Prinzip müssten die ersten vier Beziehungen (20 Prozent) die meisten Punkte (etwa 80 Prozent) aufweisen.
Notieren Sie jetzt neben jedem Namen den Zeitanteil, den Sie aktiv mit dieser Person verbringen; verteilen Sie also diesmal 100 Zeit-Punkte auf die 20 Personen. Und nun sehen Sie selbst – ist das gerecht?

Und wie sieht es im Beruf aus?

Die gleiche Übung können Sie mit Ihren beruflichen Beziehungen durchführen. Denn auch hier gilt: Mindestens 80 Prozent des Nutzens beruflicher Bande rührt von weniger als 20 Prozent dieser Verbündeten her.
▶ Schreiben Sie also Ihre wichtigsten 20 Geschäftsbeziehungen auf, und vergleichen Sie diese mit der Gesamtzahl aktiver Geschäftskontakte aus Ihrer Erinnerung, Ihrer Datenbank oder dem Telefonregister.
Wahrscheinlich gehen 80 Prozent des Nutzens aus diesen Geschäftskontakten auf 20 Prozent der Beziehungen zurück.
▶ Erstellen Sie nun eine Liste der Menschen, die Ihnen im Leben bislang am meisten geholfen haben. Schreiben Sie ihre Namen in der Reihenfolge ihrer Wichtigkeit auf, und verteilen Sie 100 Punkte auf die ersten zehn. Im Allgemeinen können die Leute, die Ihnen bisher am meisten geholfen haben, dies auch in Zukunft tun.

Werden Sie aktiv!

Der Bumerang kommt zurück. Wie Zeit, Unterstützung, Freundschaft und Liebe zurückkommen, wenn man sie gibt. Diese Kontaktpflege sollten Sie in Ihr Netzwerk investieren:
▶ Teilen Sie die Adressen in Ihrer Kartei in zwei Gruppen: gute Freunde und entferntere Bekannte.
Wie viele gute Freunde haben Sie? Zehn? Rufen Sie alle zwei Tage zwei von ihnen an. Auf diese Weise sprechen Sie mit jedem alle zehn Tage einmal eine viertel bis eine halbe Stunde.
Und wie viel entfernte Bekannte? Dreißig? Bestimmen Sie einen Tag in der Woche, an dem Sie fünf von ihnen für ein paar Minuten anrufen. Ein Telefonkontakt alle sechs Wochen genügt, um bei ihnen als entfernter Bekannter im Gedächtnis zu bleiben.
▶ Ihre guten Freunde sollten Sie alle ein bis zwei Monate persönlich treffen. Wenn Sie sich jede Woche mit zweien von ihnen für ein Stündchen in einem Café verabreden, frischen Sie Ihre Freundschaft auf. Außerdem treffen Sie sich ab und zu für eine Radtour, einen Nachmittag im Schwimmbad oder helfen ihnen bei der Renovierung ihrer Wohnung.
▶ Ihre entfernteren Bekannten laden Sie einmal im Jahr zu einer Geburtstagsparty ein. Dadurch treffen Sie sie zweimal im Jahr: einmal auf Ihrem Geburtstag und einmal auf deren Geburtstag, wenn Sie die Gegeneinladung wahrnehmen.

Die Kunst, ein angenehmer Zeitgenosse zu sein

Wir Deutschen gelten als das unfreundlichste Volk Europas. Eine amerikanische Fluggesellschaft warnt Deutschlandreisende in einem Flyer: »Wenn Sie nach Deutschland kommen und sich dort im Restaurant, im Geschäft oder im Hotel unfreundlich behandelt fühlen, dann nehmen Sie das nicht persönlich. Die Menschen dort gehen so miteinander um.« Sie kennen das vielleicht von der Bäckerei oder auch aus Ihrem Büro: den Mundwinkel-unten-Charakter bestimmter Mitmenschen, der einem den ganzen Tag verderben kann. Diese Menschen wollen anscheinend weder Kontakt noch beliebt sein. Sie schon. Darum schenken Sie Zuwendung in Form von Freundlichkeit, Zeit und Aufmerksamkeit. Wer sich für andere interessiert, ist ein angenehmerer Zeitgenosse als jemand, dessen Interesse vor allem sich selbst gilt.

Das macht sympathisch

- Häufiger anderen zuhören, als selbst reden.
- Gefühle respektieren.
- Lieber Fragen stellen als Argumente ins Feld führen.
- Lieber von anderen lernen, als andere belehren wollen.
- Lieber die Erfolge seiner Gesprächspartner thematisieren als ihre Niederlagen.
- Kleine Gesten des Entgegenkommens im alltäglichen Gespräch haben oft eine nachhaltigere Wirkung als große, zweischneidige Hilfsangebote. Wer sich zu Dankbarkeit verpflichtet sieht, ohne sich mit einer ähnlich

Im Gespräch bleiben

Die nichtdirektive Gesprächsführung stellt den Partner in den Mittelpunkt der Unterhaltung. Das gehört dazu:

▶ Offene Fragen stellen. Das sind Fragen, die den anderen veranlassen, mehr als nur Ja oder Nein zu sagen. Wenn Sie fragen: »Hattest du einen guten Tag?«, lautet die Antwort Ja oder Nein. Diesen Fragetyp nennt man geschlossene Frage. Fragt man hingegen: »Was hast du erlebt?«, fühlt sich der andere aufgefordert, ausführlicher zu erzählen, Details, Gefühle, Eindrücke zu berichten. Die meisten Fragen, die mit einem Fragewort (wie, was, warum, wozu) beginnen, sind offene Fragen.

▶ Gefühle verbalisieren: Fassen Sie, was Ihnen Ihr Gesprächspartner erzählt hat, mit eigenen Worten zusammen, und nennen Sie das Gefühl beim Namen. Beispiel: Der Partner erzählt, dass der Chef ihn runtergeputzt hat. Sie sagen: »Du fühltest dich ungerecht behandelt.« Oder: Der Partner macht Ihnen Vorwürfe. Sie antworten: »Du ärgerst dich über mich.« Das regt den Partner an, seine Kritik noch klarer zu formulieren und zu relativieren. Und Sie vermeiden eine fruchtlose Diskussion darüber, wer Recht hat.

▶ Ich-Botschaften senden: Statt zu streiten, fassen Sie Ihre Gefühle in Worte. Beispiel: Jemand wirft Ihnen vor, Sie hätten etwas falsch gemacht. Sie entgegnen: »Deine Angriffe kränken mich; ich bin unsicher, was du jetzt von mir erwartest.«

Drittes Element: Beziehungen

großen Gegenleistung revanchieren zu können, empfindet nicht unbedingt Sympathie für den Wohltäter.
- Selbstlos versuchen, anderen zu dienen. Ihr Vorteil: Sie stehen praktisch konkurrenzlos da in einem Heer habgieriger, neidischer Menschen. Ein Mensch, der sich in die Lage der anderen versetzen kann und Verständnis für sie aufbringt, braucht um seine Zukunft nicht zu bangen.
- Lieber anhalten und freundlich lächeln, als gehetzt durchs Leben ziehen.

Seien Sie freundlich

Wenige freundliche Worte, ein ehrliches Lächeln kosten Sie nichts, und sie erzeugen ein gutes Gefühl bei Ihrem Gegenüber. In allen unseren Lebensrollen entscheidet die Art und Weise, wie wir mit anderen Menschen umgehen, über unseren Erfolg und unsere Zufriedenheit. Ein altes chinesisches Sprichwort lautet: »Wer kein freundliches Gesicht hat, soll keinen Laden aufmachen.«
Ein Lächeln ist eine Botschaft des guten Willens. Es verschönt jedem, der es sieht, den Tag – und der es verschenkt, gewinnt Sympathie. Wer sich in einem Heer von Stirnrunzlern bewegt, auf den wirkt ein Lächeln, als würde die Sonne durch die Wolken brechen. Dem, der unter dem Druck von Vorgesetzten, Kunden, Lehrern, Eltern oder Kindern steht, dem schenkt ein Lächeln Hoffnung – zeigt ihm, dass es in der Welt auch Freude gibt. Sicher: Im Beruf ist ein gewisses Maß an Freundlichkeit vorgeschrieben. Verschenken Sie einfach mehr. Dann bekommen Sie auch mehr Freundlichkeit entgegengebracht. Privat vergessen wir in der Hektik häufig, zu unseren Mitmenschen einfach freundlich zu sein. Eine kleine Anleitung:

Freundliche Menschen mag man einfach – sie bringen Licht und Wärme in graue Tage, machen allen das Leben schöner.

▶ Spüren Sie erst einmal auf, was Ihr Umfeld unter einer freundlichen Behandlung versteht. Fragen Sie Ihre Kinder, Freunde, Kollegen und Ihren Partner nach den kleinen Dingen, die sie sich von Ihnen wünschen.
▶ Erinnern Sie sich an die Situationen, in denen Sie von Mitmenschen unfreundlich behandelt wurden. Und denken Sie sich eine Strategie aus, mit der Sie in einer ähnlichen Situation bewusst gegensteuern – und den anderen mit Freundlichkeit den Wind aus den Segeln nehmen.
▶ Schreiben Sie konkret auf, wie Ihre Vorstellung von mehr Freundlichkeit aussieht.

Einfach da sein

Sie wollen, dass der Bumerang auch zurückkommt? Dass Menschen gerade dann für Sie da sind, wenn Sie sie brauchen? Dann seien

SO BRINGEN SIE IHR LEBEN IN BALANCE

Kleine Geste – große Wirkung. Freude, die Sie schenken, kommt wie ein Bumerang zurück.

Sie das selbst. Wenn Sie einen Freund fragen, wie es ihm geht, und Sie hören: »Na ja, nicht so doll ...«, dann handeln Sie, und tun Sie etwas für ihn und die gemeinsame Beziehung. Jede kleine Geste der Zuneigung eignet sich: Rufen Sie ihn am nächsten Tag an, schicken Sie ihm ein witziges Fax oder eine Aufmunterung per E-Mail. Schenken Sie ihm einfach eine Kleinigkeit – ein Buch oder eine Blume. Verbringen Sie einen Abend mit ihm. Sie können mit wenig Aufwand viel Glück erzeugen. Sie müssen es einfach tun.

10 kleine Gesten, die Freunde machen

1. Der Kollegin am Montagmorgen Blumen auf den Tisch stellen – einfach so. Oder dem gestressten Kollegen ein Töpfchen Basilikum. Dessen Duft zu riechen und seine Blätter zu kauen beruhigt.
2. Den Menschen, mit dem man spricht, immer mit Namen anreden. Das knüpft ein Band der Vertrautheit.
3. Nach einer Einladung in jedem Fall anrufen, sich noch mal bedanken und sagen, wie schön und unvergesslich diese Zeit war.
4. Jedes Kompliment ist ein Geschenk. Schälen Sie, wann immer Sie können, das Positive am Gegenüber heraus, und sagen Sie es auch: »Das hast du gut gemacht, das hast du wunderschön gesagt, das sieht gut aus ...«
5. Geburtstage notieren – auch von entfernten Bekannten. Blumenstrauß, Buch oder E-Mail-Postkarte verschicken (siehe »Heinzelmännchen online« auf Seite 234).
6. Hobbys auf der Visitenkarte notieren. Dann haben Sie immer ein Gesprächsthema, mit dem Sie dem anderen eine Freude machen. Und außerdem ein passendes Geschenk, wenn Sie eingeladen werden.
7. Danke sagen. In Worten, Taten, Gesten. Das wird in unserer Gesellschaft leider oft vergessen.
8. Lächeln. Jedes macht einen anderen Menschen glücklich – und Sie ernten Sympathie.
9. Interessieren Sie sich. Stellen Sie Fragen. Mit jeder Frage zeigen Sie: Ich interessiere mich für dich.
10. Fordern Sie zum Wettbewerb heraus: Jeder erfolgreiche Mensch liebt das Spiel, das ihm die Möglichkeit gibt, sich selbst zu bestätigen, seinen Wert zu beweisen, sich auszuzeichnen. Fordern Sie zum Wettbewerb – und gönnen Sie dem anderen den Sieg.

Und lassen Sie los ...

Wenn wir einen Menschen gern haben, wollen wir ihn voll in Beschlag nehmen. Seine Zeit absorbieren. Das ist unnatürlich. Das hemmt den anderen in seiner Entwicklung, in seinen Bedürfnissen. Man muss sich treffen können auf gemeinsamen Zeitinseln –

Drittes Element: Beziehungen

und dann wieder wegsegeln dürfen in die eigenen Interessen. Das gilt für Paare, Freundschaften und Eltern-Kind-Beziehungen.
Eine Beziehung ist nur dann von Dauer und für beide Parteien wertvoll, wenn man die Balance findet zwischen Distanz und Nähe.

Und dazu gehört: Immer wieder loslassen. Auch wenn es weh tut. Ein flügges Junges lernt das Fliegen nur, wenn die Mutter es aus dem Nest wirft.
Doch in all dem steckt ein Trost: Was du loslässt, kommt zurück. Wie der Bumerang.

... zum Nachdenken

Die Geschichte von den Nägeln

Es war einmal ein Junge, der hatte einen schwierigen Charakter. Sein Vater gab ihm einen Sack voller Nägel und sagte ihm, er solle immer einen Nagel in den Gartenzaun schlagen, wenn er seine Geduld verliere oder mit jemandem gestritten habe.
Am ersten Tag schlug der Junge 37 Nägel in den Zaun. In den folgenden Wochen lernte er, sich besser zu kontrollieren, und die Anzahl der Nägel, die er in den Zaun schlug, reduzierte sich täglich. Der Junge lernte, dass es einfacher war, sich selbst unter Kontrolle zu halten, als ständig Nägel in den Zaun zu schlagen.
Dann kam der Tag, an dem der Junge keinen einzigen Nagel in den Gartenzaun schlug. Er ging zu seinem Vater und sagte ihm, dass er heute keinen Nagel in den Zaun gehämmert habe. Daraufhin erwiderte sein Vater, er solle nun immer einen Nagel aus dem Gartenzaun entfernen, wenn er es schaffte, seine Launen zu beherrschen und geduldig zu bleiben.
Viele Tage verstrichen, doch dann konnte der Sohn dem Vater berichten, dass er alle Nägel aus dem Zaun entfernt hatte. Der Vater führte seinen Sohn zu dem Zaun und sagte: »Mein Sohn, das hast du gut gemacht, aber sieh mal, wie viele Löcher du hinterlassen hast. Der Zaun wird nie wieder wie vorher aussehen. Wenn du Streit mit jemandem hast und verletzende Worte sagst, wirst du in ihm immer Wunden wie diese Löcher hier zurücklassen.
Du kannst einen Menschen mit einem Messer verletzen, das Messer wieder herausziehen, aber du wirst immer eine Wunde hinterlassen. Es ist ohne Bedeutung, wie oft du dich dafür entschuldigst, die Wunde bleibt. Eine Wunde, die durch Worte verursacht wurde, schmerzt fast genauso schlimm wie eine physische Verletzung.
Freunde sind seltene Juwelen, sie bringen dich zum Lachen und unterstützen dich. Sie sind immer bereit, dir zuzuhören, wenn du es brauchst. Sie stehen immer hinter dir und öffnen dir ihr Herz. Zeige deinen Freunden, wie sehr du sie liebst.«

Viertes Element: Lebenssinn

Von innerer Leere und Erfüllung

Die moderne Psychologie beschäftigt sich häufig mit dem Sinn des Lebens. Denn wenn er fehlt, drückt das auf die Seele. Macht unzufrieden, unglücklich, ja depressiv.

Fragen Sie sich nicht nur, *was* Sie erreichen wollen, sondern vor allem *wozu* – nach dem Sinn dahinter. Die Frage nach dem Sinn hilft nämlich, das Wesentliche zu entdecken und »Nein!« zu sagen zu Zeiträubern und heimlichen Boykotteuren der Lebenslust, des Lebensglücks, der Zufriedenheit.

Der Bumerang rotiert für die Sinnfrage des Lebens. Denn nichts erscheint sinnloser, als etwas wegzuwerfen, damit es wieder zurückkommt. Fehlt der Sinn im Leben, liegt einem das schwer auf der Seele. Diesen Ballast kann man wegwerfen – und der Sinn kommt zurück. Kompliziert? Nein.

Die Psychologie und der Sinn des Lebens

Vier Methoden der Psychotherapie leiten an, den Sinn des Daseins zu entdecken. Nach dem Bumerang-Prinzip: Loslassen, aktiv werden, konzentrieren auf das Jetzt – den Flug.

Viertes Element: Lebenssinn

- Methode 1: Machen Sie andere Menschen glücklich.
- Methode 2: Werfen Sie Ihre irrationalen Überzeugungen weg.
- Methode 3: Programmieren Sie sich auf Glück und Erfolg.
- Methode 4: Nehmen Sie Ihr Schicksal in die Hand.

Methode 1: Glücklich wird, wer andere glücklich macht

»Tatsächlich wenden sich heute mehr und mehr Patienten an uns mit dem Gefühl einer inneren Leere, … mit dem Gefühl einer abgründigen Sinnlosigkeit ihres Daseins.« Mit dieser Beobachtung stellte der Wiener Psychiater Viktor E. Frankl seit den 30er Jahren die Suche nach Sinn in den Mittelpunkt seiner **Logotherapie** (das griechische Wort »logos« bedeutet Wort, Ordnung, Sinn). Seine Begründung: Wonach die Menschen streben – Glück, Erfolg, Liebe, Geld –, macht sie nur dann froh und zufrieden, wenn sie in ihrem Tun einen *Sinn* sehen. Bleibt die Frage nach dem Wozu unbeantwortet, fühlen sich auch Millionäre und Medienstars unglücklich.

Frankl war Jude. Er wurde von den Nationalsozialisten ins Konzentrationslager deportiert. Sogar dort, in dieser Extremsituation, sah er seine Auffassung bestätigt: Nicht wer über die stärkste Konstitution verfügte, hatte eine Chance, die Hölle zu überleben. Sondern wer eine Vision von der Zukunft hatte, wer auch dem Leiden noch einen positiven Sinn abgewinnen konnte. Die Übrigen gaben irgendwann auf. Sie blieben in den Baracken liegen, lehnten jede Hilfe ab, und selbst Drohungen oder Schläge rissen sie nicht mehr aus ihrer Apathie.

Der Lebenssinn steckt im Konkreten

Frankl selbst fand seinen Lebenssinn in seinem Auftrag als Arzt und in seinem Vertrauen auf Gott. Er betonte jedoch, dass Gläubige nicht besser vor Sinnverlust geschützt seien als Atheisten. Auch Bildung, Wohlstand und Familie bewahren nicht vor der inneren Leere. Entscheidend sei vielmehr, ob es gelingt, anderen etwas Gutes zu tun.

Dabei gehe es gar nicht um abstrakte Werte wie Treue, Vaterlandsliebe oder das jenseitige Paradies, sondern stets um konkrete Umstände des Alltags:

- eine Person, die ich liebe,
- eine Erfindung oder Hilfe, die zumindest einigen Menschen das Leben erleichtert,
- Angehörige, die ich in einer Krise unterstütze,
- Freunde, denen ich mit meinem Rat weiterhelfen kann.

… zum Nachdenken

So, wie der Bumerang nur dann zum Jäger zurückkehrt, wenn er das Ziel – die Beute – verfehlt hat, so wendet sich der Mensch nur dann auf sich selbst zurück und ist erst dann um seine Selbstverwirklichung bemüht und bekümmert, wenn er frustriert wird in seinem ursprünglichen Anliegen, in seinem Leben einen Sinn zu finden und dann auch erfüllen zu können.

Viktor E. Frankl (Psychiater, 1905–1997)

Die gute Frage nach dem Wozu

▶ Fragen Sie sich nicht nur, *was* Sie erreichen wollen, sondern auch, *wozu*. Geld, Liebe und Erfolg – was bringen Ihnen diese Güter an Lebensqualität und Zufriedenheit? Was Sie tun – bringt das auch anderen Nutzen? Wenn Sie im Job unzufrieden sind: Vielleicht liegt es nicht am Betriebsklima oder am Gefühl, dass Ihre Karriere auf der Stelle tritt, sondern daran, dass Sie sich im Innersten überflüssig fühlen? Versuchen Sie einmal im Rahmen Ihrer Tätigkeit – außerhalb Ihrer üblichen Pflichten –, einem Kunden oder Kollegen mit einem überraschenden Gefallen das Dasein zu erleichtern, und prüfen Sie, wie Sie sich danach fühlen.

Selbstbeschränkung hingegen schneidet einen von den Glückschancen ab. Wer sich selbst verwirklichen will, ohne nach dem Wozu zu fragen, wird lebenslang an seiner Vervollkommnung herumbasteln, ohne jemals die ersehnte innere Ruhe zu erreichen.

Auf den Spuren des Sinns

Wie half nun Frankl seinen Klienten, ihren Lebenssinn zu finden? Er nutzte vor allem zwei Techniken:

■ **Dereflexion**. Wer am Sinn seines Tuns und Daseins zweifelt, neigt zu ununterbrochenem Grübeln: »Hätte ich damals nicht lieber …«, »Sollte ich in Zukunft …« Kennen Sie das? Das dauernde Reflektieren verstärkt die Unzufriedenheit.

Frankl lehrte seine Klienten, ihren Denkprozess ins Praktische umzukehren: Statt viel vom Leben zu erwarten, sich darauf zu konzentrieren, welchen Beitrag man zu dieser Welt leisten kann. Der Weg zum Sinn führt vom Grübeln weg zum aktiven Tun.

▶ Setzen Sie sich doch gleich mal hin, und machen Sie eine Liste. Was können Sie konkret beitragen, um Ihre Welt zu verbessern?

■ **Paradoxe Intention**. Wenn das bisherige Tun in die Sackgasse der inneren Leere führt, solle man einfach mal versuchen, das Gegenteil des bisher Gewohnten anzustreben. Unglückliche Menschen fühlen sich meist als Opfer der Umstände. Aus Angst vor unliebsamen Konsequenzen verzichten sie darauf, aus dem Käfig des gewohnten Missmuts auszubrechen. Sie leisten mit Widerstreben, was »man« von ihnen erwartet. Ihr Leben steht unter dem Diktat von Zwängen und Ängsten. Frankls Methode durchbricht das eingefahrene Verhalten.

Ein Beispiel. Wer Angst hat, öffentlich zu reden, weil er immer rot wird und sich verhaspelt, erhält die Anweisung: »Nehmen Sie sich vor, so rot wie möglich zu werden und sich absichtlich zu verhaspeln.« Wer dieser Anweisung folgt, lernt zwei Dinge. Erstens: Die ausgemalten Konsequenzen sind gar nicht so schlimm, wie erwartet – das Publikum lacht ihn nicht aus, sondern ermutigt ihn. Und zweitens: Er erfährt, dass er Herr seines Verhaltens ist. Er kann absichtlich der Anweisung folgen, aber auch etwas anderes tun. Das nimmt ihm das Gefühl, ausgeliefert zu sein. Übrigens: Schlafforscher empfehlen, die

Viertes Element: Lebenssinn

Vom Grübeln weg zum aktiven Tun – das ist der Weg zum Sinn.

Technik der Paradoxen Intention anzuwenden, wenn man nicht einschlafen kann. Sagen Sie sich: »Ich will jetzt nicht schlafen.« Das hilft oft.

Methode 2: Weg mit den irrationalen Überzeugungen

Sinnfragen in Gedanken hin und her zu wenden hilft nicht weiter. Glückliche Menschen beantworten sie durch ihr Handeln. Aktivität bringt Glück. Glück könnte so einfach sein – wenn wir uns nicht ständig durch unrealistische Ansprüche selbst ein Bein stellen würden. Wer von uns glaubt nicht insgeheim, die Welt sei verpflichtet, ihn froh und zufrieden zu machen? Was aber, wenn unsere Mitmenschen die gleiche Einstellung haben? Wenn sie sich nicht um mein Glück kümmern, sondern nur um ihr eigenes? Dann warte ich vergeblich auf ihre Unterstützung.

Der Amerikaner Albert Ellis begründete die **Rational-Emotive Therapie** (RET), eine der erfolgreichsten Therapieformen der Gegenwart. Sie hat es sich zum Ziel gesetzt, mit den unbewussten, irrationalen Überzeugungen aufzuräumen, die uns am Glücklichsein hindern. Lebenskunst ist Selbsterkenntnis.

Das ABC-Modell des Handelns

Dazu gehört als Erstes die Einsicht, dass äußere Ereignisse nicht unmittelbar unser Verhalten bestimmen – dazwischen steckt immer ein Glaubenssatz (noch mehr zum Thema Glaubenssätze ab Seite 139). Also ein in unserem Gehirn programmiertes Gesetz.

Ein Fremder tritt einer jungen Frau im Bus auf den Fuß. Wie wird sie reagieren? Beschimpft sie den Rüpel? Oder nimmt sie seine Entschuldigung und seine Einladung in ein Café an? Zwischen Ereignis und Reaktion steht die Bewertung im Kopf der jungen Frau: »Er wollte mir ja nichts Böses« über »Immer passiert mir so etwas« bis zu »Dieser Riesen-Armleuchter!«

Ellis analysiert Situationen nach dem ABC-Modell:

A   Auslösende Ereignisse
(activating events)

B   Bewertungen, Glaubenssätze
(belief systems)

C   Konsequenzen: Körper, Gefühle, Verhalten
(consequences)

Die Unglücksideen

Die programmierten Glaubenssätze zwischen Ereignis und Konsequenz können realistisch oder irrational sein. Also völlig an den Haaren herbeigezogen, einfach nicht wahr. In zahlreichen Studien belegten Psychologen, dass Menschen, die sich depressiv, ängstlich oder gestresst fühlen, solchen irrationalen Glaubenssätzen anhängen. Ellis entdeckte, dass sich die unrealistischen Überzeugungen dieser Unzufriedenen auf drei irrationale Glaubenssätze zurückführen ließen. In die Umgangssprache übersetzt, lauten sie:

- **Ich muss perfekt sein.** Nur wenn ich eine perfekte Leistung erbringe und Anerkennung bekomme, darf ich mit mir zufrieden sein.
- **Du musst lieb zu mir sein.** Wer mich nicht jederzeit fair und rücksichtsvoll behandelt, ist eine böse Person und muss bestraft werden.
- **Du musst mich glücklich machen.** Nur wenn mir die Welt meine Wünsche erfüllt und mich vor Unheil bewahrt, kann ich glücklich werden.

Diese Überzeugungen führen geradewegs ins Unglück. Die überzogenen Erwartungen müssen zwangsläufig enttäuscht werden. Da niemand ständig perfekt ist, fair behandelt und besonders begünstigt wird, öffnen diese drei Sätze Ärger und depressiven Stimmungen Tür und Tor. Glücklich kann nur werden, wer die Welt nicht schwarz und weiß sieht, sondern sich in der Grauzone einrichtet. Wer toleriert, dass seine Mitmenschen so unvollkommen sind wie er selbst.

Verwandeln Sie Un-Sinn in Sinn

Die Lebenskunst besteht darin, die irrationalen Glaubenssätze in rationale umzuformulieren. Ein Beispiel: Ein Student steht vor der Abschlussprüfung. Mit welchen Gedanken bereitet er sich vor? »Ich muss diese Prüfung unbedingt bestehen. Wenn ich durchrassle, bin ich ein Versager, und dann wird aus mir nie etwas.« Eine typische irrationale Überzeugung. Sie entspricht dem Muster von Satz 1: Ich muss perfekt sein. Aus ihr kann ein rationaler Satz geformt werden, wenn die »Muss«-

---

Wenn nicht jetzt, wann dann?

Spüren Sie Ihren inneren Un-Sinn auf

Albert Ellis' RET orientiert sich am antiken Stoizismus. »Nicht die Dinge selbst, sondern die Meinungen über die Dinge beunruhigen die Menschen«, schrieb der Stoiker Epiktet (50–138 n. Chr.) in seinem »Handbüchlein der Moral«.

▶ Welche Ihrer Alltagssituationen machen Sie unzufrieden? Wie verhalten Sie sich da? Aufgrund welcher Ansichten? Listen Sie mindestens zehn zentrale Überzeugungen auf, von denen Sie sich bei Grundsatzentscheidungen leiten lassen.
Finden sich darunter welche, die Ellis' drei irrationalen Glaubenssätzen ähneln?
▶ Formulieren Sie sie von »Muss«-Sätzen in »Ich möchte gern«-Sätze um.
Wenn Sie den Zwang von sich nehmen, um jeden Preis Erfolg haben zu müssen – was wären die Konsequenzen? Würde Ihnen Ihr Lebenssinn verloren gehen? Oder könnten Sie gar entspannen, weil Sie nicht mehr perfekt sein müssen?

Viertes Element: Lebenssinn

Formulierung durch ein »Ich möchte gern« ersetzt wird: »Ich möchte diese Prüfung gern bestehen! Schaffe ich es nicht, kann ich es später noch einmal versuchen. – Sollte ich sie nie bestehen, suche ich mir einen anderen Beruf, der meinen Fähigkeiten entspricht. Ich kann in einer anderen Tätigkeit Erfolg haben und glücklich werden.« Hier geht es nicht um eine »Alles egal«-Haltung, sondern um »Ich will und werde …« Das motiviert zu optimalem Einsatz und zu Höchstleistungen. Übergroßer Erfolgsdruck wirkt kontraproduktiv. (Zum Thema »Leistungsfähigkeit unter Stress« siehe Seite 155.)

Gegen Ängste hilft Reizkonfrontation

Irrationale Überzeugungen aufzudecken hilft, Un-Sinn in Sinn zu verwandeln. Manchmal genügt das, um ein Verhalten von Misserfolg auf Erfolg umzustellen.

Manchmal aber auch nicht – wenn Ängste und Hemmungen Menschen veranlassen, gegen ihre Überzeugung zu handeln. So mancher wäre zum Beispiel gern kontaktfreudiger, traut sich aber nicht, auf Fremde zuzugehen. Wie lernt man es, seinen Überzeugungen Taten folgen zu lassen?

Die Methode der Reizkonfrontation beruht auf einer Empfehlung von John B. Watson, einem der Väter der Verhaltenstherapie: Leugnen Sie Ihre Angst nicht, aber zwingen Sie sich, genau das zu tun, wovor Sie Angst haben. Sprechen Sie Unbekannte an. Immer wieder. Sie merken sehr schnell, dass nichts Schreckliches geschieht. Kein Beschimpfen, kein Davonlaufen, kein Herbeirufen der Polizei. Vielleicht ein verwunderter Blick oder ein ärgerliches Kopfschütteln, viel öfter aber ein interessantes Gespräch. Mit wenigen positiven Erfahrungen schwindet die Angst.

Wer »Ich muss« in »Ich will und werde« verwandelt, setzt ungeahnte Energien frei.

Methode 3: Programmieren Sie sich auf Glück und Erfolg

Die Amerikaner Richard Bandler und John Grinder entwickelten in den 70er Jahren die erfolgreichste Neuerung der letzten Zeit auf dem Gebiet der Psychotherapie. Der ebenfalls stoische Grundgedanke: Unsere Wahrnehmung liefert nur eine Landkarte der äußeren Welt, aber nicht diese Welt selbst. Möchte man sein Verhalten erfolgreicher gestalten, beispielsweise in Diskussionen brillieren, andere Menschen mit der eigenen Lebensfreude aufheitern oder sich allein in die Hängematte legen – ohne schlechtes Gewissen –, dann muss man nur sein automatisiertes inneres Programm verändern. Also letztlich seine neuronalen Strukturen im Gehirn umprogrammieren, und zwar mit Hilfe der Sprache. Daher der Name ihres Verfahrens: **Neuro-Linguistisches Programmieren (NLP)**.

Alles, was wir mit unseren Sinnen aufgenommen haben, ist in unserem Gehirn irgendwo abgelegt. Manches als Antrieb, als Lust, anderes als Blockade, die Unlust, Frust, Stress auslöst. Beispiel: Findet man den Duft der ersten großen Liebe bei einem anderen, löst das ein wohliges Lustgefühl aus. Wurde man als Kind in den Schrank gesperrt, hat man unter Umständen als Erwachsener noch Angst vor dem Dunkeln. Und auch unser persönlicher Sinn, den wir dem Leben abringen wollen, ist in Programmen im Gehirn codiert. Nur hat ihn ein Computervirus namens »negative Erlebnisse« für uns unzugänglich gemacht, Blockaden gesetzt. NLP geht davon aus, dass jeder von uns alle nötigen inneren Ressourcen besitzt, um seinen Lebenssinn zu entdecken und zu verwirklichen. Und NLP hilft dabei, die Blockaden zu beseitigen.

Das Meta-Programm: Sinn

Der Sinn, den wir unserem Tun verleihen, ist in den so genannten Meta-Programmen des Gehirns verschlüsselt. Das sind die inneren, übergeordneten Richtlinien, die den Rahmen für jede einzelne Entscheidung im Hier und Jetzt vorgeben. Sie bestimmen, welche Ziele man sich setzt, welche Entschlüsse man fasst, wie man handelt. Solch ein Meta-Programm kann heißen: Ich möchte anderen helfen. Und es führt dazu, dass man den Beruf des

Endlich umprogrammieren: von Zweifeln, Sorgen, Ängsten auf Aktion, Selbstbewusstsein, Erfolg.

Arztes ergreift. Es kann lauten: Ich will eine Fußballmannschaft Kinder auf die Welt bringen. Nun kann eine Blockade auf dem Weg zum Ziel »Sinn« im Gehirn programmiert sein. Die heißt: »Ich muss perfekt sein.« Der Medizinstudent setzt bei der ersten Obduktion einen verkehrten Schnitt. Denkt sich: Himmel, wenn der gelebt hätte! – und hängt sein Ziel an den Nagel. Die Mutter gibt nach dem ersten Kind auf, weil der Alltag alles andere als perfekt läuft, wenn ein kleines Lebewesen Wirbel hineinbringt.

Diese Blockaden »Ich muss perfekt sein«, »Ich kann das nicht« können in der Kindheit programmiert worden sein. Man kann sich aber auch im Laufe des Lebens immer wieder einen Virus holen. Hat etwa ein Angestellter in einer harten Auseinandersetzung mit dem Chef den Kürzeren gezogen und ist für seine Aufsässigkeit bestraft worden, indem der Chef ihn bei der nächsten Beförderungsrunde überging, entwickelt er unter Umständen das Meta-Programm: »Nie mehr widersprechen.« Damit verliert er alle Chancen, jemals seine Interessen durchzusetzen.

Entscheidend sind wie bei Ellis die *Glaubenssätze* (siehe auch Seite 139). Sie sagen, was ein Mensch für wahr hält. Der Angestellte wird sich nur dann auf Erfolg umpolen, wenn er die Überzeugung gewinnt, dass Kooperation besser ist als Konfrontation. Mit der Methode des NLP fragt sich der Angestellte, was er erreichen möchte, und leitet passende Verhaltensstrategien ab, um auf anderem Wege als durch einen aussichtslosen Kampf mit seinem Chef seine Ziele zu erreichen. Zum Beispiel: Den Chef bei seinen Interessen packen und ihn zum Verbündeten der eigenen Ziele machen. So wird aus dem »Er-oder-ich-Programm« ein konstruktives »Wir-gemeinsam-Programm«. Der Medizinstudent könnte sich denken: Ich muss ja nicht Chirurg werden. Die Mutter mit zwei Kindern glücklich werden.

Überzeugungen lassen sich verändern

Das NLP bedient sich einer Vielzahl von Methoden, die sich bereits in anderen Therapieformen bewährt hatten, um unsinnige Glaubenssätze in sinnvolle zu verwandeln und so das Verhalten zu optimieren.

■ **Re-Imprinting** (Neu einprägen): Ein negatives Ereignis von früher wird gelöscht und durch neue, bessere Erfahrungen ersetzt. Erst einmal aufspüren: Welches böse Erlebnis der Vergangenheit löst heute Hemmungen und Ängste aus? Beispiel: Redeangst. War es das verpatzte Gedichtvorsagen beim übermächtigen Vater, der sagte: »Ich wusste schon, dass du das nicht kannst«? Die damalige Situation wird in ihren besonderen Umständen analysiert. Was hat den ungünstigen Ausgang ausgelöst? (Stirnrunzeln des Vaters.) Was ist heute anders? (Der Vater ist nicht da.) Was könnte das verschreckte Opfer anders machen als damals, um sich ein Erfolgserlebnis zu sichern? (Sich klar machen: Ich rede nicht vor meinem Vater; ich kann das, denn ich muss nicht perfekt sein. Sich gut vorbereiten.) Nach diesen Vorüberlegungen und eventuell einem Verhaltenstraining begibt man sich gut

Entscheidungshilfe

Sie kennen Ihre Prioritäten nicht? Sie können sich zwischen zwei Alternativen nicht entscheiden? Sie verdienen zum Beispiel Ihr Geld als Bankkaufmann, das Leben ist recht bequem – und nun bietet Ihnen ein Freund an, als Tauchlehrer in seine Schule in der Dominikanischen Republik einzusteigen. Ein Traum? Tauchen ist Ihr Hobby. Warum tun Sie das dann nicht?

➤ Sie suchen nach dem, was Ihnen wirklich wichtig ist im Leben? Dann hilft es, erst mal schriftlich alle Fürs und Widers abzuwägen. Wenn zwei Alternativen gleich verlockend (oder gleich unangenehm) erscheinen, stellt man sich im zweiten Schritt wie in einem Film die erfolgte Verwirklichung vor. Sehen Sie sich braun gebrannt in der Karibik. Oder den Porsche vor der Tür als Abteilungsleiter in Ihrem Geschäft. Und spüren Sie in sich hinein, wie Sie sich fühlen. Entscheiden Sie sich für die emotional angenehmere Variante.

Die Bumerang-STRATEGIE

Spüren Sie Ihre Festplatten-Viren auf

Was hindert Sie daran, der Mensch zu sein, der Sie gern sein wollen? Falsche Glaubenssätze im Gehirn. Deshalb: aufspüren, löschen und ein neuer Mensch werden!

Hemmende »Sein«-Aussagen. Schreiben Sie auf ein großes Blatt Papier, was Sie meinen zu sein, die Charaktereigenschaften, die Ihnen nicht gefallen: zu sparsam, zu sensibel, zu ängstlich …
Und nun gehen Sie in Ihrem Leben zurück, Jahr für Jahr. Suchen Sie nach den Erlebnissen, die Sie ängstlich machten.
Dann suchen Sie sich in Ihrem Erlebniskino im Kopf Situationen, in denen Sie sich abweichend verhielten, besonders mutig waren, erfolgreich, amüsant. Baden Sie sich in diesem Film, und holen Sie ihn immer hoch, wenn eine Situation kommt, in der Sie fürchten, mit Ihren Charaktereigenschaften zu versagen.

Fehlende Bezugsgröße. Wenn Sie sagen »Ich bin nicht talentiert genug«, dann stellen Sie sich sofort die Frage: Nicht talentiert genug für was? In welchem Maße? Das Gleiche gilt für allgemeine Regeln, die Sie sich irgendwann zu eigen gemacht haben. Etwa: »Für alles muss man irgendwann bezahlen.« Welche Ihrer Erfahrungen bestätigt das tatsächlich? Welche Erlebnisse widersprechen dem?

Falsche Gefühlsauslöser. »Ich geniere mich vor Fremden.« Fragen Sie sich sofort: In welchen Situationen ist das so? Aufgrund welcher Erfahrungen? Vor welcher Art von Fremden? Und künftig wird nicht mehr jeder Fremde dieses Gefühl automatisch in Ihnen auslösen.

Unklare Zielvisionen. »Ich möchte bekannt werden.« Das sollten Sie konkretisieren. Sonst entwickelt sich dieses Motiv zum Hemmschuh im Leben. Stellen Sie genau fest: Mit welchen Tätigkeiten? Bei welchen Menschen?

Vorgeschobene Hindernisse. »Ich kann nicht von zu Hause wegziehen, denn meine Mutter ist krank.« Formulieren Sie diesen und alle andere Ich-kann-nicht-Sätze in ein »Wenn-dann« um: »Wenn ich von zu Hause wegziehen würde, dann …« Ja, was geschähe dann? Warum hindern die Leiden Ihrer Mutter Sie, einen eigenen Haushalt zu gründen? Scheinbar unüberwindliche Hindernisse werden klein im Vergleich zu dem, was Sie gewinnen, wenn Sie die Situation tatsächlich ändern.

Viertes Element: Lebenssinn

vorbereitet in eine vergleichbare Situation. Zwei, drei positive Erfahrungen genügen in aller Regel, um das bisherige Vermeidungsverhalten zu »löschen«.

■ **Chunking** (Teilstücke bilden). Sie fragen sich: »Warum mach ich das überhaupt? Warum bin ich in meiner Familie Mädchen für alles?« Dann sollten Sie Teilziele bilden. Und diese einzeln angehen. Beispiel: »Ich möchte es einfach sauber haben, deswegen putze ich für alle. Ich will, dass mein Mann abends gute Laune hat, deswegen koche ich. Ich will, dass mein Sohn Flöte lernt, deswegen fahre ich ihn zum Unterricht.« Für jedes dieser Teilziele überlegen Sie sich, ob nicht ein anderer die Aufgabe übernehmen könnte. Oder ob das Ziel Ihnen wirklich wichtig ist (»Soll er doch schlechte Laune haben, ich gehe mit einer Freundin ins Kino …«).

■ **Modelling:** Gibt es Vorbilder, die ähnliche Probleme schon einmal erfolgreich gelöst haben? Das NLP empfiehlt nicht die Imitation eines Lehrmeisters, sondern vielmehr, seine Strategien zu entdecken und sie auf die eigene Situation anzuwenden.

■ **Sorting:** Die meisten Menschen verfolgen widersprüchliche Sinnvorgaben zur gleichen Zeit. Ihre Ziele stehen einander im Wege. Um das Gemisch aus Glaubenssätzen aufzudröseln, formuliert man jede einzelne Überzeugung getrennt und nacheinander. Wer gern großzügig und sparsam zugleich sein möchte, lässt diese beiden Teilcharaktere einen fiktiven Dialog führen. Einmal spricht er als Geizhals, der jeden Cent dreimal umdreht, ein andermal als generöser Gönner, der 100-Euro-Scheine verteilt. Er lässt jeden Teilcharakter über seine Wünsche und seine Befürchtungen sprechen und gewinnt so Klarheit über ihre verschiedenen Motive.

Methode 4: Nicht die Lebensumstände – Sie selbst bestimmen Ihr Schicksal

Glücklich und erfolgreich wird, wer Entscheidungen trifft – je öfter, desto besser. So wie ein Gewichtheber täglich seine Bizepse trainiert, um seine Wettkämpfe zu gewinnen, halten sich Topkräfte der Wirtschaft nur so lange an der Spitze, wie sie täglich ihre »Entscheidungsmuskeln« in Bewegung halten. Die besseren Entscheidungen trifft, wer sich häufiger im Entscheiden übt als andere.

Das ist der zentrale Kern des »Power Prinzips« von Anthony Robbins, Amerikas jüngstem und erfolgreichstem Motivationstrainer, dessen Publikum Football-Stadien füllt. Er schuf eine besondere Variante des NLP: das **Neuro-Assoziative Konditionieren (NAC)**. Es besteht aus zwei Stufen:

■ 1. Stufe: Der Entschluss, sich nicht mehr den Umständen zu unterwerfen, sondern das Risiko eigener Entscheidungen und Verantwortung auf sich zu nehmen.

Entschieden auf ein Ziel zugehen, selbst die Richtung bestimmen – das macht erfolgreich und glücklich.

Was ist Ihnen wichtig? Wägen Sie genau ab. Sich widersprechende Werte lähmen die Entschlusskraft, es bleibt beim Träumen.

■ 2. Stufe: Seine Gewohnheiten und Vorlieben neu konditionieren, alte Verhaltensstrategien durch neue ersetzen.

Robbins' Erfolgsformel orientiert sich an der epikureischen Philosophie: »Lebe dein Leben auf eine Weise, die viel Freude und sehr wenig Schmerz verursacht.« Um diese Lebenskunst zu verwirklichen, genügt es laut Robbins nicht, klare Ziele zu haben: »Viele der berühmtesten Persönlichkeiten in unserer Gesellschaft haben zwar ihre Träume erfüllt, aber keinen Weg gefunden, sie zu genießen. (…) Sie haben den Unterschied nicht erkannt, der zwischen dem Erreichen eines Ziels und einem Leben gemäß den eigenen Wertvorstellungen besteht.«

Was sind Ihre Werte?

Es ist erstaunlich, wie schwer es den meisten Menschen fällt, ihre Werte zu definieren.

▶ Welches sind Ihre Werte? Falls Sie spontan eine Reihe von Schlüsselbegriffen nennen wie Gesundheit, Liebe, Freiheit, Sicherheit, Wohlstand – sehr gut! Wissen Sie auch, welche davon für Sie höchste Priorität haben? Und welche nur Mittel sind, um Ihre höheren Werte zu erfüllen?

Stellen Sie die Wertefrage in Frage

Falls Sie zum Beispiel sagen, Wohlstand und Geld seien für Sie nur eine Zwischenstation, um Gesundheit, Abenteuerlust und Gelegenheiten für Ihre Hobbys zu sichern – machen Sie in Gedanken die Gegenprobe. Wenn Sie ohne einen Cent in der Tasche voll strotzender Gesundheit um die Welt trampen und dabei Ihren Lieblingsbeschäftigungen nachgehen könnten: Würden Sie dann leichten Herzens auf Ihr Eigenheim, Ihr Auto und all die Dinge verzichten, die Sie im Laufe der Jahre angesammelt haben? Wenn nicht, rangiert Geld auf Ihrer Werteskala weiter oben, als Sie im ersten Moment glaubten.

Die Verführung ist groß, die Werte nach anerkannten Normen zu ordnen, also Liebe ganz oben, Gesundheit etwas tiefer und Geld eher unten. Haben wir nicht seit unserer Kindheit den Satz »Geld allein macht nicht glücklich« im Ohr? Wenn Sie insgeheim stolz auf Ihr Einkommen sind – stehen Sie dazu!

Die Kraft des eigenen Wertekodex

Entscheiden Sie sich, in erster Linie Ihrem eigenen Wertekodex zu folgen. Sonst entwickeln sich lähmende Widersprüche zwischen Ihren Werten. Wer etwa das Risiko liebt, aber zugleich Sicherheiten nicht aufgeben will, sieht sich bald vor einander ausschließende Alternativen gestellt: Sprung in die Selbstständigkeit wagen – oder doch lieber beim sicheren Monatseinkommen eines Angestellten bleiben? Aus der Routinebeziehung ausbrechen oder doch im sicheren Hafen der

Viertes Element: Lebenssinn

Ehe verharren? Exotische Gegenden abseits der Touristenpfade erkunden oder doch lieber Pauschalurlaub mit allem Komfort?
Gleich gewichtete Gegensätze lähmen die Entschlusskraft und sind letztlich schuld, dass wir es nur bei vagen Träumen belassen.
► Wertekonflikte sind laut Robbins Ursache jeder Selbstsabotage. Fragen Sie sich: »Worum geht es mir wirklich im Leben?« Dann: »Welche unangenehmen Emotionen möchte ich um jeden Preis vermeiden?« Erfolgspersönlichkeiten kennen ihre Werte und Abneigungen genau und handeln danach. Deshalb wirken sie so zielstrebig, selbstbewusst und charakterlich wie aus einem Guss.

Die treibende Kraft des Konditionierens

Robbins verwendet das gesamte Methodenarsenal des NLP. Seine wichtigste praktische Methode ist jedoch das **Konditionieren:**
► Verknüpfen Sie Ihre Ziele mit positiven Erfahrungen und Gefühlen – und was Sie meiden wollen mit negativen. Wenn Sie zum Beispiel abnehmen möchten, stellen Sie in Gedanken neben das Bild Ihrer Lieblingsspeisen ein Phantasiebild von sich selbst: kurzatmig, mit Fettwülsten, Speckringen um den Bauch und wabbeligen Oberschenkeln. Dann sehen Sie sich beim Joggen: schlank, leichtfüßig, lächelnd. Jedes Mal, wenn der Heißhunger Sie überkommt, erinnern Sie sich an das erste Bild, und wenn Sie träge in den Fernsehsessel sinken wollen, an das zweite. Wer mit seinen Pfunden zu kämpfen hat, leidet in der Regel an der gegenteiligen Konditionierung: Beim Gedanken an Sport sieht er sich japsend und schweißüberströmt, der Gedanke an Essen verbindet sich hingegen mit Genuss und sinnlichen Düften. Ist es da ein Wunder, dass er keine Diät durchhält?

Wenn nicht jetzt, wann dann?

Werte-Ranking

Robbins' Kursteilnehmer bekannten sich am häufigsten zu folgenden zehn **Werten:**

☐ Abenteuerlust   ☐ Behaglichkeit
☐ Erfolg   ☐ Freiheit
☐ Gesundheit   ☐ Leidenschaft
☐ Liebe   ☐ Macht
☐ Nähe   ☐ Sicherheit

► Bringen Sie diese Werte in die für Sie zutreffende Reihenfolge. Wenn Sie sich bei zwei Werten über die Rangfolge nicht sicher sind: Denken Sie sich eine Situation Ihres Alltags aus, in der beide Werte miteinander kollidieren könnten. Für welchen würden Sie sich dann entscheiden?

Außerdem wollten die Teilnehmer folgende acht **Emotionen** gern vermeiden:

☐ Einsamkeit   ☐ Erniedrigung
☐ Frustration   ☐ Niedergeschlagenheit
☐ Schuldgefühle ☐ Versagen
☐ Wut   ☐ Zurückweisung

► Welche wäre für Sie die schmerzlichste? Welche könnten Sie noch am ehesten aushalten? Ermitteln Sie Ihre Rangfolge.
Vergleichen Sie jetzt beide Listen. Entdecken Sie Zusammenhänge zwischen Ihren Werten und Ihren Aversionen? Gibt es andere Werte und Emotionen, die Sie gern in Ihre Listen einfügen möchten?
Was haben Sie über sich erfahren? Ziehen Sie beide Listen zu Rate, wenn Sie Ihre Lebensziele formulieren (ab Seite 116).

So werden Sie in 7 Schritten zum Herrn Ihrer Zeit

Nun treten Sie noch einmal so richtig aufs Gas. In sieben Schritten treiben Sie der Zeit aus, Sie zu beherrschen. Sie gehen souverän mit Ihrer Lebenszeit um – und managen Ihr Leben ohne Stress.

Haben Sie eine Vision, einen Lebenstraum, für den es sich lohnt, Gas zu geben? Welche Rollen spielen Sie in Ihrem Leben? Können Sie auf die Bremse treten, mal loslassen? Fördern Sie Ihre Stärken, und akzeptieren Sie Ihre Schwächen? Formulieren Sie Ihre Ziele konkret? Je konkreter Sie Ihr Ziel vor Augen haben, desto mehr Tatkraft können Sie mobilisieren. Und – ganz wichtig – lassen Sie sich von Dringlichkeiten hetzen, oder haben Sie einen Blick für das Wesentliche? Kennen Sie Ihre Zeit-Sünden? Und wissen Sie, wie man einen Tag effizient plant? Die folgenden Schritte führen Sie aus der Diktatur der Zeit.

- 1. Schritt: Ein Lebensziel entwickeln
- 2. Schritt: Lebensrollen festlegen
- 3. Schritt: Schlüsselaufgaben definieren
- 4. Schritt: Jahresziele formulieren
- 5. Schritt: Wöchentlich Prioritäten planen
- 6. Schritt: Tagesarbeit effizient erledigen
- 7. Schritt: Unlust in Lust verwandeln

Der »Zeit-Guide« macht es Ihnen leicht, die sieben Schritte einen nach dem anderen einfach zu tun. Wenn nicht jetzt, wann dann?

In 7 Schritten zum Herrn Ihrer Zeit

Träume dein Leben – lebe deinen Traum

Die Harvard-Universität in Cambridge ist eine alte Universität. Seit 1636 spuckt sie Jahr für Jahr die Elite der USA aus. Und da die amerikanischen Universitäten sehr leistungsorientiert sind, interessieren sie sich für den Erfolg ihrer Abgänger und erforschen, was dazu geführt hat. Eine zehnjährige Untersuchung brachte ein verblüffendes Resultat zutage: Es gab eine eindeutige Korrelation zwischen der Zielgewissheit der Absolventen und ihrem späteren Verdienst:
83 Prozent hatten keine erklärte Zielsetzung für ihren Beruf.
14 Prozent hatten einen klaren Plan für ihre Karriere – sie verdienten das Dreifache.
Jene 3 Prozent, die ihre Ziele schriftlich formuliert hatten, verdienten das 10fache!
Nun ist das Einkommen nicht der alleinige Faktor für Lebensqualität, aber es gibt einen guten Maßstab ab. Immerhin zeigt das Beispiel, welche Kraft sich automatisch entfaltet, wenn wir uns sicher sind, was wir wollen:

■ Wer eine Vision hat, ist auch durch Schwierigkeiten nicht aufzuhalten.

■ Wenn mehrere Menschen eine Vision teilen, entsteht der Synergie-Turbo Teamarbeit wie von selbst.

■ Und wenn viele Menschen das gleiche Ziel verfolgen, entwickelt sich eine kollektive Kultur, die ihre eigene Kraft entfaltet.

»Eine Vision ohne Tat ist nur ein Traum, eine Tat ohne Vision schlägt Zeit tot, Vision und Tat können die Welt verändern.«

Ziele, Visionen, Leitbilder können mitreißen, motivieren, inspirieren. Also los:

... zum Nachdenken

Seesterne

Es war einmal ein alter Mann, der jeden Morgen einen Spaziergang am Meeresstrand machte. Eines Tages sah er einen Jungen, der vorsichtig etwas aufhob und ins Meer warf. Er rief: »Guten Morgen, was machst du da?« Der Junge richtete sich auf und antwortete: »Ich werfe Seesterne ins Meer zurück. Es ist Ebbe, und die Sonne brennt herunter. Wenn ich das nicht tue, sterben sie.« »Aber, junger Mann, ist dir eigentlich klar, dass hier Kilometer um Kilometer Strand ist. Und überall liegen Seesterne. Die kannst du unmöglich alle retten, das macht doch keinen Sinn.« Der Junge hört höflich zu, bückt sich, nimmt einen anderen Seestern auf und wirft ihn ins Meer, lächelt: »Aber für diesen macht es Sinn.«

Nach: »The Star Thrower« von Loren Eiseley

1. Schritt:
Ein Lebensziel entwickeln

Haben Sie schon einmal versucht, mit geschlossenen Augen einen Spaziergang zu machen? Ich behaupte: Sie können das, mit etwas Vorsicht. Strecken Sie die Arme aus, und gehen Sie langsam los. Wie weit kommen Sie? Ich kann es Ihnen sagen: genau so weit, wie Sie ein Bild des Weges vor sich hatten.
Genauso ist es mit der Zukunft: Wir kennen sie nicht, aber wir gehen in sie hinein, jede Sekunde unseres Lebens. Es steht uns frei, hineinzutapsen und zu akzeptieren, was

kommt. Ebenso aber können wir mit der Kraft unseres Geistes einen Leitstern in der Zukunft ansteuern – der Philosoph Ernst Bloch sprach davon, dass in der Utopie die Zukunft zum »Vor-Schein« kommt.

Jeder Architekt, jeder Regisseur entwirft sich einen Plan und ein Bild, dem er folgt. Ohne ein solches »Leitbild« entstünde kein Gebäude, kein Film, keine Skulptur.

So finden Sie Ihr Leitbild

Sie schrecken davor zurück? Das kann ich verstehen. Denn Sie ahnen, dass es nun ans Eingemachte geht. Sie müssen jenen einen Weg in die Zukunft wählen, der alle anderen Wege ausschließt. Ihren Weg. Im Vertrauen gesagt: Auch ohne Wahl gehen Sie nur einen Weg. Aber keinen, den Sie sich ausgesucht haben. Wollen Sie es nicht einfach probieren? Sie brauchen dazu nur drei Dinge: einen Stift (gönnen Sie sich Ihren Traum-Füllfederhalter), ein Blanko-Buch zum Hineinschreiben und einen freien Tag – Ihren Visionstag. Oder Sie nehmen sich eine Woche lang jeden Abend eine Stunde.

Zum Einstieg: Ihre persönliche Grabrede

➤ Stellen Sie sich vor, Sie nehmen an Ihrem eigenen Begräbnis teil. Der Pfarrer hält eine beeindruckende Rede auf den Verstorbenen.
• Er lobt seine Verdienste und seine Erfolge, würdigt seine Lebensstationen, übergeht höflich das Unangenehme – und all sein Wissen hat er aus Ihrer Feder. Denn die Grabrede haben Sie ihm geschrieben. Sie dürfen formulieren, auf was Ihre Hinterbliebenen dereinst stolz sein sollen. Legen Sie los! Und wenn Ihnen das zu makaber ist, dann formulieren Sie einen Lobgesang zu Ihrem 80. Geburtstag. Aber schreiben Sie, schreiben Sie! Und staunen Sie, was Ihnen alles aus der Feder fließt … Jetzt haben Sie Lust bekommen, stimmt's? Nur zu: Machen Sie eine …

Bestandsaufnahme Ihres Lebens

➤ Was hat Sie im Leben geprägt? Gehen Sie in Gedanken weit zurück:
• Was war Ihr erstes Erfolgserlebnis in der Kindheit?
• Wie sehen Sie Ihr Elternhaus und Ihre Erziehung? Wie stehen Sie zum Vater, zur Mutter, zu den Geschwistern? Was bewundern, was hassen Sie an ihnen? Wo durften Sie Harmonie erleben, wo knirschte es?
• Beschreiben Sie Ihren Heimatort – was lieben Sie, was trieb Sie möglicherweise weg? Welchen Einfluss hatten auf Sie Religion, Kulturelles, Schule?
• Welche Vorbilder hatten Sie im Lauf der Jahre? Mit welchen Menschen fühlten Sie sich wohl, mit wem unwohl?
• Welche Herausforderungen haben Sie stark gemacht? Welche Kenntnisse, Erfahrungen und Fähigkeiten haben Sie erworben?
• Was sind Ihre größten Erfolge und Misserfolge? Wo sehen Sie im Beruf Probleme, was können Sie dagegen tun? Im Privatleben, in Familie und Partnerschaft?
• Was sind Ihre drei größten Wünsche?

Zugegeben, ein hartes Programm. Das sich nicht in zehn Minuten schreibt – es wühlt ganz schön auf. Zur Entspannung dürfen Sie ein Bild malen: Ihren …

Wunschtraum Zukunft

➤ Legen Sie vor sich ein großes Blatt Papier und Farbstifte, teilen Sie das Blatt einmal längs und einmal quer. Hören Sie dazu eine schöne Entspannungsmusik. Schließen Sie

In 7 Schritten zum Herrn Ihrer Zeit

Einen Stift, ein Blanko-Buch, ein paar Stunden Muße und etwas Mut – das brauchen Sie, um »Inventur« zu machen und um Ihr Leitbild zu entwerfen, Ihren Lebensplan für die nächsten Jahre.

die Augen, und beamen Sie sich genau fünf Jahre weiter. Was sehen Sie? Malen Sie nun in die vier Bereiche, was sich alles verändert hat:
- in das eine Viertel alles Berufliche,
- in das nächste alles Private und Familiäre,
- in das dritte Karree alles, was Sie an Erfahrungen, Wissen, Fähigkeiten und Interessen neu hinzugewonnen haben,
- in den vierten Quadranten, wie sich Ihre Lebensprioritäten verschoben haben.

Das Bild muss nicht schön werden. Wichtig ist, dass Sie Zugang zu Ihren Wünschen, Bedürfnissen und Zielen bekommen, denn unser Unterbewusstsein denkt in Bildern.
Geschafft? Bravo! Nicht alle halten bis hier durch. Zur Belohnung dürfen Sie einen …

Wunschzettel schreiben

➤ Stellen Sie die Eieruhr – Sie haben fünf Minuten Zeit: Notieren Sie alles, …
- was Sie gerne besitzen möchten (materielle Dinge) und
- was Ihnen wichtig ist (zum Beispiel eine harmonische Ehe). Los!

Schon fertig? Eine ganz schön lange Liste haben Sie da!
- Und jetzt markieren Sie Ihre fünf wichtigsten Wünsche.

Spannend! Auf vielen Wunschzetteln fällt spätestens hier der Ferrari durch das Sieb. Sie müssen vor sich selbst nicht den Gutmenschen spielen; ich habe nichts dagegen, wenn

Sie Ihre »Will ich!«-Liste ein bisschen egoistisch korrigieren. Denn jetzt wird es von allein etwas erhabener: Sie dürfen nun für Ihr Leben die ...

Leitplanken montieren

➤ Jetzt stellen Sie sich ernstere, tiefer schürfende Fragen:
- Wozu bin ich hier?
- Wenn Zeit, Erfolg und Geld keine Rolle spielten, was würde ich am liebsten tun?
- Welche Tätigkeiten in Beruf und Privatleben hätten für andere den größten Nutzen?
- Welche Eigenschaften, Begabungen, Fähigkeiten bewundere ich bei anderen Menschen am meisten?
- Warum sind andere Leute glücklich?
- Was sind meine größten Momente von Glück, Erfolg und Erfüllung?
- Was möchte ich in meinem Leben unbedingt Großes vollbringen?

➤ Jetzt machen Sie in jedem Fall eine Pause. Gehen Sie eine Stunde spazieren, oder tun Sie etwas anderes Entspannendes, damit Ihr Kopf frei wird für die nächste Runde.

Wenn Sie wieder an Ihren Schreibtisch zurückkehren, schenken Sie sich ruhig ein Glas Wein ein. Sie haben genug geübt. Jetzt verfassen Sie einen ...

Leitbild-Entwurf

➤ Beschreiben Sie Ihre Lebensvision, Ihr Lebensdrehbuch.
- Erste Regel: Gegenwart. Schreiben Sie nicht in der Zukunftsform und nicht in der Möglichkeitsform. Auch wenn Ihr Ziel in zwölf Jahren liegt – notieren Sie es so, als hätten Sie es bereits erreicht. »Ich bin, ich habe, ich kann, ich helfe ...«
- Zweite Regel: Zack, zack! Schreiben Sie fünf Minuten, ohne den Stift abzusetzen. Denken Sie nicht nach, vertrauen Sie auf die Weisheit Ihrer Schreibhand – Ihr Unterbewusstsein führt sie. Nach fünf Minuten: Stopp!

Jetzt dürfen Sie sich erst mal wundern. Was da steht. Wie selbstbewusst es da steht. Und wie sehr es stimmt. Nutzen Sie jetzt gleich diesen Schwung, es ist die Stunde der Wahrheit! Denn nun formulieren Sie Ihren ...

Lebensplan für die nächsten 15 Jahre

➤ Beantworten Sie nur diese fünf Fragen:
- Was will ich im Jahr .... erreicht haben, welche Wünsche sollen bis dahin erfüllt sein?
- Wie sollen andere mich sehen?
- Welche Leistungen muss ich dafür voraussichtlich erbringen, welchen Nutzen muss ich anderen dafür bieten?
- Welche Bedeutung erreiche ich dadurch für mich? Für meine Familie und Freunde? Für das Unternehmen, die Mitarbeiter, die Kollegen, die Kunden?
- Welche Wirkungen hat all das auf mein Leben in sieben Jahren? In zwanzig? An meinem Lebensende?

Das war's. Gratulation – Sie haben etwas Großes für sich getan. War's schlimm? Ich wette, Sie sind jetzt beides: geschlaucht und vibrierend vor Glück. Sie haben Ihr Leitgestirn. Sie können es so lassen. Sie können es irgendwann fortschreiben. Sie können es verändern und verfeinern. Aber niemand kann es Ihnen jemals nehmen. Und wenn Sie wollen, schreiben Sie morgen die Königsform davon: Ihr »Mission Statement«. Also Ihr Glaubensbekenntnis, Ihre Lebensphilosophie, jene Aussage, mit der Sie Ihren Platz und Ihre Aufgabe in dieser Welt umreißen.

Was zu viel ist, ist zu viel: Loslassen lernen

Was macht Ihr Leben aus? Arbeit, Freizeit, Familie, Erledigungen, soziale Pflichten ... Zwischen diesen Aufgaben reiben wir uns auf. Und fragen uns: Wie soll ich das alles unter einen Hut kriegen? Meine Antwort: Gar nicht! Dafür ist kein Hut groß genug. Deshalb auf zum ...

2. Schritt:
Die Lebensrollen festlegen

Das Schauspiel Ihres Lebens

Stellen Sie sich Ihr Leben als ein großes Schauspielhaus vor. Darin gibt es viele Theater mit eigener Bühne. Auf jeder Bühne wird ein Stück aufgeführt. Und in jedem Stück spielen Sie eine Rolle: im einen die Rolle des ungemütlichen Antreibers im Job, im anderen die Rolle des Hilfsbereiten in der Gemeinde, im dritten den wortkargen Ehemann, der ewig an seinen Kindern herumnörgelt, im vierten den Witzbold im Kegel- oder Segelclub ...

Dutzende von Theaterräumen, Dutzende von Rollen, Dutzende von Regisseuren, die jeweils das Beste von Ihnen verlangen; alle Stücke laufen gleichzeitig, Sie springen von einer Bühne auf die nächste, hecheln schnell Ihren Part durch und verschwinden wieder. Und in manches Stück kommen Sie gerade noch rechtzeitig, um festzustellen, dass Ihre Rolle gestrichen wurde oder ein anderer sie übernommen hat – eines heißt »Freundschaft«, ein anderes »Gesundheit«, ein drittes »Hobby«, manchmal sogar »Ehe«. Sie dürfen nur noch zuschauen.

Kommt Ihnen das bekannt vor? Nie das Gefühl, Herr des Geschehens zu sein; nie die Befriedigung, wirklich das Beste geleistet zu haben; immer die Enttäuschung, Ihre Rolle schlecht zu spielen? Unsere Zeitprobleme im Leben entstehen nie aus der Sache. Sondern weil wir immer wieder zu viele Rollen gleichzeitig spielen wollen.

Und warum funktioniert das so unerbittlich? Weil jede unserer Aufgaben mit anderen Menschen zu tun hat – und weil unser Unterbewusstsein nach Anerkennung und Liebe hungert. Das ist unser Steinzeit-Programm: Ohne gesicherte Stellung im Rudel fielen wir der feindlichen Umwelt zum Opfer; drei, fünf, sieben Bezugspunkte im Sozialgefüge, und das Überleben war gesichert.

Mehr als sieben »Lebensrollen« kriegt auf Dauer keiner unter einen Hut.

SO BRINGEN SIE IHR LEBEN IN BALANCE

Welche Rollen spielen Sie?

Wie wäre es, wenn Sie sich in das ganze Theater einmischten? Um wenigstens für Ihre Rollen die Regie zu übernehmen?

▶ Zuerst einmal schauen Sie sich den Spielplan an: Welche Rollen spielen Sie, wo tragen Sie Verantwortung?
Schon im Beruf können das mehrere Parts zugleich sein: Verkaufsleiter, Mitarbeiter, Führungskraft, strategischer Vordenker, Arbeitskreismitglied, Verbandsfunktionär ... Auch im Privatleben spielen Sie diverse Rollen: (Ehe-)Partner, Mutter/Vater, Freund, Nachbar, Ver-/Mieter, Nachhilfelehrer ...

- Notieren Sie minutiös jede Rolle, die Sie übernommen haben.
- Und bewerten Sie jede: Welche ist Ihnen angenehm, welche wollen oder müssen Sie unbedingt weiterspielen?

▶ Nun mischen Sie sich in die Besetzungsliste ein: Streichen Sie sich aus all jenen Stücken heraus, in denen Sie sich nicht wohl fühlen und denen Sie sich relativ leicht entziehen können (zum Beispiel Schriftführer im Verein). Prüfen Sie bei jeder einzelnen: Was passiert, wenn ich hier einfach aussteige?

▶ Im nächsten Schritt unterschreiben Sie Ihre Engagements: Wählen Sie höchstens sieben Rollen aus, die Sie unbedingt weiterspielen wollen und müssen (Sie dürfen dabei mehrere Teilrollen zusammenfassen zu einer, etwa »Family & Friends«). Der Sinn dieser Beschränkung auf sieben Rollen liegt darin, dass Sie sich verpflichten, diese Rollen nach besten Kräften auszufüllen.
Viele Rollen ergeben sich von selbst:

- Mutter- oder Vaterschaft,
- Ehe oder Partnerschaft,
- die berufliche Hauptaufgabe,
- eventuell eine Führungsrolle,
- soziale Pflichten (Verein, Gemeinde),
- ein intensives Hobby,
- ein zeitlich befristetes Projekt: Hausbau, Abendstudium, Wahlhelfer, Buchautor ...

Sie sehen: Die Zahl 7 ist schnell voll. Und ahnen: Jede Rolle gut zu spielen, wird nicht einfach sein – aber sehr befriedigend.

- Die wichtigste Rolle muss für Sie selbst reserviert sein. Denn Ziel unseres Lebens ist nicht, es allen anderen Recht zu machen, sondern uns selbst zu entfalten. Oft drückt sich die Rolle im Hobby oder in einem besonderen, eventuell vernachlässigten Interesse aus.

Jetzt übernehmen Sie die Regie

▶ Nun mischen Sie sich in alle »Drehbücher« ein: Sie schreiben Ihre Rollen selbst. Fragen Sie sich (und schreiben Sie es auf):

- Was heißt es *konkret*, ein guter Lebenspartner zu sein, ein guter Vater/eine gute Mutter, ein guter Verkaufsleiter, eine gute Vereinsvorsitzende ...?
- Was genau würden Sie tun, wenn Sie jetzt sofort auf die Bühne springen würden und das Beste täten, um die jeweilige Rolle begeisternd zu spielen?
- Was sollen Ihr Partner, Ihre Kinder, Chef und Mitarbeiter, alle Mitspieler und Zuschauer erzählen, wenn sie von der Vorstellung berichten? Woran sollen sie sich nach Jahren noch erinnern können?
- Welche Ihrer Charakterzüge soll man loben? Welche Impulse wollen Sie geben? Wie wollen Sie andere bereichern?

Was Sie soeben getan haben: Sie haben die Verantwortung für Ihr Leben übernommen. Sie haben Ihr Leitbild in den Alltag übersetzt. Ihr Leitgestirn an Ihren Himmel gestellt.

In 7 Schritten zum Herrn Ihrer Zeit

Stärken fördern, Schwächen akzeptieren

Ihr Leben liegt nun viel klarer vor Ihnen als noch vor kurzem. Macht Ihnen der Anblick Freude? Oder fühlen Sie sich dabei unsicher? Keine Bange, Sie sollen von sich nichts verlangen, was Sie nicht können. Im Gegenteil: Tun Sie genau das, was Ihnen am meisten liegt! Denn Ihre Stärken sind Ihr Schlüssel zum erfüllten Leben. Nun zum …

Mit wenig Energie viel in Bewegung setzen – wenn Sie tun, was Sie am besten können, haben Sie die größten Erfolge.

3. Schritt: Schlüsselaufgaben definieren

Angenommen, Sie sollten das Olympiateam richtig einsetzen. Würden Sie den Hürdenläufer zum Kraulen schicken und den Boxchampion zum Hockey? Natürlich würden Sie jeden Sportler dort seinen Beitrag leisten lassen, wo er Spitze ist.

Ich bin, was ich kann

Viele Menschen aber stellen sich Aufgaben, als wollten sie sich quälen: Da müht sich ein Vater, der kein Ampere vom Watt unterscheiden kann, seine Tochter in Physik vom Fünfer herunterzubringen – statt ihr den Nachhilfelehrer zu bezahlen und sie im Englischen, das er verhandlungssicher spricht und schreibt, auf die Eins zu hieven.

Haben Sie schon einmal versucht, gut zu werden in einer Sache, die Ihnen schwer fällt? Ich nehme an: Sie haben sich durchgebissen, aber sind mittelmäßig geblieben, und Freude hat es Ihnen keine gemacht.

Stecken Sie aber dieselbe Energie in etwas,
- das Sie sowieso besser können als andere,
- das Ihnen Spaß macht und leicht fällt,
- womit Sie die größte Wirkung erzielen im Hinblick auf Ihre Lebensvision,

dann entwickeln Sie darin überragende Fähigkeiten. Ihre individuelle Kombination aus Erfahrungen und Know-how, Fähigkeiten und Schwächen macht Ihre Persönlichkeit aus.
Was fangen wir mit dieser Weisheit an? Wir machen wieder mal eine Liste:

Stärken sammeln

➤ Notieren Sie alles, was Sie gut können. Fragen Sie auch Lebenspartner, Geschwister, Kinder, Freunde, Kollegen, wie die Sie sehen.
- Tragen Sie alles zusammen, was Sie irgendwann einmal gut gemacht haben.
- Natürlich darf dabei nicht fehlen, was Sie in der Ausbildung, in Kursen gelernt haben.
- Ebenso aber gehören die »soft skills« dazu: Ich kann gut zuhören, gut trösten, …

... zum Nachdenken

Die seefahrenden Völker wissen, was klare Ziele wert sind. »Weiß man nicht, welchen Hafen man anlaufen will, ist kein Wind günstig«, sagte der Römer Seneca. Ein englisches Sprichwort meint lapidar: »Das Schiff, das dem Steuer nicht gehorcht, wird den Klippen gehorchen müssen.«

Meine beruflichen und persönlichen Schlüsselaufgaben

▶ Formulieren Sie Sätze mit der Einleitung »Ich sorge dafür, dass …«:
● Was genau will und muss ich in der nächsten Zeit beruflich und privat tun, um erfolgreich zu sein?
● Was ist aus heutiger Sicht die wichtigste Aufgabe? Was würde mir am schnellsten helfen, meinem Leitbild näher zu kommen?
● Worauf will ich mich in den nächsten 12, 24, 36 Monaten konzentrieren?

● Und wenn Sie sich erinnern, dass Sie mal ein guter Tänzer waren, kann dies der Schlüssel für eine beglückende Freizeit werden.
Ich bin überzeugt, vor Ihnen liegt bald eine überraschend breite und bunte Palette von Kompetenzen. Entspricht sie dem, was Sie gegenwärtig tun?

Die Hebelwirkung entfalten

▶ Nun nutzen Sie das Gesetz der Hebelkraft:
● Sie überlegen für jede Rolle einzeln, was in den nächsten ein bis drei Jahren objektiv ansteht oder was Sie erzielen wollen – das sind die Punkte, wo Sie Ihre Hebel ansetzen. Und hier kommen Ihre Fähigkeiten ins Spiel:
● Welchen Beitrag können Sie jeweils leisten, um die größtmögliche Wirkung zu erzielen? Das sind Ihre Hebel – Ihre Schlüsselaufgaben, die in Ihrem Leben Priorität haben.

Ein persönliches *Leitbild,* maximal *sieben Rollen,* eine überschaubare Zahl von *Kernaufgaben:* Jetzt können Sie in dem, was Sie tun, richtig gut werden – auf Ihre ganz persönliche Art und Weise. Und zwar umso besser und beglückender, je *konkreter* Sie festlegen, was im Einzelnen zu tun ist.

Die Kraft der Ziele nutzen

Wie wäre es, wenn Sie den Vorsprung, den Sie mit Ihren Schlüsselaufgaben gewonnen haben, gleich nutzen – und mit sich selbst konkrete Ziele vereinbaren?
Der Nachteil: Sie müssen sich noch mal auf den Hosenboden setzen und nachdenken und schreiben.
Der Vorteil: Wenn Sie Ihre Ziele für das nächste Jahr definieren, behalten Sie im Wirrwarr des Alltags den Überblick, entscheiden sich auch unter Belastung für das, was Ihnen wichtig ist – und kommen schließlich dort an, wo Sie hinwollen. Mit dem …

4. Schritt: Jahresziele formulieren

Rückblick und Konsequenzen

▶ Nehmen Sie ein Blatt Papier, und machen Sie sich Stichworte zu folgenden Fragen:

In 7 Schritten zum Herrn Ihrer Zeit

Wer sich nicht verzettelt, sein Ziel klar definiert und sich ganz danach ausrichtet, geht den Weg zum Erfolg – denn der führt über Ziele.

- Was ist mir in den vergangenen drei Jahren gelungen – beruflich und privat?
- Was ist mir in diesen drei Jahren misslungen – beruflich und privat?
- Was habe ich daraus gelernt, welche Konsequenzen habe ich gezogen?
- Welche Ziele möchte ich im kommenden Jahr erreichen?

Von erreichten Zielen zehrt man lange

Einer meiner Freunde hat vor fünf Jahren das Rauchen aufgegeben. Abgesehen von den gesundheitlichen und finanziellen Folgen (by the way: Fünf Jahre jeden Tag eine Schachtel Zigaretten nicht geraucht zu haben, ergibt einen Vorteil von weit über 5 000 Euro), sagt er: »Noch heute, nach fünf Jahren, erfüllt es mich mit Freude, wenn es mir in den Sinn kommt, dass ich mich aus dieser Abhängigkeit befreit habe – fast jeden Tag.« Er genießt es jeden Tag! Seit fünf Jahren!

Ein Sieg, der längst vorbei zu sein scheint, wirkt langfristig, wenn man ein Ziel erreicht, das man als wichtig für die eigene Entwicklung einstuft.

Ziele »smart« formulieren

Den meisten Menschen fällt es schwer, Ziele so zu formulieren, dass sie ihnen eine Anleitung für den Alltag bieten. Dabei ist das gar nicht schwer – mit der SMART-Formel: spezifisch, messbar, aktional, realistisch, terminierbar.

Die Bumerang-STRATEGIE

Der Weg zum konkreten Ziel heißt »SMART«

So präzise, wie Sie einen Bumerang werfen, damit er zurückkommt, so präzise formulieren Sie Ihre Ziele – und schon sind Sie auf dem Weg.

Gute Vorsätze haben wir mehr als genug. Nur bleibt es meist beim guten Vorsatz.
Ich will mehr Geld! Der Weg zum Chef ist gepflastert mit Hürden: »Ich trau mich nicht«, »Ich frag lieber doch morgen«, »Ich bin es vielleicht doch nicht wert«. Ich will was für meine Fitness tun! Das innere kleine Faultier gähnt: »Schau dir lieber die Sportschau an.« Ich müsste mal wieder mit meinem Partner Urlaub machen. »Wir kriegen ja doch nicht gleichzeitig frei!« plappert das schlechte Arbeitsgewissen dazwischen. Wenn Sie sich an Silvester vornehmen, ab jetzt mehr Sport zu treiben, können Sie diesen guten Vorsatz ebenso gut (mit Ihrer »letzten Zigarette«) in der Pfeife rauchen – Sie werden ihn nicht befolgen.
SMART jedoch sieht das so aus:

- **S** Ich werde vier Tage pro Woche
- **M** 30 Minuten Ausdauersport betreiben,
- **A** dabei je 350 Kalorien verbrauchen,
- **R** mein Gewicht unter 75 kg halten.
- **T** Überschreite ich diese Grenze, lege ich sofort einen Obsttag ein.

Mit dieser Formel können Sie für jede Lebensrolle und jeden Lebensbereich Ihre Ziele formulieren. Mal ehrlich: Haben Sie jemals im Leben so klar gewusst, wie Sie durch das nächste Jahr navigieren und alle Ziele erreichen können?

Sie brauchen nicht nur eine Lok, …

… sondern auch einen Fahrplan

Sie verfügen über eine leistungsstarke Lokomotive – Ihre Motivation. Aber wohin soll sie fahren? Zu welchem Bahnhof, auf welcher Strecke? Wann soll sie abfahren, wo soll sie einen Zwischenstopp einlegen, wann wird sie ankommen? Ohne klare Antworten auf diese Fragen landet sie irgendwo im Niemandsland.
Gute Vorsätze gleichen Fahrplänen, in denen nichts weiter steht als »Abfahren und dann möglichst weit«. Nehmen wir den Vorsatz »Weniger Arbeiten, mehr Freizeit«. Was soll das heißen: Weniger? Wenn Sie keine Arbeit mehr mit nach Hause nehmen? Oder wenn Sie Freitag eine halbe Stunde früher aufhören? Oder eine Drei-Tage-Woche?
Zwischen vagen Wünschen und präzisen Zielen liegen Welten. Sie trennen die ewigen Träumer von den Zufriedenen, die ihre Vorhaben in die Tat umsetzen. Auch Ihr Unterbewusstsein wartet nur darauf, dass Sie ihm ein Bild liefern, auf das es zusteuern kann. Füllen Sie Ihre Festplatte mit Daten – und Ihr Programm wird Sie unfehlbar über die Ziellinie tragen. Orientieren Sie sich an der SMART-Formel. Jeder Buchstabe steht für eine wichtige Ziel-Eigenschaft:

In 7 Schritten zum Herrn Ihrer Zeit

■ **S = spezifisch**

Keine vagen Wünsche, sondern so konkret und präzise wie möglich. Statt »Weniger Süßigkeiten«: »Tagsüber keine Schokoriegel mehr, nur abends lege ich mir vier Stückchen Schokolade heraus und packe die Tafel weg.«

Statt »In spätestens fünf Jahren will ich Abteilungsleiter sein«, formulieren Sie genau, welche Projekte und Weiterbildungen Sie dafür in Angriff nehmen wollen. Das fokussiert nicht nur Ihre Anstrengung auf das Machbare, sondern zwingt Sie auch, sich die relevanten Informationen zu verschaffen, die Sie für einen solchen Karrieresprung brauchen.

■ **M = messbar**

Ordnen Sie jedem Vorhaben einen genauen Maßstab zu. Das betrifft nicht nur die Anzahl (wie im vorigen Beispiel), sondern auch, wie viele Minuten Sie täglich einplanen. Statt »Mehr lesen«: 10 Minuten Zeitschriften lesen, 1 Seite in einem guten Buch. Statt »Weniger rauchen«: Eine Zigarette zum Frühstück, eine am Vormittag, eine nach dem Mittagessen, zwei am Nachmittag, zwei am Abend. Statt »Regelmäßig joggen«: Mittwochabend eine halbe Stunde, Sonnabend und Sonntag vor dem Frühstück je eine Dreiviertelstunde.

■ **A = aktionsorientiert und affirmativ**

Affirmativ heißt, Sie wählen positive, bejahende Formulierungen. Aktionsorientiert bedeutet, Sie nehmen sich Handlungen vor, keine bloßen Wünsche. »Weniger arbeiten« ist eine typisch negative Formulierung. Ihr Unterbewusstsein kann mit negativen Sätzen nichts anfangen. Es hört nur »arbeiten«. Sagen Sie lieber, was Sie stattdessen tun werden: »Ich schreibe mir jeden Tag eine Stunde für mich in den Terminkalender.« Wenn Sie in Zukunft vermeiden möchten, mit unliebsamen Routineaufgaben überschüttet zu werden, nehmen Sie sich nicht nur vor, mit fester Stimme »Nein« zu sagen. Sie wissen: Wenn der Chef Sie lieb bittet, sagen Sie doch wieder Ja. Nehmen Sie sich lieber vor, ihm zuvorzukommen und zum Beispiel vorzuschlagen, für das nächste Projekt die Organisation zu übernehmen. Dann muss er für die lästige Recherche jemand anderen bestimmen.

■ **R = realistisch**

Von dem Erfolgstrainer Alexander Christiani stammt der Satz: »Die meisten überschätzen, was man in einem Jahr schaffen kann, und unterschätzen, was man in zehn Jahren erreichen kann.« – »Ich werde reich« ist kein realistisches Ziel für ein Jahr. Aber in sieben Jahren zu einer Million – das könnte man schaffen, wenn man die richtige Fachliteratur liest, nicht allzu risikofreudig an der Börse spielt und bereit ist zu sparen. Planen Sie für ehrgeizige Ziele genügend Zeit und Aufwand ein.

■ **T = terminiert**

Legen Sie Zeitpunkte fest, an denen Sie Zwischenschritte und schließlich das Endziel erreicht haben wollen. Nur so können Sie messen, ob Sie wirklich Fortschritte machen und im Plan liegen. Damit werden Ihre Ziele berechenbar. Nichts beflügelt so sehr wie nachweisbare Erfolge. Das erste Kilo weniger, die ersten Seiten eines Buches ... Bestimmen Sie, wann Sie anfangen – und aufhören. »In acht Wochen will ich sechs Kilo abgenommen haben«, verspricht Erfolge. »Ich sollte mal wieder auf die Essbremse treten«, das bringt nichts.

Der Blick für das Wesentliche

Vision entwickelt, Rollen gewählt, Schlüsselaufgaben definiert, Jahresziele formuliert – werden die nicht im Alltag absaufen, verblassen, platt gewalzt? »I have a dream« – und einen Haufen Termine und lauter Leute, die unbedingt sofort etwas von mir wollen.

Ganz recht: Dringende Dinge haben immer mit Prioritäten und Terminen anderer zu tun – Chef, Mitarbeiter, Kollegen, Kunden, Kinder, Finanzamt … Wo bleibt da, was Ihnen wichtig ist? Sie finden es im …

	wichtig, aber nicht dringend	wichtig und dringend
Wichtigkeit	**Königreich des Kompass** (Strategie, Effektivität) ▶ Planen und rechtzeitig terminieren **Ziel:** maximieren	**Reich der Stoppuhr** (Problem, Krise) ▶ Sofort erledigen **Ziel:** reduzieren
	Reich des Banalen (Zeitverlust, Überflüssiges) ▶ Papierkorb! **Ziel:** eliminieren	**Reich des Trubels** (Zeitfresser, Ineffektives) ▶ Delegieren, Nein sagen **Ziel:** minimieren
	weder wichtig noch dringend	unwichtig, aber dringend

Die Prioritäten-Matrix schärft den Blick für das Wesentliche und hilft, kostbare Zeit zu sparen, sie sinn-voll zu nutzen.

5. Schritt: Wöchentliche Planung

Von Dringlichem und Wichtigem

Der amerikanische General und Präsident Eisenhower – auch ihm standen täglich nur 24 Stunden zur Verfügung – war ein sehr praktischer Mann. Da er laufend folgenreiche Entscheidungen treffen musste, gewöhnte er sich an zu unterscheiden, wie wichtig sie waren und wie dringend.

■ **Das Reich der Stoppuhr:** Handelt es sich um eine kritische Situation, die sofortiges Handeln erfordert, um Schlimmes zu verhindern oder um Verluste zu begrenzen? Dann ist das Problem wichtig und dringend zugleich und muss meist selbst in die Hand genommen und gelöst werden.

■ **Das Reich des Trubels:** Handelt es sich um drängende Geschäfte, die aber nicht unbedingt wichtig sind? Meist geht es dabei um terminierte Routineaufgaben und Verwaltungsakte, um nicht wenige Telefonate und Konferenzen, die man reduzieren und delegieren kann.

■ **Das Reich des Banalen:** Viele Beschäftigungen sind bei genauerer Betrachtung weder wichtig noch dringend. Sie kann man guten Gewissens eliminieren – das heißt: Ab ins Reich des Mülls.

■ **Das Königreich des Kompass:** Ziele setzen, die Zukunft planen, Werte definieren, Projekte vorbereiten, Problemen vorbeugen, sich und seine Mitarbeiter entwickeln, die Beziehung zu Menschen verbessern, sich wirklich erholen: Hier befinden Sie sich im Bereich des Wichtigen. Diese Zone ist ständig gefährdet, weil solche Tätigkeiten immer wieder durch das Dringende verdrängt werden –

In 7 Schritten zum Herrn Ihrer Zeit

bis sie selbst akut problematisch werden und nur noch weit unterhalb unserer Möglichkeiten erledigt werden.

Mit dem Kompass in der Hand führen

Es liegt auf der Hand, dass wir unseren besten Beitrag im Königreich des Kompass leisten. Auf dringende Dinge re-agieren wir, in wichtigen Dingen agieren wir, mit dem Kompass in der Hand führen wir. Also müssen wirklich wichtige Dinge für uns absolute Priorität haben. Nebeneffekt: Flow und Ruhe ... Wie aber wehren wir uns gegen die Flut des Dringlichen? Es gibt nur ein Mittel:

Termine mit sich selbst

▶ Räumen Sie sich für das Wichtige regelmäßige Zeitfenster ein, die Sie egoistisch verteidigen gegen äußere Einflüsse.

Wo Sie die Zeit für diese »Termine mit mir selbst« finden? Schauen Sie mal im Bereich »Dringlich & unwichtig«, da werden Sie garantiert fündig!

Sie werden feststellen: Je konsequenter Sie als Kompassarbeiter führen, desto unnötiger wird akutes Krisenmanagement werden:

• Wer im Beruf rechtzeitig kluge Entscheidungen trifft, wird zum Erfolg des Unternehmens beitragen – und auch dann Chancen finden, wenn die Abteilung geschlossen wird.

• Wer sich um liebevolle Beziehungen in Partnerschaft und Familie bemüht, wird kaum durch Scheidung und Ausflippen der Kinder gebeutelt werden.

• Wer regelmäßig etwas für seine Fitness tut und sich gesund ernährt, wird weniger anfällig sein für den Herzinfarkt.

• Wer sich immer wieder der Sinnfrage stellt und Teilantworten findet, der speichert Kraft für schwierigste Phasen im Leben.

Von Terminen und Prioritäten

Die meisten von uns schauen morgens, was für den Tag ansteht, ordnen die Termine und Erledigungen nach Prioritäten – und halten das für Zeitmanagement. Der Haken dabei: Sie richten sich nach den Dringlichkeiten.

Wenn wir unserem Leitstern folgen wollen, gehen wir umgekehrt vor: Wir entscheiden, was uns wichtig ist, was wir dafür tun wollen, und räumen uns entsprechende Termine ein. Dafür reicht natürlich die Spanne des Tages nicht aus. Die Wochenplanung schlägt die Brücke zwischen der langfristigen Vision (wichtig) und dem Tagesgeschäft (dringlich).

▶ Nehmen Sie sich am Wochenende nur eine halbe Stunde Zeit:

• Schauen Sie auf Ihren Plan der Schlüsselaufgaben und Jahresziele für Ihre verschiedenen Rollen – so nehmen Sie auf ganz praktische Weise Kontakt zu Ihrem Leitbild auf.

• Überlegen Sie, welchen Schritt Sie in der kommenden Woche in der jeweiligen Rolle tun wollen. Und für jeden dieser Schritte tragen Sie einen Termin in Ihren Kalender ein. So haben Sie die Gewähr, dass Sie allem, was Ihnen wichtig ist, in dieser Woche den angemessenen Platz einräumen – der Rest der Woche füllt sich von ganz allein mit dem üblichen Aktionismus.

• Gehen Sie ebenso vor mit den vier Lebensbereichen, die Sie in Balance halten: körperliches Wohlbefinden, berufliches Weiterkommen, Kontakt zu Familie und Freunden, mentales und spirituelles Wachstum (Seite 56).

• Machen Sie Termine mit sich selbst, die Sie in Ihren Terminplan eintragen und einhalten wie Geschäftstermine – egal ob für das Tennisspiel, das Schachspiel mit dem Sohn oder ein Projekt, das Ihnen sehr am Herzen liegt.

Statt Zeitfallen: Ihr Tagesplan!

Hört sich alles gut und schön an. Zu gut, finden Sie? Wie das in der Praxis aussieht? Nun, ein bisschen Courage brauchen Sie, Sie müssen sich schon ein wenig stemmen: stemmen gegen die Zumutungen, in denen Sie rudern. Die dafür sorgen, dass nicht Sie arbeiten, sondern dass Sie »gearbeitet werden«. Und sich überfordert fühlen durch Termindruck und Arbeitspensum. Sie lernen im …

Die 10 schlimmsten Zeit-Sünden

- Sie versuchen, zu viel auf einmal zu tun.
- Sie stellen keine Ziele, Prioritäten, Tagespläne auf.
- Sie lassen sich vom Telefon und von Kollegen ablenken.
- Sie nehmen an langwierigen und überflüssigen Besprechungen teil.
- Sie überhäufen Ihren Schreibtisch mit Papierkram und Lesestoff.
- Sie lassen sich stören von unangemeldeten Besuchern.
- Sie schieben unangenehme Aufgaben vor sich her.
- Sie können partout nicht Nein sagen.
- Sie wollen perfekt sein und alles wissen.
- Sie sind nicht konsequent, es fällt Ihnen schwer, Disziplin zu halten.

6. Schritt: Tagesarbeit effizient erledigen

Der Weg zum gelungenen Tag

Es ist wichtig, diese Zeiträuber zu erkennen, wenn sie sich anschleichen. Aus Erfahrung aber weiß ich, dass es nicht viel hilft, wenn Sie sich einfach das Gegenteil vornehmen: Nicht mehr alles auf einmal tun, den Schreibtisch frei räumen, öfters mal Nein sagen, sich nicht mehr so viel ablenken lassen … So funktionieren wir nicht, das speichern wir ab als Sonntagsreden.

Sie können all diesen Versuchungen nur widerstehen, wenn Sie die leuchtende Alternative unmittelbar vor Augen haben. Und deren Schöpfer sind Sie selbst.

➤ Planen Sie Ihren Tag am Vorabend – ob daheim oder als letzte Arbeitsphase im Büro. So lassen Sie Ihr Unterbewusstes über Nacht schöpferisch wirken.

➤ Planen Sie unbedingt schriftlich. Dann haben Sie jederzeit vor Augen, was wichtig ist für Sie – nicht für andere.

➤ Schätzen Sie für jede Tätigkeit den Zeitbedarf. Und setzen Sie diese Limits in Ihren Kalender ein.

➤ Verplanen Sie nur 50 Prozent. Der Rest ist Pufferzeit für den Alltagskram, dessen Sie sich nicht entledigen können.

➤ Bilden Sie Zeit-Blöcke. Zum Beispiel so: 1,5 Stunden im Reich des Kompass – konzentriertes Arbeiten ohne Störung. 1,0 Stunden Kommunikationspause – Mitarbeiter, Telefonate, Mails, Briefe. 1,0 Std. Stoppuhrzeit – zum Beispiel ein Meeting. 1,0 Std. Mittagspause (Essen & Siesta). 1,0 Std. im Reich des Banalen – Post, Zeitschriften, Verwaltung, Schwätzchen. 1,0 Std. im Reich des Kompass

In 7 Schritten zum Herrn Ihrer Zeit

– Planung, Konzeption, Strategisches, strikt keine Unterbrechungen oder Anrufe. 1,0 Std. Kommunikationspause. 1,0 Std Kompass-Zeit, Mitarbeiter-Coaching, Besprechungen. 0,5 Std. Tageskontrolle, Plan morgen.

Das ist das ganze Geheimnis. Sie zweifeln noch? Schon recht. Zweifeln Sie, aber halten Sie sich an das Nike-Motto: Just do it!

So wird Ihre Tagesplanung zum Glücksfaktor

Ihnen ist bestimmt aufgefallen, dass ich das Wort »Tageskontrolle« in diesen Beispieltag hineingeschmuggelt habe. Sobald Sie mit Ihrer Vorausplanung eine kurze Rückschau verknüpfen, passiert ein kleines psychologisches Wunder: Wenn Sie morgens schon wissen, dass Sie abends Ihr Tun protokollieren, gehen Sie automatisch einen starken Pakt mit sich selbst ein: Self-Commitment – Sie fühlen sich Ihren Vorsätzen und Zielen verbunden und verpflichtet. Wie das geht?

Wenn Sie abends auf Ihren Tag zurückblicken: Sind Sie Ihren Zielen näher gekommen? Was gibt's als Belohnung?

Ihre »Tagesschau«

▶ Fragen Sie sich am Abend:
• Hat mich der heutige Tag meinen Zielen näher gebracht?
• Was habe ich heute gelernt, was mache ich künftig ebenso – oder anders?
• Auf was hätte ich verzichten können?
• Wie kann ich mich für heute belohnen? Was ist das Schönste, das ich noch tun könnte?
• Was plane ich für morgen?

Am Wochenende können Sie Bilanz ziehen – als Sprungbrett in den Wochenplan.

Und nun ein letzter Schritt:

Das innere kleine Faultier zähmen

Der Bügelberg ist riesig, das Spanischbuch lächelt einen so gar nicht an, draußen regnet es – Joggen ausgeschlossen, die Postflut müsste erledigt werden ... Wenn Sie sich nun zwingen, sinkt die Motivation in den Keller, das »innere kleine Faultier« hat jede Nervenfaser im Griff. Tricksen Sie es doch einfach aus.

7. Schritt: Verwandeln Sie Unlust in Lust

**Lusttechnik Schritt 1:
Überlisten Sie Ihr linkes Gehirn**

▶ Geben Sie Ihrer linken Gehirnhälfte nach, die Stress vermeiden will. Sie ist der Sitz der Kritik, des Null Bock, des kleinen Faultiers.
• Überlisten Sie diese Blockade, indem Sie ihr zuflüstern: »Ich muss nichts. Völlig okay, wenn ich das jetzt nicht tue.« Dann legen Sie

eine CD auf, die Sie in heitere Stimmung bringt. Gehen kurz an die frische Luft, um den Energietreiber Sauerstoff in Ihren Körper zu locken. Und dann tasten Sie sich locker und unverkrampft an die Materie heran.

Lusttechnik Schritt 2:
Belohnen Sie sich mit schönen Gedanken

➤ Gehen Sie den Ablauf der lästigen Pflicht im Kopf durch. Spüren Sie kurz nach, wie Sie sich dabei fühlen. Mies, stimmt's?
• Und dann machen Sie in Gedanken einen Sprint nach vorn. Und führen geistig die letzten Handgriffe aus: Die letzte Mail wegklicken. Den letzten Kragen bügeln. Die Laufschuhe aufschnüren.
• Dann gehen Sie im Zeitraffer noch einmal durch die gesamte Aufgabe, inklusive Belohnung. Jetzt haben Sie richtig Lust drauf, oder?

Lusttechnik Schritt 3: Springen
Sie in die Emotionen der Zukunft

➤ Stellen Sie sich vor, wie es Ihnen nach vollbrachter Leistung gehen wird, und genießen Sie dabei die positiven Gefühle:
• wie wohl Sie sich in Ihrem Körper fühlen,
• wie stolz Sie auf sich sein werden,
• wie zufrieden Sie mit sich sind, wenn Sie Ihren Plan einhalten,
• wie Ihr gutes Gewissen Sie ruhig schlafen lassen wird.

Lusttechnik Schritt 4:
Vorfreude ist die schönste Freude

➤ Aktivieren Sie alle Sinne. Riechen, schmecken, sehen, fühlen Sie, was Sie danach tun werden. Und wie gut es Ihnen geht, wenn Sie diesen Berg Alltagsmist hinter sich gebracht, wenn Sie Ihr kleines Faultier kurz schlafen gelegt haben. Mit der Emotion namens Vorfreude holen Sie sich einen wunderbaren Aktivator gegen Widerstände in den Körper.

Lusttechnik Schritt 5:
Gehen Sie es spielerisch an

➤ Statt sich durch die Spanischlektion zu quälen, spielen Sie mit Ihrem Vorhaben nur ein wenig herum. Schmökern Sie ziellos in Ihrem Lehrbuch, lesen Sie nur die Texte unter den Fotos. Statt zum 50-Minuten-Lauf aufzubrechen, trippeln Sie einfach für ein paar Minuten los. Statt den ganzen neuen Vorgang auf dem Schreibtisch durchzuackern, lesen Sie einfach mal da und mal dort. Vielleicht erwachen nach einer Weile Ihre Neugier und Lust, die Sache anzupacken, von allein.

Oder nutzen Sie die »Mikroschritte«

Je größer das Vorhaben, desto größer die Blockade. Desto wirkungsvoller aber auch die Methode der Mikroschritte.

➤ Zerlegen Sie Ihren Aufgabenberg in kleine Schritte, in kleine Ziele. Denn dann haben Sie nicht das unterschwellige Gefühl, etwas tun zu müssen oder gar die Kontrolle zu verlieren. Mit Mikroschritten umgehen Sie die Ängste, Sie könnten scheitern, und stimmen sich positiv, da Sie sich nur zu etwas sehr Kleinem verpflichtet haben. Und schnell den ersten Erfolg sehen.

Legen Sie einfach nur die Socken und Unterwäsche zusammen – und schon schmilzt der Bügelberg. Dann könnte man sich ja noch die Taschentücher … Sie wollen Läufer werden? Beginnen Sie mit 3 Minuten Joggen und 27 Minuten Walken. Und verschieben die Relation jeden Tag um eine weitere Minute. Sie wollen mehr lesen? Dann nehmen Sie sich einfach täglich eine Seite zu einer bestimmten Tageszeit vor. Es werden von selbst mehr.

INTERVIEW

Karriere oder Insel?
Der Traum vom Aussteigen

Paul Widrig hatte in Zürich eine kleine Werbeagentur mit ganz großen Kunden. Ein Conceptioner mit Goldfeder. Erfolgreich und reich. Der rote Ferrari stand vor der Millionen-Villa …

… an der Goldküste am Zürichsee, am Bodensee lag die Segeljacht. Mit 44, auf dem Höhepunkt seiner Karriere, stieg er aus. Er wollte um die Welt segeln. Heute lebt er auf Mallorca. Ist Künstler und Bauer. Stellt aus alten Fensterläden antike Spiegel und Rahmen her und sät mit dem Traktor Roggen, für seine zwei Pferde Perla und Sopresa und den Esel Ali Baba. Und er erzählt seine Geschichte – über Erfolg, Sinn, Beziehungen, Träume und Illusionen.

Sie standen in den achtziger Jahren am Höhepunkt Ihrer Karriere. Wohin floss Ihre Zeit?
In die Agentur. Sieben Tage lang von morgens um acht bis abends um zehn. Und dann zu Hause ging es weiter, weil man das Konzipieren nicht einfach abstellen kann.

Waren Sie zufrieden?
Meine Ehe ging kaputt. Aber die Arbeit hat mir Spaß gemacht. Und der Erfolg. Wenn etwas funktioniert hat. Als ich anfing, machte noch Pioniergeist Werbung: Kommunikation mit Biss. Ich habe etwas verändert. Und ich habe gute Arbeit geleistet, sonst hätten mich meine Kunden nicht zwanzig Jahre behalten.

Waren Sie glücklich?
Ich hatte mein Haus, hatte meinen Ferrari, meinen Mercedes 350 SL Cabriolet, hatte meine Segeljacht. Nur: Das hat mich auch nicht glücklicher gemacht. Sicher, ich musste diese Dinge haben, musste es wissen, ausprobieren. Musste mir beweisen, dass auch ich es schaffe. Hochkomme wie mein Vater. Von unten. Ich habe ihm einmal vorgeworfen, er sei ein Neureicher. Er sagte: Besser als ein Nie-Reicher.

Und was hat all der Reichtum gebracht?
Einsicht. Ich habe festgestellt, dass ich nur noch für das arbeite, was ich um mich herum anhäufe. Zum Glück waren da meine zwei Onkels. Die haben immer gesagt: Wenn ich einmal pensioniert bin, möchte ich dieses und jenes unternehmen. Sie rackerten sich ab und verlegten all ihre Träume in die Zukunft. Einer ist vor der Pensionierung an Nierenversagen gestorben. Der andere, ein Bauunternehmer, hat sich selbst pensioniert, konnte aber nicht mehr viel unternehmen, weil er Herzprobleme hatte. Und darum wusste ich: Wenn ich meinen Traum realisieren will, muss ich früh aufhören.

Welchen Traum?
Selbst ein Boot zu bauen und damit um die Welt zu segeln.

Und war der Traum stark genug?
Er war die Triebfeder in meinem Leben. Ohne ihn hätte ich diese Leistungen nicht bringen können. Wenn du keine Träume hast, bist du Durchschnitt. Dann machst du, was du machen musst, und hoffst auf eine Rente. Ich habe ge-

125

SO BRINGEN SIE IHR LEBEN IN BALANCE

Ali Baba, Paul Widrig und Lothar Seiwert: Über Träume und Visionen spricht es sich am besten bei einem Glas Rotwein.

träumt. Habe früh alle Segelscheine gemacht. Ich war ein unmöglicher Urlaubspartner. Wenn wir irgendwo in der Nähe eines Hafens waren, hab ich mich da von morgens bis abends herumgetrieben. Zu Hause ließ ich eine Toilette von Colani einbauen, die einzige, die das Blut nicht abschnürt, wenn man eine Stunde draufsitzt und gemütlich alle abonnierten Jachtheftchen durchblättert. Und ich hatte eine Vision: Ich sah, wie sich zwischen zwei Masten die Palmen im Wind biegen. 1985, also mit 41, habe ich angefangen mein Boot zu bauen. 43 Fuß. 13 Meter 50. Stahlboot. Zweimaster. Für die Hängematte, von der aus ich die Palmen sehe. Und im Juni 1988 habe ich alle Zelte in der Schweiz abgebrochen. Und in fünf Jahren einen Großteil meines Geldes über Bord geschmissen.

Und was hofften Sie zu finden?
Da möchte ich meinen besten Freund Rolf zitieren, der mich unter starkem Einfluss von bestem irischem Whiskey fragte: Was suchst du eigentlich? Ich antwortete: Ich möchte eine wunderschöne einsame Insel finden, mit Palmen, klarem Wasser und Harmonie. Worauf er sagte: Weißt du, Paul, so wie ich dich kenne, wirst du die Insel finden. Aber es wird dich dort schon ein Arschloch erwarten, das bist du selbst.

Sind Sie ganz allein losgefahren?
Das unbeschwerte Von-Bucht-zu-Bucht, monatelang nur in Shorts, hätte mir schon gefallen. Aber eigentlich willst du das zusammen mit einem Menschen machen. Mit einer Frau. Mit Monique. Ich träumte von einer Beziehung, die im Paradies funktioniert. Aber an Bord hat man keinen Job, kein Team, kein Büro. Man schaut sich 24 Stunden in die Augen – sofern man Licht hat und die Batterie nicht leer ist. Man braucht einander. Ist aufeinander angewiesen. Man kann nicht einfach ins Wasser springen, das nächste Taxi nehmen und sagen: Wir sehen uns nächstes Wochenende. Man liegt gemeinsam an einer Kette vor Anker. So funktioniert das Paradies nicht. So funktionieren nur die Träume. Deswegen haben sie im Paradies auch den Apfel gepflückt, es wurde ihnen langweilig.

Und für Sie war es Grund genug, wieder an Land zu gehen?
Man sieht sich selbst nach fünf Jahren plötzlich anders. Die Enge stürzte uns immer häufiger in Krisen. Alles andere kannst du vorbereiten: den Sturm, die technischen Krisensituationen lernt man in den B- und C-Schein-Kursen. Aber zwischenmenschliche Träume enthalten keine technischen Komponenten, das konnte ich nicht meistern. Weil mir das Zwischenmenschliche sehr wichtig wurde, habe ich gesagt: Monique, wir gehen zurück aufs Land.

Wenn Sie jetzt zurückblicken, würden Sie das alles noch mal machen?
Wenn ein Traum nicht Wirklichkeit wird, ist er eine Illusion. Aber diese Illusion ist immer noch schöner als die Wirklichkeit vor dem Traum. Als die Wirklichkeit, die du mit deinen Träumen

Der Traum vom Aussteigen

versucht hast, schöner zu gestalten. Termine, Stunden am Draht, Hektik, unausgeschlafen sein. Du brauchst einen Traum, um das alles machen zu können. Der Traum ist der Antrieb. Stellt sich dann der Traum in der Realität als nicht ganz so schön heraus, ist er aber immer noch viel, viel schöner als das, was war ... Ich habe in meinem Berufsleben nie so intensiv gelebt. Mit Menschen, mit der Natur. Aber: Die Zweierbeziehung ist wichtiger als die Illusion. Wir versuchten es auf dem Lande.

Warum sind Sie nicht zurück in die Schweiz?
Ich war mal einen Monat auf Besuch in Zürich. Dort machte ich einen Ausflug in die Bahnhofstraße. Um fünf Uhr hab ich mich auf eine Bank gesetzt und die Menschen beobachtet, zu denen ich vor meinem Traum gehörte. Sie kamen aus den Banken und Versicherungen, gestresst, stramm, eilig. Ich bin mit ihnen in die Tram gestiegen. Da wird nicht gelacht. Man schaut sich nicht in die Augen. Da gibt es keine Nähe zwischen den Menschen. Nicht diese Nähe wie zwischen den Cruisern im Hafen. Dort hat man gelacht, geredet, und jeder hat jedem geholfen. Ich habe festgestellt, dass sich nichts verändert hat. Aber ich habe mich verändert. Früher hat mir das nichts ausgemacht, unpersönlich in der Straßenbahn zu sitzen. An den Menschen vorbeizuschauen. Ich habe gespürt, da will und pass ich nicht mehr hin. Ich wollte nicht mehr in diese Hamstermühle, in der ich nur etwas wert bin, wenn ich produziere, Zinsen bezahle, meinen Ferrari zum Service bringe.

Die Endstation des Traums heißt Mallorca.
Wir gingen zurück nach Mallorca. Dort waren wir gestartet. Wir lernten im Winter die Insel schon kennen, die Kneipen, die Landschaft, die Menschen. Dort findet man eine angenehme Mischung aus Zivilisation und Freiheit. Es gibt keine Normen, wie man sich zu kleiden hat, welches Auto man fahren muss. Das hat mir imponiert. Die Mallorquins sind auch nicht die einfachsten Menschen, aber sie sind tolerant, sie lassen dich leben. Und sie integrieren dich, wenn du ihre Sprache lernst und ihren Humor. Und Humor war für mich immer wichtig. Über sich selbst zu lachen. Und warum ist das wichtig? Weil es dem anderen die Möglichkeit gibt, auch über sich zu lachen. Er fühlt sich nicht unter Druck. Humor hilft über Rückschläge. Erleichtert Schwierigkeiten mit sich selbst. Und wenn man lacht, kommen Lösungen.

Machen Sie sich noch Gedanken über früher?
Die Vergangenheit kann ich nicht verändern. Die Zukunft kann ich über gewisse Strecken erzwingen, aber das braucht sehr viel Energie. Was ich kann: die Gegenwart aktiv mitbestimmen. Aktiv Rollen übernehmen, die mich ausfüllen, die mir entsprechen. Sehen, wo ich etwas geben kann und wo ich etwas zurückbekomme. Sinn macht: Mit den Menschen, die einem etwas bedeuten, in der Gegenwart zu leben und dabei mit einem Auge auf die Zukunft zu schielen. Der nächste Monat ist irgendwann auch wieder Gegenwart. Und dann kann man wieder etwas Schönes daraus machen.

Sind Sie jetzt glücklich?
Ich liebe mein Land, meine kleine Finca, mein Leben als Künstler und Bauer. Die Freude, die durch mich fließt, wenn abends die Sonne untergeht und meine Pferde den Roggen mahlen und mein Esel Ali Baba, der leider intelligenter ist als ich, an meiner Jacke zupft, weil in der Tasche eine Karotte steckt. Die Freude, wenn meine Hühner mir morgens ein Ei vor die Küchentür legen und Vollzug melden. Glück ist auch das Gefühl, dazuzugehören, ein Teil von etwas zu sein, sei es eine Beziehung, sei es die Natur oder sei es das Universum. Alles, was Sinn macht, ist Glück. Und Sinn macht vieles.

Lebenskunst
zwischen
Muss und Muße

- Entdecken Sie, was Sie antreibt, was Sie bremst. Dann segeln Sie wie der Bumerang auf den Auftriebskräften des Lebens.

- Wappnen Sie sich gegen den Stress, und lernen Sie, Flow zu erleben – Glück pur.

- Bauen Sie Chaos-Inseln in Ihr Leben ein, das fördert Kreativität. Und stülpen Sie Ordnung übers Chaos – das ent-sorgt Ihr Leben.

- Lernen Sie, faul zu sein, und nutzen Sie die Chance, Gas zu geben.

Was treibt uns an ...
... und was bremst uns?

Kennen Sie die Motive, die Sie antreiben? Dann segeln Sie wie der Bumerang auf den Auftriebskräften des Lebens. Kennen Sie die Klötze, die Sie am Boden festhalten? Ihre mentalen Gitterstäbe, die Tyrannei des »Ich muss ...«? Überwinden Sie diese Hindernisse, die Ihnen den Blick für das Wesentliche versperren.

Kennen Sie den Blaufußtölpel?

Das ist ein Vogel, der auf den Galapagos-Inseln lebt. Er hat, wie sein Name sagt, blaue Füße. Unglaublich blau. Sie sehen aus wie Gummischwimmflossen. Und diese Füße streckt er beim Balzen seiner Angebeteten hin. Linke Patsche hoch, rechte Patsche hoch, drehen. Schwanz hoch. Drehen. Blaue Sohle zeigen. Urkomisch. Und zwischendrin bringt er seiner Auserwählten immer mal wieder ein Stöckchen. Mit diesem Stöckchen kann sie nichts anfangen. Weil Blaufußtölpel kein Nest bauen, sondern eine Kuhle in den Sand scharren. Warum tut er das alles? Füße zeigen, Stöckchen schenken? Un-Sinn? Nein. Er will seine Konkurrenten ausstechen, will ihr imponieren, will ihre Anerkennung.
Wir verschenken ja auch Stöckchen in Form von Brilliantringen, mit denen man keine Häuser bauen kann. Wir werfen ja auch Bumerangs ... So ein balzender Blaufußtölpel

kann Menschen wie mich daran erinnern, sich immer mal wieder zu fragen, warum wir tun, was wir tun.

Und dass manches durchaus Sinn macht, obwohl es scheinbar unsinnig ist.

Warum tut der Mensch, was er tut?

Bei allem, was wir tun, bewegen wir uns wie der Bumerang zwischen zwei Polen – zwischen dem, was uns motiviert oder antreibt, und dem, was uns bremst.

Die Kraft der Motivatoren

Motivation ist nur ein anderes Wort für »Beweggrund« – ein innerer Antrieb, der uns in Bewegung setzt, wie den Bumerang der Wunsch zu werfen.

Es gibt kaum ein Thema, über das so viel geforscht, geschrieben und spekuliert worden ist wie über die Beweggründe menschlichen Handelns.

- Warum stehen Sie jeden Morgen in der Frühe auf, um zur Arbeit zu gehen? Warum bleiben Sie nicht einfach liegen?
- Was motiviert Sie eigentlich zu Ihrem täglichen Tun?
- Was hilft Ihnen dabei, Ihr kleines inneres Faultier zu bekämpfen, wenn Sie keine Lust haben, das zu tun, was Sie tun sollten?

Heute wissen wir, dass sich menschliche Einstellungen und Verhaltensweisen nicht in ein Schema pressen lassen, sondern dass es unterschiedliche Motive oder ganze Motivbündel sind, die unser Verhalten steuern.

Man muss brennen

Wenn Sie einen Bumerang werfen, kommt er dank Ihrer mühsam erlernten Technik vielleicht sogar zurück. Aber er wird Sie nie mit dem Gefühl der unendlichen Zufriedenheit erfüllen, die ein Mensch empfindet, wenn der Bumerang in seiner Hand brennt, weil er ihn mit Begeisterung wirft. Um Meister zu sein, um ein Ziel zu erreichen, brauchen Sie beides: die Technik – und Begeisterung. Sie wollen einen Bestseller schreiben. Sie wollen die Erfolgsleiter raufklettern. Sie wollen etwas verändern in Ihrem Leben. Dafür brauchen Sie die Schubkraft der Begeisterung. Denn Sie können noch so viele Künste, Techniken, Regeln beherrschen – ohne Begeisterung erreichen Sie kein Ziel.

▶ Schreiben Sie doch einmal auf, von was Sie wirklich begeistert sind in Ihrem Leben. Und dann schreiben Sie daneben, was Sie begeistern könnte. Und bauen Sie diese Ziele in Ihr Leben ein.

Warum der Esel läuft

Ein Esel läuft. Er tut das, weil der Tag so wunderbar ist und weil er einfach einen Huf vor den anderen setzen will. Da sagen die Psychologen: Er ist *intrinsisch* motiviert. Von innen heraus, er will gehen. Aber meistens läuft ein Esel dann, wenn er soll, nicht. Er mag nicht. Esel sind bekanntlich stur. Und was macht der clevere Mensch, der im Wägelchen sitzt

LEBENSKUNST ZWISCHEN MUSS UND MUßE

und den Esel dazu bewegen will, sich zu bewegen? Er bindet eine Karotte an eine Schnur und hält sie dem Esel an einem Stock vor die Nase. Und schon kommen die Hufe in Gang. Der Psychologe sagt dazu: *extrinsische* Motivation – der Beweggrund von außen.

Auch der Mensch kennt solche Beweggründe. Die inneren lassen ihn brennen für eine Sache: Er will. Die äußeren – mehr Gehalt, das Designer-Sofa, der Porsche in der Garage – treiben ihn an, mehr zu geben. Aber niemals wird es sein Bestes sein.

Das Reiss-Profil – oder warum der Mensch tut, was er tut

1998 veröffentlichte Dr. Steven Reiss, weltweit anerkannter Psychologe an der Ohio State University, bahnbrechende Ergebnisse aus seinen wissenschaftlichen Studien zum Thema: »Warum tun Menschen das, was sie tun?« Er deckte auf, dass so gut wie alles, was wir tun, auf 16 grundlegende Bedürfnisse und Werte zurückgeführt werden kann.

Sie bestimmen die Art und Weise, wie wir uns mit unserer Umwelt und unseren Mitmenschen auseinander setzen: Sie sind der Stoff, aus dem »Erfolg« und »Misserfolg« geformt werden.

»Was Menschen so einzigartig macht«, betont der Persönlichkeitsforscher, »ist die jeweilige Kombination dieser Bedürfnisse und was sie für den Einzelnen bedeuten.«

Die uns persönlich wichtigen Werte zu kennen, die Lebensmotive, die uns zu dem antreiben, was wir tun – das ist Voraussetzung dafür, unsere Talente und Fähigkeiten auszuleben, den Sinn des Lebens zu erkennen und wieder Balance in unsere vier Lebensbereiche zu bringen.

Anerkennung ist eines der wichtigsten Lebensmotive: dazugehören, geliebt werden.

Die 16 Lebensmotive

Eines, wahrscheinlich aber mehrere dieser Motive bilden Ihre Triebfeder im Leben.

■ **Macht:** Streben nach Erfolg, Leistung, Führung und Einfluss

■ **Unabhängigkeit:** Streben nach Freiheit, Selbstgenügsamkeit und Autarkie

■ **Neugier:** Streben nach Wissen, Wahrheit, Erkenntnis

■ **Anerkennung:** Streben nach sozialer Akzeptanz, nach Zugehörigkeit und positivem Selbstwert

■ **Ordnung:** Streben nach Stabilität, Klarheit und guter Organisation

■ **Sparen:** Streben nach Besitz und Anhäufung materieller Güter

Was treibt uns an … und was bremst uns?

- **Ehre:** Streben nach Loyalität und moralischer, charakterlicher Integrität
- **Idealismus:** Streben nach sozialer Gerechtigkeit und Fairness
- **Beziehungen:** Streben nach Freundschaft, Freude und Humor
- **Familie:** Streben nach Familienleben und besonders danach, eigene Kinder zu erziehen
- **Status:** Streben nach Prestige, nach Reichtum, Titeln und öffentlicher Aufmerksamkeit
- **Rache:** Streben nach Konkurrenz, Kampf, Aggressivität und Vergeltung
- **Eros:** Streben nach einem erotischen Leben, Sexualität und Schönheit
- **Essen:** Streben nach Nahrung
- **Körperliche Aktivität:** Streben nach Fitness und Bewegung
- **Ruhe:** Streben nach Entspannung und emotionaler Sicherheit

Viele Motive kommen schon im Tierreich vor und gehören zu unserem genetischen Erbe. Das betrifft nicht nur Nahrungssuche, Brutpflege und Sexualität, sondern auch eine Reihe »höherer« Antriebe. Neugierverhalten – das Erkunden der Umwelt – finden wir bei vielen Vögeln und Säugetieren. Auch das Streben nach Macht und Rang hat nicht erst der Mensch erfunden.

Schlüsselfrage zum Glück

»Was treibt mich tatsächlich an, das zu tun, was ich tue, oder das zu tun, was getan werden müsste?« ist eine Schlüsselfrage für Ihre Zukunft und Lebensqualität.

Für Reiss steht fest: Im Gegensatz zum rasch vorübergehenden Zufallsglück, beschert von Lottofee und Co., kann das wertevermittelte Glück dem Leben wahren Sinn und wirkliche Erfüllung schenken. Ein sinnerfülltes Dasein erfährt nur, wer seine wahren Motive und Lebensgründe kennt und sich von ihnen durchs Leben tragen lässt. Daher steht dieses Glück jedem offen: Unabhängig von Reichtum, Status oder Attraktivität hat jeder Mensch die gleichen Chancen, sein Leben an Werten zu orientieren, die es bedeutungsvoll machen.

… zum Nachdenken

Ein freier Mensch

Ich will unter keinen Umständen ein Allerweltsmensch sein. Ich habe ein Recht darauf, aus dem Rahmen zu fallen, wenn ich es kann. Ich wünsche mir Chancen, nicht Sicherheiten. Ich will kein ausgehaltener Bürger sein, gedemütigt und abgestumpft, weil der Staat für mich sorgt. Ich will dem Risiko begegnen, mich nach etwas sehnen und es verwirklichen. Schiffbruch erleiden und Erfolg haben. Ich lehne es ab, mir den eigenen Antrieb mit einem Trinkgeld abkaufen zu lassen. Lieber will ich den Schwierigkeiten des Lebens entgegentreten, als ein gesichertes Dasein führen; lieber die gespannte Erregung des eigenen Erfolgs als die dumpfe Ruhe Utopiens. Ich will weder meine Freiheit gegen Wohltaten hergeben, noch meine Menschenwürde gegen milde Gaben. Ich habe gelernt, selbst für mich zu denken und zu handeln, der Welt gerade ins Gesicht zu sehen und zu bekennen, dies ist mein Werk.

Albert Schweitzer (Arzt, 1875–1965)

TEST

Werte pflastern den Weg zum Glück

Entdecken Sie Ihre Werte! Auf den folgenden Seiten spüren Sie die Motive auf, die in Ihrem Leben wichtig sind, die Ihrem Leben einen Sinn geben.

Um Ihr persönliches Werteprofil zu bestimmen, überprüfen Sie bei allen 16 Lebensmotiven, ob sie für Sie wichtig (+) oder unwichtig (–) sind.

➤ Prüfen Sie einfach, ob eine der Aussagen im Allgemeinen auf Sie zutrifft. Ziehen Sie Vergleiche zu Menschen Ihres Alters, wenn Sie unsicher sind. Trifft die jeweilige Aussage stärker oder nicht so stark auf Sie zu im Vergleich zu anderen?

➤ Wenn keine der Aussagen Ihr Verhalten richtig beschreibt oder wenn manchmal das eine, manchmal das andere stimmt, dann tragen Sie den Wert 0 ein.

Es gibt keine richtigen oder falschen Antworten. Um sich ein möglichst genaues Bild von den Antrieben und Werten, die Ihr Leben bestimmen, zu verschaffen, müssen Sie die Fragen nur ehrlich beantworten.

Ein Beispiel

»Macht« ist für Sie ein wichtiges Motiv. Sie übernehmen oft das Kommando. Ihr MA-Wert ist also +.

Beim Punkt »Unabhängigkeit« können Sie sich mit keiner der Aussagen identifizieren. Ihr UN-Wert ist also 0.

Ihre Neugier ist weniger ausgeprägt. Sie stellen nur selten Fragen. Ihr NE-Wert ist demnach –.

1. Macht (MA)
+ Ich bin ehrgeizig und karrierebewusst.
+ Gewöhnlich übernehme ich das Kommando.
− Ich bin nicht ehrgeizig oder karrierebewusst.
− Im Allgemeinen ordne ich mich eher unter.
0 Sowohl als auch / weder noch.

Ihr **MA**-Wert: ☐

2. Unabhängigkeit (UN)
+ Selbst ist der Mann / die Frau!
+ Auf Ratschläge kann ich meist verzichten.
− Ich bin stark an meinen Partner gebunden.
− Ich bin nicht gern allein.
0 Sowohl als auch / weder noch.

Ihr **UN**-Wert: ☐

3. Neugier (NE)
+ Ich bin wissensdurstig und stelle viele Fragen.
+ Ich denke oft darüber nach, was Wahrheit ist.
− Ich stelle nur selten Fragen.
− Intellektuelle Betätigung reizt mich nicht.
0 Sowohl als auch / weder noch.

Ihr **NE**-Wert: ☐

Was treibt uns an ... und was bremst uns?

4. Anerkennung (AN)
- \+ Ich mag es nicht, wenn man mich kritisiert.
- \+ Ich gebe schnell auf.
- − Mit Kritik kann ich gut umgehen.
- − Ich habe großes Selbstvertrauen.
- 0 Sowohl als auch / weder noch.

Ihr **AN**-Wert: ☐

5. Ordnung (OR)
- \+ Ich habe einen ausgesprochenen Hang zur Ordnung und räume gerne auf.
- \+ Ich halte mich konsequent an Regeln.
- − Ordnung – was ist das?
- − Ich plane überhaupt nicht gerne.
- 0 Sowohl als auch / weder noch.

Ihr **OR**-Wert: ☐

6. Sparen (SP)
- \+ Ich bin ein typischer Sammler.
- \+ Viele halten mich sicher für einen Geizkragen.
- − Ich bin großzügig.
- − Ein Sammler / Sparer war ich noch nie.
- 0 Sowohl als auch / weder noch.

Ihr **SP**-Wert: ☐

7. Ehre (EH)
- \+ Ich bin als prinzipientreuer Mensch bekannt.
- \+ Man schätzt meine Loyalität.
- − Jeder muss selbst schauen, wo er bleibt.
- − Moralische Fragen interessieren mich nicht.
- 0 Sowohl als auch / weder noch.

Ihr **EH**-Wert: ☐

8. Idealismus (ID)
- \+ Für einen guten Zweck bringe ich auch persönliche Opfer.
- \+ Ich spende Geld oder arbeite ehrenamtlich.
- − Gesellschaftliche Fragen interessieren mich nicht.
- − Soziales Engagement bringt (mir) nichts.
- 0 Sowohl als auch / weder noch.

Ihr **ID**-Wert: ☐

9. Beziehungen (BE)
- \+ In der Gesellschaft anderer Menschen fühle ich mich glücklich.
- \+ Ich bin ein lebenslustiger Zeitgenosse.
- − Ich lasse nur meine Familie und einige enge Freunde an mich heran.
- − Ich lebe eher zurückgezogen.
- 0 Sowohl als auch / weder noch.

Ihr **BE**-Wert: ☐

10. Familie (FA)
- \+ Kinder zu erziehen macht mich glücklich.
- \+ Ich verbringe viel Zeit mit meinen Kindern.
- − Meine Elternrolle empfinde ich meist als belastend.
- − Ich bin kein Familienmensch.
- 0 Sowohl als auch / weder noch.

Ihr **FA**-Wert: ☐

11. Status (ST)
- \+ Ich mag Luxus.
- \+ Ich beeindrucke andere gern mit dem, was ich besitze.
- − Die Reichen und die Schönen sind mir egal.
- − Was andere von mir denken, interessiert mich nicht.
- 0 Sowohl als auch / weder noch.

Ihr **ST**-Wert: ☐

LEBENSKUNST ZWISCHEN MUSS UND MUßE

12. Rache (RA)
+ Ich neige zu Wutausbrüchen und bin oft aggressiv.
+ Ich habe ein ausgeprägtes Konkurrenzdenken und hege häufig Rachegefühle.
− Ich werde viel seltener wütend als andere und setze mich kaum zur Wehr.
− Konkurrenzsituationen sind mir verhasst.
0 Sowohl als auch / weder noch.

Ihr **RA**-Wert: ☐

13. Eros (ER)
+ Ich hatte viele verschiedene Sexualpartner in meinem Leben.
+ Ich bin ein richtiger Romantiker und habe einen besonderen Sinn für das Schöne.
− Sexualität spielt bei mir eine untergeordnete Rolle.
− Das Schöne ist mir völlig gleichgültig.
0 Sowohl als auch / weder noch.

Ihr **ER**-Wert: ☐

14. Essen (ES)
+ Essen ist ein wahres Lebenselixier!
+ Ich halte häufig Diät.
− Ich esse eigentlich nie mehr, als mir gut tut.
− Ich hatte nie größere Gewichtsprobleme.
0 Sowohl als auch / weder noch.

Ihr **ES**-Wert: ☐

15. Körperliche Aktivität (KA)
+ Ich habe mich schon immer körperlich betätigt.
+ Sport zu treiben macht mich glücklich.
− Ich war schon immer etwas träge.
− Ein faules Leben ist ein schönes Leben.
0 Sowohl als auch / weder noch.

Ihr **KA**-Wert: ☐

16. Ruhe (RU)
+ Ich bin meist schüchtern oder furchtsam und gerate leicht in Panik.
+ Es ängstigt mich, wenn meine Knie zittern/ mein Herz klopft, und es ist mir peinlich, wenn mein Magen knurrt.
− Ich bin weniger sensibel als viele andere.
− Ich bin mutig und unerschrocken.
0 Sowohl als auch / weder noch.

Ihr **RU**-Wert: ☐

© European Academy for Training and Development (EATD), Mallorca/Spanien, www.eatd.de; Nachdruck mit Genehmigung.
Das Reiss-Profil wurde von Helmut Fuchs und Andreas Huber nach Europa gebracht (www.trainer-akademie.de).

Die Auswertung

Ihr Antriebs- und Werteprofil
Tragen Sie Ihre Werte (+ oder − oder 0) in das Diagramm ein, und verbinden Sie die Markierungen zu Ihrem persönlichen Motiv-Profil.

Und nun sind Sie mit Denken dran

1. Machen Sie sich die »Spitzen« und »Tiefen« bewusst: Was sind die wirklich wichtigen Bereiche und Werte in Ihrem Leben? Welche Dinge interessieren Sie überhaupt nicht?
2. Wie gut können Sie Ihre wichtigsten Werte, Bedürfnisse und Ziele in den verschiedenen Lebensbereichen verwirklichen – in der Arbeit, in Familie oder Freizeit? Sind Sie insgesamt glücklich und zufrieden? Welche Hindernisse und Schwierigkeiten gibt es? Wie könnten Sie sie überwinden?
3. Wie sieht es in den weniger entscheidenden Bereichen aus? Verbringen Sie (zu) viel Zeit mit Dingen, die Ihnen eigentlich nichts bedeuten?

Was treibt uns an ... und was bremst uns?

Ihr persönliches Lebensmotiv-Profil

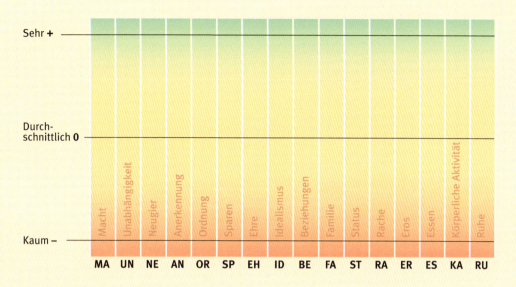

4. Machen Sie die Gegenprobe, und lassen Sie sich von Partnern, Freunden oder Kollegen beurteilen: Stimmen die jeweiligen Eigen- und Fremdbilder überein? Oder gibt es Diskrepanzen? Warum? Betreffen sie wichtige Bereiche?

Das Reiss-Profil – Ihr Wegweiser zum Lebensglück

Das Reiss-Profil spiegelt die Werte, Bedürfnisse und Motive wider, die im Leben wichtig und sinnerfüllend sind. Es zeigt den Lebensplan. Ein Mensch, für den Neugierde ein wichtiges Motiv ist, wird als Buchhalter selten glücklich, dafür aber als Journalist. Das Werte-Profil macht deutlich, welche Motive Ihr Leben stark und welche es kaum beeinflussen. In unserem Leben streben wir danach, die am höchsten bewerteten Motive zu befriedigen und zu erfüllen. Diese Lebensmotive wirken *selbstverstärkend*: Bald nachdem wir sie befriedigt haben, werden sie wieder »fordernd«, so wie wir einige Stunden nach einer sättigenden Mahlzeit wieder Hunger bekommen oder nach anregenden Gesprächen oder Kontakten erneut die Nähe anderer Menschen suchen. Das Reiss-Profil können Sie als einen Wegweiser zu Ihrem Glück verstehen. Nicht zum zufälligen Wohlfühlglück angenehmer Momente – Vergnügen, die immer nur von kurzer Dauer sind –, sondern zum Werteglück, den dauerhaften Glücksbringern.

Wenn Sie's genauer wissen wollen ...

Diese Fassung des Reiss-Profils ist eine von Steven Reiss autorisierte Kurzform. Sie liefert Ihnen einen guten Überblick über Ihre Motivatoren. Sie wollen es noch genauer wissen? Der vollständige Test für eine detailliertere Analyse – das »Reiss Profile of Fundamental Goals and Motivational Sensitivities« – ist in der deutschen Version per Internet erhältlich bei: *www.reiss-profil.de* oder *www.eatd.de;* info@reiss-profil.de (Preis zzt. 80,– Euro)

LEBENSKUNST ZWISCHEN MUSS UND MUßE

... zum Nachdenken

Warum überquert das Huhn die Straße?

Die Frage nach dem Motiv für eine Handlung kennt so viele Antworten, wie es Menschen gibt. Wer antwortet was auf die Frage: »Warum überquert das Huhn die Straße«?

Erzieherin: Um auf die andere Straßenseite zu kommen.
Platon: Für ein bedeutenderes Gut.
Aristoteles: Es ist die Natur von Hühnern, Straßen zu überqueren.
Karl Marx: Es war historisch unvermeidlich.
Timothy Leary: Weil das der einzige Ausflug war, den das Establishment dem Huhn zugestehen wollte.
Saddam Hussein: Dies war ein provozierender Akt der Rebellion, und wir hatten jedes Recht, fünfzig Tonnen Nervengas auf dieses Huhn zu feuern.
Captain James T. Kirk: Um dahin zu gehen, wo noch nie zuvor ein Huhn gewesen ist.
Hippokrates: Wegen eines Überschusses an Trägheit in seiner Bauchspeicheldrüse.
Louis Farrakhan: Sehen Sie, die Straße repräsentiert den schwarzen Mann. Das Huhn »überquerte« ihn, um auf ihm herumzutrampeln und ihn niedrig zu halten.
Martin Luther King: Ich sehe eine Welt, in der alle Hühner frei sein werden, Straßen zu überqueren, ohne dass ihre Motive in Frage gestellt werden.
Moses: Und Gott kam vom Himmel herunter, und Er sprach zu dem Huhn: »Du sollst die Straße überqueren.« Und das Huhn überquerte die Straße, und es gab großes Frohlocken.
Fox Mulder: Sie haben das Huhn mit Ihren eigenen Augen die Straße überqueren sehen. Wie viele Hühner müssen noch die Straße überqueren, bevor Sie es glauben?
Sigmund Freud: Die Tatsache, dass Sie sich überhaupt mit der Frage beschäftigen, dass das Huhn die Straße überquerte, offenbart Ihre unterschwellige sexuelle Unsicherheit.
Bill Gates: Ich habe gerade das neue »Huhn Office 2000« herausgebracht, das nicht nur die Straße überqueren, sondern auch Eier legen, wichtige Dokumente verwalten und Ihren Kontostand ausgleichen wird.
ET: Es will nach Hause ...
Oliver Stone: Die Frage ist nicht: »Warum überquerte das Huhn die Straße?«, sondern: »Wer überquerte die Straße zur gleichen Zeit, den wir in unserer Hast übersehen haben, während wir das Huhn beobachteten.«
Charles Darwin: Hühner wurden über eine große Zeitspanne von der Natur in der Art ausgewählt, dass sie jetzt genetisch bereit sind, Straßen zu überqueren.
Albert Einstein: Ob das Huhn die Straße überquert hat oder ob die Straße sich unter dem Huhn bewegte, hängt von Ihrem Referenzrahmen ab.
Buddha: Mit dieser Frage verleugnest du deine eigene Hühnernatur.
Ralph W. Emerson: Das Huhn überquerte die Straße nicht, es transzendierte sie.
Bill Clinton: Ich war zu keiner Zeit mit diesem Huhn allein.

Was treibt uns an ... und was bremst uns?

Was bremst uns?

Viele Läufer träumten lange davon, als Erster eine Meile, also 1609 Meter in weniger als vier Minuten zu laufen. Es schien unerreichbar. Wissenschaftliche Studien behaupteten sogar, der Luftwiderstand des Menschen sei zu groß, das Austauschvolumen der Lunge zu gering für so eine Leistung. Nur: Am 6. Mai 1954 lief Roger Bannister die Meile in 3 Minuten und 59,4 Sekunden.

Noch im selben Jahr verbesserten 37 Läufer den Rekord von Roger Bannister. 1955 konnte ein Athlet bestenfalls auf einem Dorffest mit einer Zeit von mehr als 4 Minuten gewinnen. Weltweit liefen bereits 300 Läufer unter den vier Minuten.

Was war passiert? Vier Minuten waren eine magische Grenze, ein Glaubenssatz: »Man kann eine Meile nicht unter vier Minuten laufen.« Solche Einstellungen oder Glaubenssätze (Seite 99) haben eine große Kraft. Roger Bannister hat diesen Glaubenssatz überwunden – und riss damit eine geistige Mauer ein.

Mentale Gitterstäbe

Nein. Auf ein Pferd steige ich nicht – ein großes Tier ist stärker als ich, also gefährlich. Nein. Ein Buch schreibe ich nicht – ich war schon in der Schule schlecht in Deutsch. Nein. Nach Indonesien fahre ich nicht – in den Tropen gibt es zu viele gefährliche Viren. Nein, ich suche mir keinen neuen Job – das Betriebsklima ist zwar eine Katastrophe, aber woanders wird das genauso sein.
Im Gehirn tummeln sich Bremsen, die uns hindern, erfolgreich zu sein, glücklich zu leben. Sie heißen *Paradigmen*.

Paradigmen sind wie Mauern im Gehirn, die uns daran hindern, glücklich zu sein.

Der Glaube, ein großes Tier sei gefährlich, hält davon ab, auf dem Schimmel über die Felder zu galoppieren. Der Glaube, etwas nicht zu können, weil einem Lehrer vor einer Ewigkeit der Aufsatzstil nicht gepasst hat, hält einen ab, als Erwachsener mit vielen gesammelten Erfahrungen einen Bestseller zu schreiben. Der Glaube, die Tropen seien eine Brutstätte für gefährliche Viren, hält einen davon ab, die Welt kennen zu lernen. Und der Glaube, dass es komfortabler sei, den ungeliebten Arbeitsplatz zu behalten, kann einen zutiefst unzufrieden machen.

Ist das Glas Wein wirklich halb leer?

Paradigmen sind mentale Modelle, Glaubenssätze, die das Leben steuern. Paradigmen setzen uns eine Brille auf, durch die wir die Welt sehen oder sehen wollen. Ein Paradigma ist wie das Wasser für einen Fisch, in dem er zwar schwimmt, aber das er nur schwer er-

LEBENSKUNST ZWISCHEN MUSS UND MUßE

Ein Hindernis ist nur so groß, wie wir es wahrnehmen. Eine kleine Veränderung in der Denkweise verleiht tiefere Einsicht – und Flügel.

kennen und beschreiben kann. Paradigmen beschreiben die Art und Weise, wie wir unsere Umwelt wahrnehmen, verstehen, erklären. Sie bestimmen, ob das Glas Wein halb leer oder halb voll ist. So, wie wir ein Problem sehen, *ist* das Problem – groß oder klein, lösbar oder nicht. Paradigmen bezeichnen individuelle, aber auch kollektive Sichtweisen unserer selbst gezimmerten Realität.

Eine kleine Erleuchtung: Paradigmenwechsel

Paradigmen bestimmen nicht nur unsere Einstellung, sondern auch unser Verhalten – in der Partnerschaft, im Job, im Umgang mit der Zeit. Nur eine Veränderung der Denkweise, ein Paradigmenwechsel also, führt zu neuen, tieferen Einsichten und gibt uns die Chance, uns zu entwickeln. Ein Paradigmenwechsel kann einen Umdenkungsprozess in Gang setzen: Wie wollen wir unsere Zeit und damit unser Leben gestalten? Durch einen Paradigmenwechsel sehen wir Altes in ganz neuem Licht. Durch diese »kleine« Erleuchtung gelingt es uns, Verhalten zu ändern und neue Gewohnheiten zu etablieren. Dazu müssen wir unsere Paradigmen, unsere mentalen Gitterstäbe kennen. Die häufigsten Paradigmen, die im Leben ausbremsen, heißen:

- Streng dich an!
- Beeil dich!
- Sei perfekt!
- Sei gefällig!
- Sei stark!

Was treibt uns an ... und was bremst uns?

Ab Seite 143 finden Sie einen Test, mit dem Sie herausfinden, welche dieser »Antreiber« Sie im Leben mit gezogener Handbremse fahren lassen.

Was Glaubenssätze so anrichten

Haben Sie einen negativen Glaubenssatz verinnerlicht, zum Beispiel »Sei perfekt!«, dann werden Sie Ihr Leben lang versuchen, sich für Fehler zu rechtfertigen. Oder, noch schlimmer: Sie gehen bestimmte Dinge gar nicht erst an aus Angst, Fehler zu machen.

Beispiel: Eine Aussage wie »Ich habe absolut kein Talent, Sprachen zu lernen« kann ihren Hintergrund haben im Glaubenssatz: »Ich muss perfekt sein.« Dieser Mensch hat sich dazu entschlossen, niemals eine Sprache zu lernen. Seine Rechtfertigung dafür ist sein negativer Glaubenssatz. Nun kauft sich dieser Mensch – ich kenne ihn, es ist eine Sic – eine Finca auf Mallorca. Was passiert? Sie muss reden, weil sie etwas will. Und das tut sie dann auch. Wie ihr der Mund gewachsen ist. Sie sagt zu ihrem Nachbarn: »Viele Geschenke (regalos)« – statt Grüße (recuerdos) – »an Ihre Frau.« Er lacht und fragt, was es denn sein soll: »Ein Armreif, ein Pullover ...« Sie sagt: »Ich geh die Pferde essen.« Statt die Pferde füttern. Der Nachbar lacht. Und wünscht: »Guten Appetit!« Sie lacht Tränen über ihre Fehler, hat eine Geschichte zu erzählen – und vergisst die verwechselten Vokabeln nie. Stellen Sie sich vor, dieser Mensch ändert seine Weltsicht und merkt, dass nicht der eine vom lieben Gott mit Sprachtalent gesegnet und der andere mit dem Fluch des Unverständnisses beladen ist. Beseelt von seinem Ziel, legt er seinen negativen Glaubenssatz ab. Sagt sich: »Ich kann, was ich will« – und beherrscht nach kurzer Zeit die Sprache.

Glaubenssätze kann man löschen

Glaubenssätze wurzeln zwar tief, sind fest in unser Unterbewusstsein programmiert. Aber man kann sie löschen. Denn sie sind nicht angeboren, sondern erlernt. Deshalb können Sie negative Glaubenssätze umprogrammieren in positive Glaubenssätze. Mit Anti-Sätzen, die Sie sich immer sagen, wenn die negativen Antreiber auftauchen.

So, wie sich in Ihrer Kindheit aus dem ängstlichen, fürsorglichen und gut gemeinten »Du kannst das noch nicht« Ihrer Mutter der negative Glaubenssatz »Ich kann das sowieso nicht« entwickelt hat, genauso können Sie ihn umprogrammieren: einfach durch Wiederholung.

▶ Überschreiben Sie die alte Bremse mit einem neuen Glaubenssatz, zum Beispiel: »Ich kann alles, was ich mir fest vornehme.« Indem Sie ihn als positive Affirmation jeden Morgen vor dem Spiegel zu sich selbst sagen. Und immer dann, wenn das alte Paradigma auftaucht. Denn Sie wissen ja, dass Fehler die größten Bausteine zum Erfolg sind. Sie wissen, dass Sie können, was Sie sich vornehmen, und versuchen es deshalb so oft, bis es Ihnen gelingt.

Ist ein solcher Wechsel des Glaubenssatzes, ein solcher Paradigmenwechsel tatsächlich vollzogen, dann ist es nur sehr schwer möglich, wieder ins alte Paradigma zu verfallen.

LEBENSKUNST ZWISCHEN MUSS UND MUßE

Ankern

Die NLP-Expertin Prof. Barbara Schott von der Fachhochschule Nürnberg empfiehlt, »neue Anker zu setzen«. In schwierigen Situationen werden positive, kreative Energien aus erfolgreichen, guten Momenten aktiviert. Sie können mit dieser einfachen Technik aufkeimende Angst oder Nervosität in ein positives Gefühl verwandeln.

Jedes Bild löst ein Gefühl aus. Und man braucht in schwierigen Situationen ein gutes Gefühl. Dafür holt man sich eine Kompetenz-, eine Erfolgssituation aus der Erinnerungsschublade.

➤ Vor dem geistigen Auge sehen Sie sich in dieser erfolgreichen Situation. Durchleben Sie sie noch einmal mit allen Sinnen: Riechen, hören, fühlen Sie alles.

➤ Das schöne, energiegeladene, kompetente, selbstbewusste Gefühl, das Sie in dieser Situation hatten, können Sie mit einem Gegenstand verknüpfen, zum Beispiel mit einem Talisman. Diesen nehmen Sie mit zum Vortrag, zum Auftritt, zum Bewerbungsgespräch. Vorher üben Sie am besten noch in Gedanken.

➤ Begeben Sie sich in die schwierige Situation, fühlen Sie den Talisman, und holen Sie das gute Gefühl, das das negative Gefühl, die Angst, die Selbstzweifel dann im Keim erstickt. Das funktioniert, probieren Sie es aus.

Anti-Sätze löschen falsche Glaubenssätze

Immer, wenn Ihr Glaubenssatz, der Sie im Leben bremst, auftaucht, setzen Sie ihm einen Anti-Satz entgegen. Brennen Sie die neue Information in Ihre Festplatte Gehirn ein.

■ **Streng dich an!** Dieser Glaubenssatz treibt dazu an, immer genauer und immer länger zu arbeiten als die anderen. Diese Menschen kennen keine Pausen, arbeiten bis zur Erschöpfung, werden aber doch nie fertig. Der Anti-Satz: »Nur wer loslässt, hat zwei Hände frei.«

■ **Beeil dich!** Wer von diesem Glaubenssatz angetrieben wird, setzt sich selbst unter Zeitdruck. Hetzt von Termin zu Termin, von Aufgabe zu Aufgabe. Meint, nichts schnell genug lösen zu können. Der Anti-Satz: »Ich nehme mir die Zeit, die ich brauche, sie steht nicht nur anderen, sondern auch mir zu.«

■ **Sei perfekt!** Dahinter steckt die Angst, Fehler zu machen, der ständige Zweifel an der Qualität der eigenen Leistung. Gut ist nicht gut genug. Man kann sich über das, was man erreicht hat, nie freuen. Der Anti-Satz: »Auch ich darf Fehler machen. Fehler sind Stufen auf der Leiter zum Erfolg.«

■ **Sei gefällig!** Dieser Glaubenssatz quält Menschen, die nicht Nein sagen können. Sie meinen, nur geliebt zu werden, wenn sie es allen recht machen, nur nicht sich selbst. Der Anti-Satz: »Wenn ich Nein sage, sage ich Ja zu meinen Zielen.«

■ **Sei stark!** Wer diesem Glaubenssatz folgt, zeigt nach außen nicht, wie es in seiner Seele aussieht. Keine Schwäche dringt aus der harten Schale. Einen anderen um Hilfe zu bitten kommt gar nicht in Frage. Delegieren fällt schwer. Der Anti-Satz: »Gefühle zeigen macht sympathisch, um Hilfe bitten auch.«

TEST

Erkennen Sie Ihre Antreiber: Das sind die Bremsen!

Wir alle haben Botschaften mitbekommen, an denen wir unser Handeln unbewusst orientieren. Diese Antreiber sind nicht per se negativ. Doch sie können uns das Leben schwer machen.

Wenn wir sie falsch nutzen, werden sie zu Bremsen. Nur wenn Sie wissen, nach welchem Muster Sie agieren, können Sie den Fuß von der Bremse des Lebens nehmen und diese Antreiber zu Ihrem Vorteil nutzen.
Mit dem folgenden Test des Diplompsychologen Rolf Rüttinger finden Sie heraus, warum Sie sich manchmal selbst im Weg stehen.

So geht's

➤ Markieren Sie bei den Aussagen, die auf Sie zutreffen, den nebenstehenden Buchstaben.

Mein Gesichtsausdruck ist ernst. _____ P

Bei Diskussionen nicke ich mit dem Kopf. _____ G

Ich trommle ungeduldig mit den Fingern auf den Tisch. _____ B

Meine Probleme gehen die anderen nichts an. _____ K

Trotz großer Anstrengung gelingt mir vieles nicht. _____ S

Meine Devise lautet: »Nur nicht lockerlassen.« _____ S

Ich sage oft: »genau«, »exakt«, »klar«, »logisch«. _____ P

Ich fühle mich verantwortlich für das Wohlbefinden meiner Kollegen und Mitarbeiter. _____ G

Ich habe eine harte Schale, aber einen weichen Kern. _____ K

Wenn ich eine Aufgabe anfange, führe ich sie zu Ende. _____ S

Wenn ich eine Arbeit erledige, dann mache ich sie gründlich. _____ P

Aufgaben erledige ich möglichst rasch. _____ B

Ich kümmere mich persönlich auch um Nebensächliches. _____ P

Beim Telefonieren bearbeite ich oft nebenbei Akten. _____ B

Ich sage oft mehr, als eigentlich nötig wäre. _____ G

Meine Devise heißt: »Zähne zusammenbeißen.« _____ K

Ich sage eher »Können Sie es nicht einmal versuchen?« als »Versuchen Sie es einmal«. _____ G

Ich strenge mich an, um meine Ziele zu erreichen. _____ S

LEBENSKUNST ZWISCHEN MUSS UND MUßE

Ich bin ständig auf Trab. — B

So schnell kann mich nichts erschüttern. — K

Ich bin sehr nervös. — B

Es fällt mir schwer, Gefühle zu zeigen. — K

Ich versuche, die an mich gestellten Erwartungen zu übertreffen. — P

Ich liefere meinen Bericht erst ab, wenn ich ihn mehrmals überarbeitet habe. — P

Ich glaube, dass die meisten Dinge nicht so einfach sind, wie viele meinen. — S

Anderen gegenüber bin ich oft hart, um selbst nicht verletzt zu werden. — K

Leute, die herumtrödeln, regen mich auf. — B

Ich bin diplomatisch. — G

Erfolge fallen nicht vom Himmel. Ich muss sie hart erarbeiten. — S

Es ist für mich wichtig, von den anderen akzeptiert zu werden. — G

Anderen gegenüber zeige ich meine Schwächen nicht gerne. — K

Ich sage oft: »Mach mal vorwärts!« — B

Ich sollte viele Aufgaben noch besser erledigen. — P

Ich sage oft: »Es ist schwierig, etwas so genau zu sagen.« — S

Ich versuche oft herauszufinden, was andere von mir erwarten, um mich danach zu richten. — G

Es ist mir wichtig, von anderen zu erfahren, ob ich meine Sache gut gemacht habe. — G

Leute, die unbekümmert in den Tag hineinleben, kann ich nur schwer verstehen. — S

Ich habe Mühe, Leute zu akzeptieren, die nicht genau sind. — P

Bei Diskussionen unterbreche ich die anderen oft. — B

Ich löse meine Probleme selbst. — K

Für dumme Fehler habe ich wenig Verständnis. — K

Wenn ich einen Wunsch habe, erfülle ich ihn mir schnell. — B

Beim Erklären von Sachverhalten verwende ich gern die klare Aufzählung »erstens ... zweitens ... drittens ...« — P

Ich sage oft: »Das verstehe ich nicht.« — S

Es ist mir unangenehm, andere Leute zu kritisieren. — G

Ich stelle meine Wünsche und Bedürfnisse zugunsten anderer Personen zurück. — G

Wenn ich eine Meinung äußere, begründe ich sie auch. — P

Ich schätze es, wenn andere auf meine Fragen rasch und bündig antworten. — B

Im Umgang mit anderen bin ich auf Distanz bedacht. — K

Wenn ich raste, roste ich. — S

Summen

S ☐ B ☐ P ☐ G ☐ K ☐

Die Auswertung

Zählen Sie die einzelnen Buchstaben zusammen, und tragen Sie die jeweilige Punktzahl in die entsprechenden Felder ein. Die Kategorien, die bei Ihnen am häufigsten vorkommen, zählen zu Ihren persönlichen Antreibern. Lesen Sie, wie Sie Ihre Antreiber zu Ihrem eigenen Vorteil umfunktionieren.

Das Arbeitstier

Ihre Punktzahl bei **S**
Ihr Antreiber: **Streng dich an!**

Arbeitstier? Perfektionist? Lassen Sie sich nicht länger von Sachzwängen oder Angst vor Fehlern das Leben schwer machen.

Ihnen hat man in die Wiege gelegt, dass Erfolg nur von Schweiß kommt. Sie suchen deshalb immer den umständlichsten, anstrengendsten Weg zum Ziel – nur was wehtut, kann gut sein. Bei allem, was Sie tun, begleitet Sie Ihre Angst, dass andere besser sind. Sie wittern ständig Konkurrenten und Rivalen.
Tipp: Ihre Maxime sollte lauten: »Am Ende zählt nur das Ergebnis.« Arbeiten Sie nicht länger an Ihren Schwächen, sondern nutzen Sie Ihre Stärken, um einfacher zum Ziel zu kommen. Wie Sie Ihre Stärken finden, steht auf Seite 115. Lassen Sie bewusst eine Aufgabe liegen, und warten Sie ab, ob dadurch eine Katastrophe eintritt. Lassen Sie sich Ihr Leben nicht länger von anderen oder von Sachzwängen schwer machen.

Der Hektiker

Ihre Punktzahl bei **B**
Ihr Antreiber: **Beeil dich!**

Sie wurden vermutlich in Ihrer Kindheit ständig zur Eile angetrieben. Heute gehören Sie zu den Hektikern, Sie sprechen schnell und antworten schnell, fallen anderen häufig ins Wort. Sie können nicht das Wichtige vom Dringlichen trennen, können schwer Prioritäten setzen und eine Arbeit kaum zu Ende bringen.
Tipp: Nehmen Sie sich bewusst Zeit für sich, und setzen Sie in allen Lebensbereichen Prioritäten. Anleitung ab Seite 120. Streichen Sie die Termine, die Sie Ihren Zielen nicht wirklich näher bringen. Lassen Sie sich bewusst auf intensive Beziehungen mit anderen Menschen ein, denn das ständige Hetzen ist zum guten Teil auch die Angst vor zu viel Nähe.

Der Perfektionist

Ihre Punktzahl bei **P**
Ihr Antreiber: **Sei perfekt!**

Von klein auf mussten Sie Verantwortung übernehmen. Sie lernten auch, dass ein Indianer keinen Schmerz kennt und dass man sich alles im Leben gründlich erarbeiten muss. Sie haben Angst davor, Fehler zu machen, sind gewissenhaft und geben sich erst mit dem besten Ergebnis zufrieden. Lieber überarbeiten Sie ein ferti-

LEBENSKUNST ZWISCHEN MUSS UND MUßE

Everybody's Darling. Wer jedem gefallen will, macht es auf Dauer niemandem recht.

ges Ergebnis dreimal, um auch wirklich 100 Prozent zu erreichen, als sich mit 99 Prozent in der Hälfte der Zeit zufrieden zu geben. Das bringt Ihnen den Ruf eines Erbsenzählers – nicht unbedingt förderlich für Ihre berufliche Karriere und private Beziehungen. Was Sie selbst leisten, erwarten Sie auch von anderen. Bei Fehlern neigen Sie zu überzogener Kritik.
Tipp: Gehen Sie die nächste Aufgabe spontan und ohne Angst vor einem schlechten Ergebnis an. Fürchten Sie sich nicht vor Fehlern und Pannen, sehen Sie diese als Chance, daraus zu lernen. Verabschieden Sie sich vom Perfektionismus; wie das geht, steht auf Seite 213.

Everybody's Darling
Ihre Punktzahl bei **G**
Ihr Antreiber: **Sei gefällig!**

Sie hatten in Ihrer Familie vermutlich das Gefühl, nicht genug geliebt zu werden. Ihre Strategie war, es allen recht machen zu wollen. Heute zählt für Sie nur, was andere von Ihnen erwarten. Ihre eigenen Bedürfnisse spielen keine Rolle. Sie fühlen sich ständig verantwortlich dafür, wie andere sich fühlen. Sie können nicht Nein sagen.
Tipp: Nehmen Sie sich das Recht, einmal schlechte Laune zu zeigen, wenn Sie nicht gut drauf sind. Stehen Sie dazu, wenn Sie bestimmte Menschen nicht besonders mögen. Vertreten Sie klar Ihre Meinung. Arbeiten Sie an Ihrem persönlichen Profil. Wenn Sie jedem gefallen wollen, werden Sie es auf die Dauer niemandem recht machen. Wie Sie Nein zu sagen lernen, steht auf Seite 208.

Der Kraftprotz
Ihre Punktzahl bei **K**
Ihr Antreiber: **Sei stark!**

Sie haben das Motto »Ich schaffe es auch allein« mit der Muttermilch aufgesogen. Heute lautet Ihre Devise »Zusammenreißen«, den Helden spielen, bloß keine Gefühle oder Schwächen zeigen. Läuft es nicht so, wie Sie sich das vorstellen, stoßen Sie andere mit Ihrer Direktheit vor den Kopf, ohne es zu wollen. Sie wirken nach außen arrogant, dabei haben Sie unter Ihrer harten Schale einen weichen Kern.
Tipp: Sie sollten Ihrem Element Beziehungen mehr Beachtung schenken (Seite 86). Veranstalten Sie doch einfach einmal ein Fest, bei dem Sie Ihren Mitarbeitern und Kollegen Ihre menschliche Seite zeigen. Öffnen Sie sich Menschen, zu denen Sie Vertrauen haben. Entdecken Sie Ihr tiefes Bedürfnis nach Nähe und Unterstützung von anderen. Nutzen Sie Ihre Stärke, um sich für andere einzusetzen.

© Sauer-Verlag, Heidelberg. Nachdruck mit Genehmigung. Den Test entwickelte Rolf Rüttinger, Pullach, www.ruettinger-consultants.de. Ebenfalls empfehlenswert: Rolf Rüttinger, Transaktions-Analyse. Heidelberg: Sauer-Verlag, 2001

Was treibt uns an ... und was bremst uns?

Die gute Nachricht: Es gibt auch Erlauber

Glaubenssätze haben wir meist von den Eltern gelernt. Aber Eltern sind nicht nur dazu da, ihre Kinder negativ zu programmieren. Natürlich nicht. Es gibt unterstützende Botschaften, die Erlauber. Sie erlauben uns, die Dinge nach unserem Maß zu tun. Die wichtigsten Erlauber heißen:

■ **Lass dir Zeit!** Menschen, die diese Botschaft angemessen anwenden, sind ausgeglichen, selten gestresst und wirken auf andere stabilisierend.

■ **Sei du selbst!** Menschen, die diese Botschaft erhalten haben, leben authentisch und können ihre Talente entfalten. Sie verspüren nicht den Zwang, sich ständig den Anforderungen der Umwelt anzupassen. Nur wer sich selbst annimmt und respektiert, kann auf Dauer auch andere respektieren.

■ **Mach etwas wirklich, anstatt es nur zu probieren!** Wer über diesen Erlauber verfügt, ist in der Lage, Probleme zu Ende zu denken und Aufgaben zu einem erfolgreichen Abschluss zu bringen.

■ **Kümmere dich um deine Bedürfnisse!** Nur die Klarheit über die eigenen Wünsche und Werte führt auch zu den richtigen Zielen und zu einem autonomen Verhalten ohne Fremdsteuerung.

Spüren Sie Ihre Erlauber auf

▶ Setzen Sie sich in Ruhe mit Papier und Bleistift hin, und notieren Sie die positiven Botschaften, die Erlauber, die Sie von Ihren Eltern mitbekommen haben. Erkennen Sie Ihre Erlauber? Dann nutzen Sie sie zu Ihrem Vorteil aus. Und wenn Sie selbst Kinder haben, dann setzen Sie alle Erlauber ein.

Festhalten & feiern

Der Bumerang darf nicht taumeln. Auch Sie sollte nichts so schnell aus dem Gleichgewicht bringen. Es gibt keine Probleme, es gibt nur Lösungen. Leider spielt Ihr Unterbewusstsein da nicht mit. Es hat eine ganz schlechte Angewohnheit: Es schickt Ihnen ständig nagende Gedanken. Erzählt Ihnen von allem, was Sie nicht geschafft haben. Folge: Das Selbstwertgefühl sinkt.
Nun gibt es ganz einfache Möglichkeiten, das (Unter-)Bewusstsein in andere Bahnen zu lenken, in positive, die Ihr Selbstwertgefühl heben, die Sie motivieren, Ihre Energie einzusetzen für ein erfülltes, glückliches, ausbalanciertes Leben.

▶ Führen Sie ein Erfolgstagebuch (Seite 169). Der einfachste Weg, sein Selbstbewusstsein zu stärken: Tue Gutes, und erinnere dich daran. Schreiben Sie auf, was Sie gut an sich finden. Fischen Sie im trüben See Ihres Unterbewusstseins nach allem, worauf Sie stolz sind. Loben Sie sich.

▶ Feiern Sie diese Erfolge – jetzt gleich, mit sich selbst (Seite 52). Und lesen Sie das immer mal wieder nach. Richten Sie immer wieder Ihre Aufmerksamkeit auf das, was Sie in der Vergangenheit tatsächlich erreicht haben. Dann wird Ihnen Ihre innere Kraft bewusst. Sie können nämlich Wünsche, Ideen, Konzepte verwirklichen.
Tun Sie das nun jeden Tag. Schreiben Sie sich jeden Abend Ihre Tageserfolge auf. Und feiern Sie jeden einzelnen. Glauben Sie mir: Nichts motiviert mehr.

Raus aus dem Stress ...

... rein in den Flow

Zu viel Stress verhindert Erfolg, nagt am Band der Beziehungen und macht auch noch krank. Die richtige Menge von diesem Antreiber aber hievt Sie direkt ins Glück.
Eins sein mit dem, was man tut, darin aufgehen, ist Glück pur. Flow kann man erleben in der Arbeit, in der Freizeit und mit Menschen.

Total gestresst?

Häufig erschöpft, morgens schon todmüde. Oft unkonzentriert, ängstlich oder konfus. Schlafstörungen, Magenschmerzen, Nackenverspannung, Depressionen, Herzrasen. So zeigt sich chronischer Stress – und der führt zum Burn-out-Syndrom, der totalen Erschöpfung. Im Stress verliert die Seele die Balance, und der Körper rotiert mit in dem Strudel. Hat der Arbeitsstress Sie im Griff?

▪ Ja, wenn Sie Ihr Mittagessen am Schreibtisch essen und länger in der Arbeit bleiben, um fertig zu werden.
▪ Ja, wenn Sie schlecht einschlafen, weil Sie immer noch an die Arbeit denken.
▪ Ja, wenn Sie lieber vor dem Fernseher versacken, statt Ihre freie Zeit in die schönen Dinge des Lebens zu investieren.
▪ Ja, wenn Sie sich oft nicht gut fühlen – obwohl Sie nicht krank sind.

Raus aus dem Stress ... rein in den Flow

Stress hat auch was ...

... denn wir können ohne Stress nicht leben. Früher brauchten wir ihn, um vor dem Säbelzahntiger zu fliehen. Heute brauchen wir ihn, um unser Verhalten an eine sich ständig wandelnde Umwelt anzupassen, um flexibel zu reagieren, um Neues zu lernen. Denn, wie Sie wissen, ist Stress auch Herausforderung. Ein gewisses Maß an Stress weckt den Geist, aktiviert den Körper und gibt uns die Energie, eine Aufgabe zu bewältigen. Hat man sie geschafft, lehnt man sich zurück, ist zufrieden und entspannt. Der so genannte Eustress ist die Voraussetzung für Flow: das pure Erleben, das Glück des Augenblicks. Das Sein im Hier und Jetzt, wie ein Kind mit seinem neuen Spielzeug, ein Jazzmusiker am Saxophon.

Ziel ist, dass Sie Ihr Stresspotenzial für sich nutzen, es umwandeln in eine Antriebsfeder. Dafür brauchen Sie Wege aus dem Disstress, dem chronischen, belastenden Stress. Und eine Anleitung zum Flow.

Wie Körper und Kopf auf Stress reagieren

Man sitzt auf dem Fahrrad, tritt träumerisch dahin. Plötzlich sieht man aus dem Augenwinkel einen Mercedes, der einem die Vorfahrt nimmt. Signal zum Gehirn: Gefahr! Der Hypothalamus setzt CRH (Corticotropin Releasing Hormon) frei. Dieses löst eine Hormonkaskade aus, hundert biochemische Prozesse, die die körperliche Stressreaktion ausmachen. Das sympathische Nervensystem setzt im ganzen Körper den Botenstoff Noradrenalin frei. Das Nebennierenmark stößt Adrenalin aus. Beide Stoffe mobilisieren sekundenschnell Energie. Die Nebennierenrinde produziert das Stresshormon Cortisol. Vorbei das Träumen: Das Herz schlägt schneller, Blut schießt in die Muskeln, in das Gehirn. Aufwachen, Lenker rumreißen, vom Rad springen. Dem Autofahrer die Faust zeigen. Hinsetzen. Geschafft. Entwarnung. Ausatmen. Lächeln. Entspannen. Stress vorbei.

Stress ist ein Lebensretter

Die Reaktion unseres Körpers auf Bedrohung ist uralt. Ein Relikt aus der Zeit, als es jagend und sammelnd nur darum ging, den Tag zu überleben. Und dafür gab es zwei Möglichkeiten: »fight or flight«, Angriff oder Flucht.
Nur die Bedrohung hat sich geändert. Es ist nicht mehr der Säbelzahntiger. Sondern das Kündigungsschreiben, der Computerabsturz, der brüllende Chef. Oder schon der pure Gedanke daran.
Noch heute macht den modernen Großstadtneandertaler Stress bereit für Angriff (ziemlich sinnlos, wenn der Gegner ein Auto ist) und Flucht (in diesem Fall der erfolgreichere Weg). Fliehen, Fahrrad retten, entspannen, und alles ist gut. Es gibt Menschen, die ihr neues Leben feiern. Im Geiste mit einem Glas

---

... zum Nachdenken

Wer unter Druck steht und mit der Angst vor Versagen ein Problem lösen will, ist zu fixiert. Er springt aus dem Fenster, anstatt nach der Feuerleiter zu suchen.

Klaus Linneweh, Kreativitätsforscher

LEBENSKUNST ZWISCHEN MUSS UND MUßE

auf ihren Schutzengel anstoßen, im Körper auf »Entwarnung« schalten. Die Bumerang-Typen. Die mit sich, der Welt und ihren kleinen Schicksalsschlägen in Balance sind. Die auf ihren Körper hören. Denn der wünscht sich nach vollbrachter Höchstleistung wieder zurück in die Normalität.

Gedanken machen Stress

Es gibt Menschen, die das Gefahrenlämpchen weiter rot blinken lassen. Die sich hinsetzen und grübeln: »Ich fahr lieber nicht mehr mit dem Rad in die Arbeit. Immer muss mir das passieren. Bestimmt hab ich mir ein Nackentrauma zugezogen. Ich hätte mir das Nummernschild merken sollen.« Der Stress geht weiter. Das Cortisol kreist weiter. Der Körper läuft weiter auf Stress. Und das macht krank. Denn Cortisol-Spritzchen beschert uns das Leben jeden Tag. Es kommt also ganz darauf an, wie wir Stress erleben. Positiv-Denker sind vor negativen Stressfolgen gefeit, ergab eine Studie der Universität von Kalifornien an 700 Managern. Jene Führungskräfte, die Stress als Herausforderung ansahen, waren gesünder und biologisch jünger als die eher pessimistischen Teilnehmer der Studie.

Eigentlich spricht die Psychologie heute nicht mehr von negativem und positivem Stress, von Eu- und Disstress. Es gibt nur einen Stress – entscheidend ist die Art, wie man ihn bewältigt. Das heißt in der Fachsprache »Coping«. Für den einen ist eine Rede zu halten eine Herausforderung: Die Stresshormone putschen zur Höchstleistung auf. Für den anderen ist eine Rede zu halten eine Katastrophe: Die Stresshormone blockieren, machen ihn zum Neandertaler, der vorm Mammut flieht und unter Angst, Anspannung und Machtlosigkeit leidet.

Schlecht fürs Herz: Statt zu kämpfen oder zu flüchten, bleiben wir sitzen – und zünden uns noch eine Zigarette an.

Paradox: Großen Stress hält man aus, kleinen Stress nicht

Welcher Stress ist gefährlicher? Der große oder der kleine? Der Tod eines Angehörigen oder der Ärger mit der Kundschaft? Die Antwort ist verblüffend, aber wahr: Die täglichen kleinen Nadelstiche, die kleinen Cortisol-Spritzchen machen uns krank. Denn die in den Genen verankerte Lebensversicherung »fight or flight« ist für ein paar Minuten gedacht. Aber nicht für achtzig Jahre. Heute wissen die Stressforscher, dass Gefahr nicht von den großen Ereignissen im Leben ausgeht. Sondern von den kleinen, alltäglichen Ärgernissen. Der verlegte Schlüssel, der misstrauische Nachbar, der jähzornige Chef, die tuschelnden Kollegen, die unzähligen kleinen Verpflichtungen, das Warten beim Arzt, an der Kasse, im Stau, die Vorwürfe vom Partner, die greinenden Kinder … Der Alltag ist eine sprudelnde Stressquelle. In der manche erfrischend baden und andere untergehen.

Die Folgen von chronischem Stress

Das Gedächtnis funktioniert unter Stress um ein Drittel schlechter, so neue Studien der Universität Zürich. Stress hindert am Erinnern von Informationen, die im Gehirn abgespeichert sind. Chronisch erhöhte Cortisolwerte rauben biologische Ressourcen. Sie machen den Körper kaputt. Sie verhindern, dass der Körper wieder auf normal runterschaltet. Der Daueralarm schädigt das Immunsystem. Begünstigt Diabetes und Übergewicht. Lässt den Blutdruck ansteigen und die Blutfettwerte. Das führt zu Arterienverkalkung, Herzinfarkt und Schlaganfall. Cortisol zerstört bestimmte Gehirnareale, das führt zu Konzentrationsschwäche und frühzeitiger Demenz. Manche Menschen reagieren auf chronischen Stress auch mit gedrosselter Cortisolproduktion, das macht stress- und schmerzempfindlicher, führt zu Krankheiten wie Angst, Burn-out-Syndrom, Depressionen.

Häufig greift man auch in der Meinung, Stress zu mindern, zu Drogen wie Zigaretten, Alkohol oder Tabletten. Das wirkt nur scheinbar gegen Stress. Tatsächlich belasten sie den Organismus zusätzlich.

Übrigens: In einer Umfrage einer deutschen Frauenzeitschrift über Stress gaben Männer an, den größten Stress im Beruf zu erleben; Frauen stresst häufiger die Partnerschaft.

Was macht stressanfällig?

Manche Menschen reagieren gelassen, andere unterliegen dem Tanz der Stresshormone. Woran liegt das?

■ **Die Gene:** Stressforscher schätzen, dass Stressanfälligkeit zu dreißig Prozent genetisch bedingt ist.

■ **Die Mutter:** Frauen, die während der Schwangerschaft hohe Cortisolwerte zeigen, bekommen stressanfälligere Babys.

■ **Kindliche Erfahrungen:** Traumatische Erlebnisse in den ersten sieben Lebensjahren, der Zeit der Entwicklung der Identität, können lebenslänglich stressanfälliger machen.

■ **Persönlichkeit:** Erfolgsorientierte, ehrgeizige, sehr engagierte, ungeduldige und unruhige Menschen sind besonders stressanfällig.

■ **Charakter:** Feindseligkeit, Zynismus, Wut, Reizbarkeit und Misstrauen erhöhen das In-

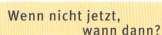

Wenn nicht jetzt, wann dann?

Cortisolspritzen aufspüren

Schreiben Sie auf, was Sie belastet, was Ihnen Stress bereitet. Beantworten Sie folgende Fragen:

• Was stresst mich aus meiner Umwelt?
• Wie setze ich mich selbst unter Druck?
• Was könnte ich ändern?
• Wie möchte ich künftig reagieren?
• Welche Entspannungsmethode möchte ich wann lernen?

LEBENSKUNST ZWISCHEN MUSS UND MUßE

Wut, Misstrauen, das Gefühl mangelnder Wertschätzung, Streit … Brutstätten für krank machende Stresshormone.

farktrisiko um 250 Prozent. Humor hingegen zieht dem Stress den Stachel. Eine Studie an 300 Harvard-Absolventen zeigte: Menschen mit gutem Sinn für Humor bewältigen Stress besser und leben länger.

■ **Selbstständigkeit:** Der wichtigste Faktor, der über Stressanfälligkeit bestimmt, ist die Kontrolle über das eigene Tun. Je mehr man den Entscheidungen anderer ausgeliefert ist, desto höher das Infarktrisiko.

■ **Wertschätzung:** Wer für seine Arbeit Anerkennung in Form von Lob oder einem angemessenen Gehalt bekommt, verfügt über eine bessere Stressresistenz.

■ **Status:** Wer eine gute Stellung in der Gesellschaft hat, verfügt auch über einen Panzer gegen Stress. Auch bei Pavianen zu beobachten: Gerät das Leittier durch einen Konkurrenten in eine Stress-Situation, schnellt der Cortisolspiegel hoch, normalisiert sich aber rasch wieder. Bei den Rangniedrigeren ist der Cortisolspiegel ständig erhöht.

■ **Gruppendruck:** Fehlende Unterstützung im Betrieb bis hin zum Mobbing erhöhen das Krankheitsrisiko.

■ **Beziehungen:** Studien zeigen, dass Menschen, die viele Freunde und Verwandte haben und sich in diesem Kreis wohl fühlen, weniger schwer und weniger häufig erkranken als Menschen, die viel allein sind oder Probleme in der Familie haben.

■ **Glaube:** Einer der stärksten Stresskiller ist das Gebet. Studien zeigen: Der Glaube an eine höhere Macht, die das Schicksal zum Guten wenden wird, beugt vielen Krankheiten vor.

TEST

Achtung: Stress-SOS!

Termindruck, Infoflut, Ärger mit dem Chef oder Partner, Lärm, Misserfolge, Bewegungsmangel ... all das und noch viel mehr addiert sich bis zur Unerträglichkeit. Wie viel Stress setzen Sie sich aus?

Im Folgenden finden Sie eine Liste typischer Stressfaktoren. Wie häufig treten sie in Ihrem Leben auf? **Nie = 0, manchmal = 1, häufig = 2, sehr oft = 3.** Und als wie belastend bewerten sie sie? Von **0 = nicht bis 3 = stark störend.** Multiplizieren Sie beide Werte. Addieren Sie alle Belastungswerte. Höchstpunktzahl: 351. Je näher Sie dieser Zahl kommen, desto größer ist Ihre Stressbelastung.

	Häufigkeit				x	Bewertung				= Belastung
	nie/manchmal/häufig/sehr oft					nicht/kaum/ziemlich/stark störend				
	0	1	2	3		0	1	2	3	
Termindruck					x					=
Zeitnot, Hetze					x					=
Dienstreisen					x					=
Ungenaue Anweisungen und Vorgaben					x					=
Verantwortung					x					=
Aufstiegswettbewerb/ Konkurrenzkampf					x					=
Konflikte mit Kollegen					x					=
Ärger mit dem Chef					x					=
Ärger mit Kunden					x					=
Ungerechtfertigte Kritik					x					=
Dauerndes Telefonklingeln					x					=
Anruf von Vorgesetzten					x					=
Informationsüberflutung					x					=
Zwischensumme										

LEBENSKUNST ZWISCHEN MUSS UND MUßE

	Häufigkeit nie/manchmal/häufig/sehr oft				x	Bewertung nicht/kaum/ziemlich/stark störend				= Belastung
	0	1	2	3		0	1	2	3	
Übertrag von Seite 153										
Neuer Verantwortungsbereich					x					=
Misserfolge					x					=
Unerfreuliche Nachrichten					x					=
Sorgen					x					=
Hohe laufende Ausgaben					x					=
Ärger mit Familie, Nachbarn					x					=
Krankheitsfall in der Familie					x					=
Konflikte mit Kindern					x					=
Schulprobleme der Kinder					x					=
Konflikte in der Partnerschaft					x					=
Trennung von (Ehe-)Partner/Familie					x					=
Schwierigkeiten bei Kontaktaufnahme					x					=
Menschenansammlung					x					=
Autofahrt in der Stoßzeit					x					=
Einkaufen in der Stoßzeit					x					=
Hausarbeit					x					=
Behördenbesuche					x					=
Ärztliche Untersuchungen					x					=
Rauchen					x					=
Alkoholgenuss					x					=
Übermäßige Kalorienzufuhr					x					=
Bewegungsmangel					x					=
Zu wenig Schlaf					x					=
Unzufriedenheit mit dem Aussehen					x					=
Lärm					x					=
Umweltverschmutzung					x					=
Summe										

Raus aus dem Stress ... rein in den Flow

Stress-Flow-Bumerang-Prinzip

Soll man nun dem Stress aus dem Weg gehen? Um Himmels willen, nein. Stress aktiviert uns zu Höchstleistungen. Er treibt Körper und Geist an. Er ist Voraussetzung für Flow. Er lässt den Sprinter kurz vor dem Ziel noch schneller werden. Er lässt uns den Mathe-Test rasant lösen. Er puttet den Golfball exakt ins Loch. Er hält wach, bis das Manuskript zum Abgabetermin fertig ist. In der Zeitschrift »Geo« fand ich eine sehr bildliche Erklärung: Stress stimuliert die Ausschüttung bestimmter Neuro-Transmitter, jener Botenstoffe, die dem Hippocampus, also dem Pförtner unseres Gedächtnisses helfen, sich auf wichtige Informationen zu konzentrieren. Stress aktiviert uns zu optimaler Leistung, bei der wir uns wohl fühlen. Nur ein Zuviel ist nicht gut.

Die Stress-Leistungs-Parabel

Nun stellen Sie sich einen auf seine Flügel gestellten Bumerang vor. Links unten ist null Stress, null Aktivierung, Langeweile, wir tun nichts, null Bock. Je stärker der Stress uns aktiviert, desto besser flutscht alles. Unser Verhalten wird immer effektiver. Oben, wo der Bumerang seinen höchsten Punkt hat, sind wir zur Höchstleistung fähig. Doch aktiviert uns der Stress nur noch ein bisschen mehr, schlägt das um. Der Pförtner im Gehirn kommt durcheinander, wird in seiner Konzentration gestört. Durch eine piepsende SMS im Bewerbungsgespräch oder plötzliche Selbstzweifel in der Prüfung kann es zum Blackout kommen – der Stress blockiert uns.

Ein mittlerer Stress-Level aktiviert uns zu Höchstleistungen, und uns geht's gut dabei.

Der Psychologe Eberhardt Hofmann beschreibt das folgendermaßen: »Bei einer mittleren Aktivierung ist das Verhalten am effektivsten und flexibelsten, wir haben dann die Fähigkeit, unsere Erfahrung und unser Wissen am besten zu nutzen. Wir sind dann zu optimaler Leistung fähig und fühlen uns dabei wohl. Steigt die Aktivierung über den optimalen Bereich weiter an, so wird unser Verhalten ineffektiver. Die Wahrnehmung engt sich auf die Bedrohung ein, das Denken wird starr und unflexibel, wir können unser Wissen und die Fähigkeiten, die uns im Prinzip zur Verfügung stehen, nicht mehr einsetzen, sie sind wie verschüttet, momentan nicht mehr zugänglich.« Jeder kennt das. Wenn man in einer Rede den roten Faden verliert. Wenn einem in der Prüfung einfach nichts mehr einfällt. Zittern, Schwitzen, Blockade im Kopf. Man möchte weglaufen.

Das Optimum führt zum Flow

Am effektivsten arbeiten und leben Sie also, wenn es gelingt, den Stress auf dem optima-

LEBENSKUNST ZWISCHEN MUSS UND MUßE

Die schönsten Erinnerungen an »alte Zeiten«: mit Freunden unterwegs, zusammen Musik machen, feiern, einfach Spaß haben ... Das war Flow pur.

Flow mit Flöte und Freund

Auch in der Freizeit stecken die Glücksmomente. Aber nicht vor dem Fernseher. Voraussetzung für Glück und Befriedigung ist die so genannte Aktivierungsenergie. Passivität vor der Glotze erzeugt selten Flow.
Wer Bumerang wirft, joggt, reitet, Flöte oder Gitarre spielt, ein gutes Buch liest oder auch eine Sprache lernt, der weiß, wie er sich seine Glücksmomente verschafft.
Menschen, die viel Zeit mit ihren Freunden verbringen, sind motivierter und glücklicher. Freunde verbinden gemeinsame Ziele und Interessen, sorgen ein Leben lang für Anregung. Nicht jeder ist so ein Freund. Wie viel Zeit verbringen Sie mit Menschen, die Ihnen nicht wirklich wichtig sind, die in Ihnen nicht Flow, sondern den Flow-Killer Langeweile erzeugen? Suchen Sie sich die Freunde aus, mit denen Sie Glück erleben.

Power fürs Leben

Und egal in welchem Lebensbereich Sie Flow erleben (Arbeit, Partnerschaft, Freizeit) – es rüstet Sie fürs Leben. Dazu das schöne Beispiel eines bekannten Bergsteigers, den Mihaly Csikszentmihalyi befragte: »Es stimmt heiter, sich selbst immer vollkommener in der Disziplin zu halten. Du treibst deinen Körper an, und alles schmerzt. Dann schaust du zurück, voller Ehrfurcht vor dem Selbst, du überblickst, was du getan hast, und es haut dich fast um. Es führt zur Ekstase, zur Selbsterfüllung. Bist du in deinen Kämpfen gegen dich selbst genügend erfolgreich, ... dann gewinnst du auch Kämpfe im Alltag leichter.«
Suchen Sie also den Flow. Und tun Sie das nicht nur in der Arbeit. Warum, erklärt Ihnen gleich Professor Flow persönlich.

len, mittleren Niveau zu halten. Mit ein bisschen Gelassenheit in optimale Balance zu kommen. Dort – an der Biegung des Bumerangs – befinden Sie sich auch auf dem richtigen Level für Flow. Sie gehen auf in Ihrer Tätigkeit. Die Herausforderung ist minimal höher als Ihr Können. Wenn wir übertreiben, befinden wir uns auf dem rechten Flügel des umgedrehten Bumerangs – auf dem absteigenden Ast.

INTERVIEW

Was macht Sie glücklich, Professor Flow?

Den »Flow« entdeckt und bekannt gemacht hat der Psychologieprofessor Mihaly Csikszentmihalyi. Hier ein Interview mit dem berühmten Glücksforscher.

»Warum lieben einige Menschen ihre Arbeit, verstehen sich großartig mit ihrer Familie und genießen die Stunden, die sie in einsamer Meditation verbringen, während andere ihren Beruf scheußlich finden, sich zu Hause langweilen und Angst vorm Alleinsein haben? Wie kann man alltägliche Routinearbeit so verwandeln, dass sie genauso aufregend wird wie ein rasanter Abfahrtslauf, so beglückend wie das Singen des Händelschen »Halleluja«, so bedeutungsvoll wie die Teilnahme an einem geheiligten Ritual?« Diese Fragen beschäftigten Mihaly Csikszentmihalyi 30 Jahre lang.

Professor Csikszentmihalyi, wie haben Sie die Flow-Erfahrung entdeckt?
Mein Interesse an diesem Thema begann im Rahmen meiner Promotionsarbeit, als ich noch Student war. Mich faszinierte die menschliche Kreativität. Ich beobachtete Künstler, denn ich wollte wissen, wie ein Maler ein Gemälde erschafft. Was mich erstaunte, war, wie tief die Maler in ihre Arbeit versunken waren. Sie schienen buchstäblich alles um sich herum völlig zu vergessen: Essen, Familie, Schlafen; ja selbst die Hand, die den Pinsel bewegte, schien nicht zu ermüden. Sie nahmen keine Rücksicht darauf, wie lange sie schon an ihrem Bild arbeiteten.

Sie waren in ihr Tun vollständig eingetaucht, und wenn sie fertig waren, hatten sie das Interesse an dem Bild schlagartig verloren und begannen ein neues zu malen und wieder ein neues und so weiter. Das fertige Bild interessierte sie weitaus weniger als die Tätigkeit des Malens. Ich stellte mir die Frage: Wie kommt es, dass diese Menschen erst so konzentriert arbeiten und sich dann mit dem fertigen Bild kaum noch beschäftigten?

Flow tritt ja nicht nur bei Künstlern auf ...?
Nein, ich beobachtete Ähnliches bei Musikern, Sportlern, Schachspielern, Bergsteigern, Chirurgen und natürlich auch bei mir selbst. So unterschiedlich die Tätigkeiten auch waren, alle berichteten übereinstimmend, dass sie sich bei ihren Aktivitäten vollständig konzentrieren können oder auch müssen. Die ganze Aufmerksamkeit ist auf ein Ziel gerichtet, und immer wieder kommt es zu ähnlichen Erlebnissen, bei denen Geist und Körper eins werden.

Sie wissen ganz genau, was sie tun wollen, und merken sofort, ob das, was sie gerade tun, richtig ist oder nicht. Sie vergessen die Zeit und oft sich selbst und haben das Gefühl, sich auf einem ganz schmalen Grat zwischen der Anspannung und dem Risiko des Misslingens einerseits und der Langeweile andererseits zu bewegen. Der Langeweile, die aufkommt, wenn

LEBENSKUNST ZWISCHEN MUSS UND MUßE

*Professor »Flow«,
Mihaly Csikszentmihalyi*

sie sich ihrer Sache aufgrund der entwickelten Kompetenz zu sicher sind.

Welche Aktivitäten führen noch zu Flow?
Weit über hunderttausend Daten liegen inzwischen vor – mehr als dreißig Jahre Forschung. Und wir können sagen, dass Flow-Erfahrungen völlig unabhängig von der Art der Tätigkeit auftreten können: Menschen am Fließband können Flow erleben, Hausfrauen bei ihrer Arbeit, Studenten beim Lernen, es kommt nicht auf das Was an, das man tut, sondern vielmehr auf das Wie, mit welcher Einstellung man an seine Tätigkeit herangeht, ob die Tätigkeit zielgerichtet ist, ob man Feedback bekommt oder sich selbst holen kann, wie stark man seine Aufmerksamkeit fokussieren kann, seine eigenen Belange für eine Zeit vergessen kann.

Warum erlebt dann nicht jeder Flow, warum zeigt sich dieses Glücksgefühl normalerweise höchst selten?
Die meisten Menschen haben sehr viel Angst, wenn sie sich so intensiv nur einer Sache widmen. Sie fürchten, sich zu verlieren. Aber genau das Gegenteil ist der Fall: Man findet sich nur, wenn man sich verliert. Es ist das Wechselspiel zwischen hoher Spannung und tiefer Freude, dass einem etwas gelungen ist, was uns den eigentlichen inneren Frieden, eine tiefe Entspannung und Gelassenheit ermöglicht.

Solange wir unsere Psyche mit vielen gleichzeitigen Aktivitäten verwirren, leben wir in ständiger Spannung, treiben uns selbst in stressreiche Überforderung hinein und suchen das Glück auf den falschen Spielfeldern. Die Lebensumwelt der meisten Menschen in den industrialisierten Gegenden, die modernen Medien, die Schnelligkeit und rasche Veränderlichkeit aller Prozesse in der Wirtschaft, im Arbeitsleben, aber häufig auch schon in der Freizeit sorgen für ständige Ablenkungen, für permanente Zerstreuung, die Welt um uns herum macht die Konzentration schwer.

Wie sind Sie eigentlich auf die Bezeichnung »Flow« gekommen?
Meine Interviewpartner hatten durchaus einige Probleme, diesen Zustand, diese Erfahrung mit Worten zu beschreiben. So intensiv das Erlebnis auch ist, es lässt sich schwer in Worte fassen. Die Menschen suchten deshalb nach Vergleichen, nach Metaphern, und drückten sich in Bildern aus, um ihrer körperlich-geistig-seelischen Verfassung Ausdruck zu geben. Sie beschrieben ein Strömen, das Gefühl, auf einem Fluss dahinzugleiten, getragen zu werden, zu schweben, auf einer Welle zu reiten; alles geschieht ganz spontan, alles ergibt sich wie selbstverständlich aus dem, was man zuvor getan hat. Der gemeinsame Nenner der Beschreibungen war ein Fließen, und das heißt in der englischen Sprache »flow«. Inzwischen hat sich das Wort international durchgesetzt und wird gar nicht mehr übersetzt, worüber die Übersetzer froh sind, denn sie hatten die gleichen

Raus aus dem Stress ... rein in den Flow

Schwierigkeiten, Wörter zu finden, wie meine Gesprächspartner.

Was ist das eigentliche Hindernis, das Flow-Erlebnisse blockiert?

Wer zuviel arbeitet, zu vielen Verpflichtungen gleichzeitig zu genügen versucht, vom dauernden Telefonklingeln ständig in seiner Arbeit unterbrochen wird, kann keine Flow-Erlebnisse bei der Arbeit haben. Ich rate sehr dazu, rhythmisch zu arbeiten und Phasen größerer Hektik und Intensität auch immer wieder ruhige Phasen folgen zu lassen und zum Beispiel mindestens einen halben Tag pro Woche das Telefon an jemand anderen weiterzuleiten, den Anrufbeantworter einzustellen oder die Sekretärin zeitweilig zu veranlassen, keine Gespräche weiterzuleiten. Ein Spaziergang zwischendurch kann Wunder wirken. Erfolgreichen Geschäftsleuten, das haben Untersuchungen von Kollegen und von mir immer wieder bestätigt, kommen die besten Ideen nicht am Schreibtisch oder in irgendwelchen Meetings, sondern beim Herumschlendern in der Stadt, bei Spaziergängen, beim Wandern durch einen Wald oder am Strand sitzend übers weite Meer schauend. Die besten Resultate erzielen die Manager, die die Stärke besitzen, sich auch in Stress-Situationen zeitweise zurückzuziehen und sich ungestört auf eine Sache zu konzentrieren.

Heißt das, dass man Stress grundsätzlich vermeiden sollte, um glücklich zu werden?

Nein, hier muss ich gleich etwas deutlich machen, damit ich nicht missverstanden werde. Wenn man den Menschen Angst und Stress ersparen würde, heißt das noch nicht, dass sie dann glücklich wären. Um glücklich zu sein, muss man seine Fähigkeiten nutzen, sich auf seine Umwelt einlassen und mit ihr umgehen können, muss sich mit ihr in Beziehung setzen, man muss sich zum Beispiel mit Menschen unterhalten können, Musik machen oder eine interessante Arbeit haben. Flow-Erfahrungen kommen nur zustande, wenn man sich den Herausforderungen stellt, und das heißt auch, sich auf ein gewisses Maß an Stress einzustellen. Es darf nur nicht zur ständigen Überforderung kommen, und der Stress darf nicht zu stark das Leben prägen, so dass etwa die Konzentration auf den Moment gar nicht mehr möglich wäre. Durch die Bewältigung der Herausforderungen wächst das eigene Können. Das Erlebnis, größere Kompetenz zu besitzen im Anschluss an die Bewährungsproben, auf die man sich einlässt, ist das entscheidende, von innen wirkende Antriebsmoment.

Was macht Sie glücklich?

Ich finde Flow-Erlebnisse in verschiedenen Bereichen des Lebens – und dazu rate ich auch anderen. Die Fixierung auf einen einzigen Weg möglicher Flow-Erfahrungen trägt die Gefahr der Abhängigkeit in sich. Und wenn man dann aus irgendwelchen Gründen diese bestimmte Art der Flow-Erfahrungen gar nicht mehr haben kann (man war zum Beispiel Workaholic, hat sich seine Flow-Erlebnisse ausschließlich bei der Arbeit verschafft, geht dann in den Ruhestand, darf möglicherweise gar nicht mehr berufstätig sein), kann man zutiefst unglücklich werden, weil die Möglichkeit der Flow-Erfahrung plötzlich wegfällt. Das kann zu regelrechten Entzugserscheinungen führen. Es ist ratsam, mit Flow-Erlebnissen sehr bewusst umzugehen: Auf der einen Seite gelingen sie nur, wie ich schon gesagt habe, wenn man sich zu einer bestimmten Zeit auf eine einzige Sache voll konzentriert, auf der anderen Seite sollte man sich seine Flow-Erfahrungen in mehreren Themenbereichen des Lebens suchen und sich nicht auf eine einzige Art von Flow reduzieren und in eine Abhängigkeit geraten. Ich habe

LEBENSKUNST ZWISCHEN MUSS UND MUßE

Wer den Flow in allen Lebensbereichen sucht, ob in der Arbeit, Familie oder Freizeit, wird nicht abhängig von einer einzigen Quelle.

meine Flow-Erlebnisse früher beim Klettern in steilen Bergen gefunden, das ist heute in meinem Alter nicht mehr der angemessene Weg. Heute freue ich mich beim Schachspielen, genieße Flow-Erfahrungen beim Schreiben meiner Bücher und Artikel. Ich erlebe Flow darüber hinaus im Kreis meiner Familie, wenn wir etwa auf unserer Ranch in Montana alle zusammen sind und etwas Gemeinsames, zum Beispiel eine Bergwanderung, unternehmen, dabei wilde Tiere beobachten, Pilze finden oder auf seltene Pflanzen stoßen. Oder wenn wir am Kamin ein intensives Gespräch über die Evolution oder das Leben führen. Das Zusammentreffen mit Freunden, der wissenschaftliche Austausch auf Konferenzen, all das sind für mich Gelegenheiten für Flow-Erfahrungen.

Das Interview führte der Unternehmensberater Dr. Gerhard Huhn, Experte auf dem Gebiet »Motivation durch Flow«, der den Glücksforscher seit Ende der achtziger Jahre privat und beruflich kennt: www.fokusflow.de

Die sechs Wege zum Flow

1. Finden Sie Tätigkeiten, die Sie voll und ganz einnehmen. Erkennen Sie, was Sie wollen – nicht Ihr Chef, Ihr Partner, Ihre Freunde oder Kinder, sondern Sie!

2. Nutzen Sie Ihre Zeit bewusst. Prof. Csikszentmihalyi rät: Schreiben Sie über zwei Wochen alle 15 Minuten genau auf, was Sie gerade tun, vom Aufstehen bis zum Schlafen. Und schreiben Sie Ihre Gefühle dazu auf. Spüren Sie die Zeiten auf, die Sie mit unnützem Kram verbringen. Und die, in denen Sie besonders glücklich sind.

3. Gestalten Sie Ihre Freizeit aktiv: Die Stunden vor dem Fernseher führen nicht zum Flow, sondern zu Langeweile. Wohl aber Musizieren, Sport, Spiele, Hobbys.

4. Kümmern Sie sich um Ihren Körper: Wenn es zwickt und zwackt, Sie sich aufgrund von Mangel an Schlaf, Bewegung, Vitalstoffen nicht wohl fühlen, erfahren Sie auch keinen Flow.

5. Setzten Sie sich realistische Ziele. Stecken Sie Ziele gerade so hoch, dass Sie zum Erreichen Ihre Fähigkeiten voll einsetzen können, aber werden Sie nicht unrealistisch. Denn Sie müssen die Herausforderung gerade noch bewältigen können.

6. Schreiben Sie auf, was Sie an Ihrer Arbeit lieben. Studien zeigen: Flow taucht häufiger in der Arbeit auf als in der Freizeit. Viele Menschen sind sich gar nicht bewusst, wie sehr sie ihre Arbeit lieben.

Raus aus dem Stress ... rein in den Flow

Das Wiederkäuerprinzip: Stress sucht seine Opfer im Kopf

Stressoren kann man nicht ausschalten. Man kann dem Chef nicht kündigen, das Telefon nicht abstellen, den Stau nicht vermeiden, quengelnde Kinder nicht abschieben. Aber man kann mit ihnen leben. Und manche Menschen können das eben besser. Woran liegt das? Ganz einfach: Negativer Stress entsteht erst, wenn man meint, keinen Einfluss auf die Situation nehmen zu können. Wenn man sich dem Stress als Opfer ausliefert.

Stress-Situationen, die wir in der Kindheit erlebten, begleiten uns oft ein ganzes Leben lang. Wir pinkeln mit elf ins Bett, blamieren uns in der Tanzschule, verlieren den Faden bei einer Rede ... das frisst sich in die Erinnerungsschubladen ein – und taucht immer wieder auf in ähnlichen Situationen. Wir brauchen nur ein Rednerpult zu sehen. Und schon schaltet der Körper um auf Stress: Das Herz rast, die Hände schwitzen, der Mund ist trocken, der Kopf blockiert.

Glaubenssätze, die uns ewig stressen können: »Mir geht sowieso alles schief, ich pack das nicht, das halt ich nicht aus, keiner liebt mich, keiner darf merken, dass ich ...«, so heißen die Antreiber, die dazu führen, dass Stress niemals endet; die Flow unmöglich machen. Oft wurzeln sie tief, wurden früh in unser Unterbewusstsein programmiert. Man kann sie löschen (Seite 141).

Menschen, die sich sagen: Das schaffe ich schon, die an ihre Selbstwirksamkeit glauben, wie Psychologen das nennen, von ihr überzeugt sind, auf ihre Fähigkeiten und Einflussmöglichkeiten vertrauen, besitzen ein hohes Maß an Stressresistenz.

Wer kein so starkes Ego hat, kann es trainieren. Studien zeigen: Stressmanagement-Training baut Blockaden ab. Und das funktioniert über den Kopf. Denn Stress kochen wir selbst aus, im Gehirn, mit negativen Gedanken.

Eine alte chinesische Weisheit sagt: »Du kannst nicht verhindern, dass die Vögel der Besorgnis über deinen Kopf fliegen. Aber du kannst verhindern, dass sie sich in deinem Kopf ein Nest bauen.«

Negativer Stress wird durch geistiges Wiederkäuen am Leben erhalten. Wer zum Grübeln neigt, ist weniger stressresistent. Immer wieder ruft das Gehirn eine Kritik hoch, neidi-

---

Wenn nicht jetzt, wann dann?

Schnell entspannen

Sitzt Ihnen der Stress im Nacken? Dann hilft folgende Übung:

▶ Den Kopf um 90 Grad nach links drehen, dabei mit der rechten Hand leicht auf die rechte Wange drücken. Gleichzeitig den linken Arm auf dem Rücken anwinkeln und die Hand zur Faust ballen. Etwa acht Sekunden halten, dann lösen und auf der anderen Seite wiederholen, also Kopf nach rechts, mit linker Hand unterstützen und rechte Faust auf dem Rücken ballen.

▶ Die Schultern so weit wie möglich nach oben heben und langsam nach hinten rollen. Dabei die Schulterblätter möglichst nah zusammenschieben. Arme locker hängen lassen. Rund zehnmal wiederholen.

LEBENSKUNST ZWISCHEN MUSS UND MUßE

Mit Meditation zur Ruhe kommen und gegen Stress immun werden.

über das Gestern zu Grübeln und sich um das Morgen zu sorgen. Man muss lernen, den Augenblick zu genießen – und einsehen: Nichts ist so wichtig, dass es lohnend wäre, sich darüber aufzuregen.

Der Bumerang entspannt den Geist

Meditation ist das wirkungsvollste Mittel, um abzuschalten, die Zeit in den Griff zu bekommen, den Moment zu fangen. Meditation im buddhistischen Sinne heißt: Achtsamkeit herstellen. Man konzentriert sich bewusst auf den Moment, versinkt in Aufmerksamkeit.

➤ Suchen Sie sich einen stillen Ort. Konzentrieren Sie sich auf Ihre Atmung, bis sie ruhig und gleichmäßig ist, und dann denken Sie einfach ein monotones Wort. »Om.« Das schaltet im Gehirn die Sorgen aus.

Im Gehirn schwingen Alpha-Wellen, die den Geist aktivieren und zugleich entspannen. Meditation macht immun gegen Stress. Studien belegen: Wer meditiert, stärkt sein Immunsche Gedanken, Zorn. Immer wieder kochen der Ärger, die Angst im Kopf auf. Die Gedanken wühlen in emotionalen Wunden. Und das führt zur körperlichen Reaktion. Anhaltende Stressgefühle machen krank. Schlagen auf Herz und Magen.

Entstressen muss man auch über den Kopf

Entspannungstechniken sind notwendig, Sie sollten eine beherrschen (Seite 164). Nur: Entspannungstechniken wirken in erster Linie auf den Körper. Doch auch der Geist braucht Entspannung: Er muss aufhören,

---

SO MACH ICH ES

Bach spült den Stress weg

Stress begegne ich mit Entspannung. Vor einem wichtigen Meeting schiebe ich Bachs »Goldberg-Variationen« ins CD-Laufwerk des Computers. Die Musik entkrampft den Körper, der Geist entspannt sich und ist gleichzeitig hellwach. Unruhe und das Gefühl, gehetzt zu sein, verschwinden.

Raus aus dem Stress ... rein in den Flow

DER BUMERANG TIPP

Keine Chance dem oxidativen Stress

Dr. Wolf-Dieter Beßling, erster Vorsitzender der Deutschen Gesellschaft für Orthomolekulare Medizin e. V.:

»Burn-out-Stress brennt Löcher in die Körperzellen. Wer über längere Zeit auf Hochtouren läuft, hat einen enorm gesteigerten Bedarf an Schutzstoffen. Chronische Belastung fördert im Körper den oxidativen Stress – Zerstörung pur. Wer exzessiv lebt, verbraucht sehr viel mehr Vitalenergie als ein gemütlicher Zeitgenosse. Diese Energie wird in den kleinen Zellkraftwerken, den Mitochondrien, durch Verbrennung erzeugt. Dabei entstehen freie Radikale: wild gewordener Sauerstoff, der die Zellen schädigt. Die winzigen Zellkraftwerke werden ständig überhitzt, die freien Radikale brennen schwarze Löcher in unsere Energiekraftwerke. Diese Brandwunden in den Mitochondrien schließen sich nie mehr. Sie sind mitverantwortlich für die meisten Zivilisationskrankheiten wie chronische Schmerzen, Infektanfälligkeit, Rheuma, Herzerkrankungen, Schlaganfall, Krebs.

Die Waffen des Körpers gegen diese zerstörerischen Angriffe heißen Antioxidanzien: Schutzstoffe wie Zink, Selen, Vitamin C und E plus, Coenzym Q 10, Pflanzenstoffe aus Obst und Gemüse. Die meisten Workaholics leben wenig gesundheitsbewusst und nehmen viel zu wenige Antioxidantien auf. Zu wenig Schlaf, Fast Food und Stimulanzien (Kaffee, Alkohol, Nikotin) steigern die Radikalflut.

Wer viel arbeitet, sollte alle sechs Monate bei einem Facharzt ein spezielles Blutbild (Redox-Analyse) machen lassen. Der Arzt erkennt die Aktivität der freien Radikale, erkennt die individuelle Belastung und verordnet die optimale Dosierung an Vitalstoffen, um die Gesundheitsrisiken zu minimieren.«

Gegen Einsendung eines frankierten Rückumschlags bekommen Sie eine Liste von Ärzten, die Redox-Analysen machen: Deutsche Gesellschaft für Orthomolekulare Medizin e. V., Fax: (02161) 182920
www.dgom.de

---

munsystem, ist zufriedener durch ein Mehr der Glücksbotenstoffe Serotonin und Endorphine. Wer drei Jahre regelmäßig meditiert, ist biologisch zehn Jahre jünger.

➤ And last, but not least: Werfen Sie den Bumerang. Das ist Meditation pur.

Atmen nimmt dem Stress die Luft

Tanzen die Stresshormone, dann wird die Atmung flach und schnell. Die Schultern verspannen sich, Bauchmuskeln und Zwerchfell engen die Lunge ein, jede Körperzelle wird mit weniger Sauerstoff versorgt.

➤ Atmen Sie erst einmal richtig tief durch: Hände auf den Bauch legen, tief einatmen und fühlen, wie sich der Bauch dabei dehnt. Rhythmisch ein- und ausatmen.

Tiefes Atmen veranlasst Ihren Körper, mehr Endorphine, die beruhigenden Glücksbotenstoffe, auszuschütten. Zudem wird der Solarplexus massiert; dieses Nervennetz im oberen Bauchraum baut nervöse Spannungen ab.

LEBENSKUNST ZWISCHEN MUSS UND MUßE

SO MACH ICH ES

Dem Stress keine Chance

- Wer seine Arbeit selbst einteilen kann, dem macht auch starker Druck nichts aus. Dann wird Stress zur Herausforderung. Ich kenne die Stärken aller meiner Mitarbeiterinnen. Und in diesen Bereichen haben sie völlig freie Hand.
- Seit ich mich selbstständig gemacht habe, gibt es für mich keinen Stress mehr. Im Gegenteil: Ich empfinde meine Arbeit als aufregend und stimulierend. Habe ich etwas geschafft, fühle ich mich emotional und intellektuell aufgeladen.
- Ich nehme mir meine Pausen. Wenn es mir zu hektisch wird, gehe ich ins Café. Nach 90 Minuten Arbeit gehe ich zehn Minuten an die frische Luft. Oder ich widme mich meinem Hobby. Blättere in einem Bärenmagazin.
- Ich baue Stress durch mein tägliches Fitnessprogramm ab. Und natürlich wappne ich meinen Körper jeden Morgen mit einer ganzen Ladung Antioxidanzien.

Stress und die vier Lebensbereiche

Stressresistenz gewinnen Sie, indem Sie die Balance zwischen allen vier Bereichen des Lebens herstellen.

- **Körper:** Stresshormone lassen sich am besten durch Bewegung abbauen. Wer täglich 30 Minuten in Ausdauertraining investiert, erhöht automatisch seine Stressresistenz. Die Körperzellen sollten Sie mit Vitalstoffen vor den Stressfolgen schützen (Seite 163). Und eine Entspannungstechnik lernen (Autogenes Training, Qi Gong, Tai Chi, Meditation, Yoga). Außerdem: Gönnen Sie es sich, mindestens dreimal täglich herzhaft zu lachen, das entspannt wie dreißig Minuten Yoga. Darum verschicke ich gern Witze oder witzige Filmchen per E-Mail. Kennen Sie den? »Ein Berner und ein Baseler gehen zusammen Schnecken sammeln. Vier Stunden später ist der Korb des Baselers voll. Der Berner hat drei Schnecken. ›Wie kommt denn das?‹ fragt der Baseler. Sagt der Berner: ›Eigentlich hatte ich vier, aber eine ist mir entwischt …‹«
- **Beziehungen:** Gefühle der Freundschaft, Liebe und Geborgenheit setzen ein Bollwerk gegen Stress. Nehmen Sie sich Zeit für Freunde, Familie, Nachbarn, verschenken Sie Zeit – und Stress kann Ihnen weniger anhaben. Suchen Sie Zusammenarbeit, pflegen Sie Kollegialität. Kollegen vermitteln neue Einsichten, geben emotionale Unterstützung und Feedback. Fragen Sie ruhig mal nach Rat, gehen Sie mit Kollegen essen oder spazieren.
- **Sinn:** US-Studien zeigen, dass Menschen, die einen »höheren Sinn« im Leben gefunden haben, nicht so anfällig für die alltäglichen Strapazen sind. Fragen auch Sie sich immer wieder nach dem Sinn in Ihrem Leben. Es muss keine Religion sein, vielleicht eher ein Vermächtnis, das Sie hinterlassen wollen.
- **Arbeit:** Suchen Sie den Flow. Jedes Flow-Erlebnis macht Sie stressresistenter. Das heißt: Verschmelzen Sie Ihre Stärken mit einer Herausforderung. Wie Sie Ihre Stärken finden, steht auf Seite 115. Und finden Sie Ihre persönlichen Motivationsknöpfchen. Anleitung ab Seite 168.

Die Bumerang-STRATEGIE

25 Spielregeln
gegen den Stress

Der Bumerang steht für die Balance im Leben: Ist man zu einseitig fokussiert, kippt alles in eine Richtung, und man stürzt ab. Lassen Sie sich ab heute nicht mehr so böse stressen.

Erkennen Sie den Feind. Was verursacht intensive, anhaltend negative Gefühle wie Zorn, Ärger, Irritation, Traurigkeit, geringes Selbstwertgefühl? Und welche Tätigkeiten lassen negative Gedanken hochkommen, ins Grübeln geraten? Beobachten Sie sich eine Woche lang, und notieren Sie die Feinde. Ihre Gedanken.

Sprechen Sie darüber. Die beste Stressverarbeitung läuft über das Gespräch (sogar über das mit sich selbst). Reden Sie sich den Stress von der Seele.

Tief durchatmen. Wenn Sie den Stressor erkannt haben, dann bekämpfen Sie ihn nicht, sondern nehmen Sie sich Zeit. Holen Sie tief Luft. Und denken Sie nach.

Magische Bilder. Holen Sie sich in einer Stress-Situation eine ähnliche Situation aus Ihrer Vergangenheit vor Ihr geistiges Auge, in der Sie erfolgreich oder besonders glücklich waren.

Entscheiden Sie sofort. Aufgeschobene Entscheidungen lähmen und setzen unter Stress. Jede getroffene Entscheidung setzt Energien frei und schafft Zufriedenheit. Direkt entscheiden heißt: Direkt erledigen oder direkt planen und terminieren oder direkt delegieren oder direkt ablegen oder direkt entsorgen (Seite 223).

Tag vorausplanen. Am Abend vorher eine To-do-Liste für den nächsten Tag machen. Prioritäten festlegen und im Leistungshoch vor- oder nachmittags erledigen.

Plus-minus-null-Regel. Wenn Sie eine zusätzliche Aufgabe annehmen – egal ob beruflich oder privat –, geben Sie konsequent eine alte dafür ab. Sie sollten niemals addieren, ohne an anderer Stelle zu subtrahieren. Leider müssen in unserer Gesellschaft immer weniger Menschen immer mehr arbeiten. Machen Sie nicht mit. Werden Sie zum Slobbie (Seite 38). Das beste Argument: Quantität mildert Qualität.

LEBENSKUNST ZWISCHEN MUSS UND MUßE

- **Belastung verlangt Belastung.** Der beste Weg aus der Stressfalle ist immer noch Bewegung. Regelmäßig, am besten täglich 30 Minuten. Entspannt, ohne Zeitdruck. Nicht schnell mal in der Mittagspause losdüsen. Im Freien: Frische Luft, Licht, Natur verdoppeln den Effekt.

- **Lernen Sie, Nein zu sagen.** Nicht einfach ein stupides »Nein!«, sondern ein begründetes, das ein Ja zu Ihrer Prioritätensetzung beschreibt (Seite 208). Das verstehen auch die Kollegen, auch der Chef.

- **Das schaff ich schon.** Fühlen Sie Stress in sich hochkriechen, dann setzen Sie Ihren Anti-Satz dagegen: Ich hab die Zeit, die ich brauche. Ich darf ruhig auch Fehler machen. Ich muss nicht perfekt sein …

- **Hören Sie auf Ihren Körper.** Er zeigt Ihnen, wenn es zu viel wird: Sie atmen flacher. Dann atmen Sie tief und regelmäßig durch – und gönnen sich eine kleine Pause. Die sollten Sie sowieso alle 90 Minuten machen.

- **Delegieren Sie.** Sie müssen nicht alles selbst tun. Es gibt andere, die das auch erledigen können. Nicht nur im Job, auch in der Familie (Seite 219).

- **Lassen Sie los.** Je mehr Sie sich aufbürden – egal ob Arbeit, materielle Dinge oder Verpflichtungen –, desto stärker setzen Sie sich unter Druck. Prüfen Sie bei jeder Muss-ich-haben-, Muss-ich-machen-Entscheidung, ob weniger nicht mehr ist.

- **Tappen Sie nicht in die Dringlichkeitsfalle.** Wägen Sie bei anliegenden Arbeiten ab, ob das jetzt wirklich wichtig ist. Mehr dazu ab Seite 120.

- **Schreiben Sie Probleme klein.** Emotionen lassen sich am besten verarbeiten, wenn man sie aufschreibt. Setzen Sie sich abends gemütlich hin, und schreiben Sie einen Brief an sich selbst.

- **Suchen Sie die Sonne.** Ein 10-Minuten-Spaziergang im Sonnenlicht kann leere Batterien wieder füllen. Schon wenige Strahlen vom UV-B-Licht können den Belastungspuls beruhigen. Licht löst die Bildung von Serotonin aus – der Glücksbotenstoff lässt Probleme schrumpfen.

- **Melden Sie sich heute noch bei einem Entspannungstrainingskurs an.** Oder schreiben Sie es wenigstens jetzt gleich auf Ihre To-do-Liste. Und tun Sie es binnen der nächsten 72 Stunden.

Raus aus dem Stress ... rein in den Flow

Halten Sie die Pausen ein. Machen Sie jedes Jahr mindestens drei Wochen am Stück Urlaub – das kann ruhig auch mal in Balkonien sein. Gönnen Sie sich regelmäßig ein langes Wochenende Auszeit. Forscher haben festgestellt, dass Kurzzeiturlaube effektiv mit Energie aufladen.

Trinken Sie täglich ein Glas Tomatensaft – das ideale Anti-Stress-Elixier. Es hilft, den stressbedingten, erhöhten Blutdruck zu senken. Wer es verträgt: Ein Schuss Tabasco würzt mit der scharfen Heilkraft der Chilischote.

Essen Sie gesund, leicht und nicht zu viel. Mindestens fünfmal am Tag Obst und Gemüse. Meiden Sie tierisches Fett, Zucker und Fertigprodukte mit einer langen E-Nummern-Liste. Das stresst Ihren Körper.

Füllen Sie Ihre leeren Tanks mit Antioxidanzien (Vitamin C und E, Beta-Carotin, Selen) auf. Ideale Lieferanten: Zitrusfrüchte, Olivenöl, rotes Gemüse, Nüsse. Wer im Stress ist, sollte sich auch beim Apotheker eindecken. So wappnen Sie Ihre Körperzellen gegen die Folgen des Stresses.

Trinken Sie täglich drei Liter Wasser. Denn Wasser ist das Elixier, das die Folgen des Stresses (saure Ablagerungen, Schlacken) aus Ihrem Körper spült – und durch Entsäuerung stressresistent macht.

Zeitinsel nach der Arbeit. Am häufigsten kommt es direkt nach der Arbeit zum Streit in der Partnerschaft. Erst mal alleine kurz entspannen, runterkommen vom Job. Häufig hilft auch, die Kleidung zu wechseln. Dann den Partner in die Arme nehmen – und ein Kompliment machen.

Pflegen Sie Beziehungen. Das beste Polster gegen Stress: Freunde. Und das Gespräch mit ihnen. In Ihrem Wochenplaner sollten Sie deshalb immer auch Stunden mit Freunden reservieren.

Gut ist besser als perfekt. Der stärkste Flow-Killer ist Perfektion. Wie Sie aus der Ich-muss-perfekt-sein-Falle kommen, ist auf Seite 213 beschrieben.

Sie finden, das sind zu viele Spielregeln für Ihr neues Leben? Lassen Sie sich davon nicht stressen. Besinnen Sie sich auf das Bumerang-Prinzip: Auch der Bumerang schraubt sich Drehung für Drehung weiter und befindet sich in jeder Sekunde an einer anderen Stelle.

➤ Suchen Sie sich einfach die Spielregeln aus, die Ihnen besonders hilfreich erscheinen, um mehr Muße in Ihr Leben, in Ihren Tag, in Ihre Stunde zu bringen.

LEBENSKUNST ZWISCHEN MUSS UND MUßE

Motivatoren – Ihre Knöpfchen zum Flow

Beim Menschen ist das nicht so einfach wie beim Esel, dem man einfach eine Karotte vor die Nase hält, und er tappt los …
Der Mensch braucht ein ganzes Bündel Karotten. Viele Knöpfchen, auf die man drückt, damit etwas so richtig flutscht. Wenn sich Menschen etwas vornehmen, was sie in die Tat umsetzen wollen, dann tun es die einen schnell und ohne Verzögerung, und andere haben mit vielen inneren Widerständen zu kämpfen. Das »innere kleine Faultier« sorgt dafür, dass nicht alle Energie in die Umsetzung dessen fließt, was man sich vorgenommen hat. Ebenso oft passiert es, dass andere Menschen Einfluss nehmen und man Dinge tut, die man eigentlich nicht wollte. Da denkt man noch »Nein, das kommt nicht in Frage« und hört die eigene Stimme sagen »Alles klar, wird gemacht«. Das ist der Fall, wenn ein anderer Mensch unseren »Motivationsknopf« gedrückt hat.
In beiden Fällen kann davon ausgegangen werden, dass die Person selbst die eigenen »Motivationsknöpfe« nicht kennt. Aber wer sie kennt, kann sie im eigenen Interesse einsetzen, kann sich selbst müheloser zur optimalen Leistung bringen und sich vor der Manipulation durch andere besser schützen.

Welches Motivationsknöpfchen muss man bei Ihnen drücken?

Wenn die individuell optimalen Bedingungen herrschen, ist es möglich, in einen Zustand höchster Konzentration und großen Glücks, in den Flow zu kommen. Dabei sind die Herausforderungen, denen man sich stellt, in Gleichklang mit den eigenen Fähigkeiten und Fertigkeiten. Nur: Motivation nach dem Gießkannenprinzip funktioniert nicht. Man muss schon sein individuelles Knöpfchenprofil kennen. Denn was bei der einen Person zu höchster Motivation führt, kann sich bei einer anderen als Bremse herausstellen. So brauchen manche ständigen Druck von außen, ein »Du schaffst das *nie*«, um sich optimal zu entfalten, während andere unter Druck eingehen würden, keinen klaren Gedanken fassen könnten.
Das, was den Spaß an der Leistung hervorbringt, ist ein persönliches Mosaik dieser Motivationsknöpfchen. Es setzt sich zusammen aus etwa drei bis vier Motivatoren und ein bis zwei Motivationsräubern.

Muss ich diesen Schritt jetzt wirklich tun? Oder geht's vielleicht auch so …

13 Antreiber für clevere Arbeitsesel

Eines oder mehrere dieser Motive treiben den einen Menschen an, lassen ihn für seine Arbeit brennen, motivieren zur Höchstleistung; einen anderen dagegen können sie bremsen.

■ **Allein arbeiten können.** Allein im Gegensatz zum Arbeiten mit anderen: Für diese Personen ist es wichtig, ungestört arbeiten zu können. Sie sind in einem Großraumbüro verloren, ihre Leistung nimmt ab. Sie arbeiten gern im eigenen Rhythmus und empfinden die Anwesenheit anderer als störend.
Oder allein im Sinne von allein bestimmen: Diese Menschen möchten gern selbst in der Verantwortung stehen und damit Herr oder Herrin des Geschehens sein, die Kontrolle haben. Sie stehen für ihr Ergebnis und sich selbst gerade. Das Streben nach Selbstbestimmung kann sich auf den eigenen Arbeitsrhythmus, aber auch auf andere beziehen – das letzte Wort zu haben. Motto: »Ich zeige anderen, wo es langgeht.«

■ **Selbst in Aktion sein:** Es gibt Menschen, die paradoxerweise an Tagen, an denen sie ohnehin am meisten zu tun haben, besonders viele Extra-Aufgaben erledigen. Oft leben sie unter selbst gemachter Termin- und Zeitnot. Motto: »Ich kann am besten arbeiten, wenn ich ordentlich unter Druck bin. So, wie die Musketiere am besten gefochten haben, wenn sie mit dem Rücken an der Wand standen.«

■ **Anderen zuschauen zu können** wirkt stark inspirierend. Vorbilder und Mentoren zu haben, bedeutet Menschen mit diesem Motivationsknöpfchen sehr viel. Sie bekommen beim Zuschauen Lust, es ebenfalls zu probieren. Motto: »Wenn der das kann, kann ich das auch.«

DER BUMERANG TIPP

Ihr tägliches Erfolgsjournal

➤ Nehmen Sie ein Heft, nennen Sie es »Erfolgsjournal« (oder »Glücksjournal«), und schreiben Sie im Laufe des Tages alles hinein, was Ihnen gut gelungen ist. Es sollten fünf bis zehn Dinge sein. Stellen Sie sich dabei folgende Fragen:

- Was habe ich heute besonders gut gemacht?
- Welche kleinen oder großen Erfolge habe ich zu verzeichnen?
- Über welches Lob und welche Komplimente habe ich mich besonders gefreut?
- Wem habe ich heute Gutes getan?
- Wem habe ich Zeit geschenkt?
- Was hat mich heute erfreut?
- Welches Ziel habe ich erreicht?

Falls Sie sie noch nicht kennen: Hier finden Sie Ihre Motivationsknöpfchen!
Wenn Sie das Tagebuch mit Ihren »Diamanten« konsequent führen, stabilisiert das Ihr Selbstwertgefühl, und Sie motivieren sich Tag für Tag neu.

■ **Äußeres Umfeld:** Die Anwesenheit Dritter und deren Erwartungen steigern die Leistung. Personen mit diesem Motivator legen extrem Wert auf Kleidung, Einrichtung, Accessoires. Ein neues Handy kann sie beflügeln. Sie zeichnen sich durch eine hohe Sensibilität für ihr Umfeld aus. Es geht aber nicht immer um Statussymbole, es kann sogar sein, dass sie alles tun, um solche Symbole aus ihrem Umfeld zu verbannen. Sicher ist, dass sie ihre Umwelt sehr sensibel wahrnehmen. Diese Menschen werden durch Zuschauer inspiriert und erleben deren Erwartungen als Ansporn. Motto: »Euch will ich zeigen, was ich alles drauf habe.«

■ **Companionship:** Wirkt bei jenen Menschen als Hauptmotivator, die es lieben, mit anderen Menschen gemeinsam etwas zu tun. Die gemeinsame Aktivität wirkt motivierend. Diese Menschen reagieren sensibel auf Harmoniedefizite. Das Commitment gegenüber Teampartnern lässt sie zur Höchstleistung auflaufen – und die widrigsten Umstände ertragen. Motto: »Ich freue mich, etwas gemeinsam mit anderen tun zu können.«

■ **Herausforderung:** Menschen mit diesem Motivator betreten gerne neues Territorium. Die Ankündigung des Chefs: »Das schaffen Sie nie …« setzt Energiereserven frei. Eine Aufgabe in dem Wissen zu beginnen, dass sie bisher von niemandem bewältigt wurde, begeistert sie. Widrigkeiten werden als Ansporn gedeutet. Menschen mit diesem Motivator joggen lieber, wenn es stürmt und schneit, als an einem sonnigen Frühlingstag. Motto: »Jetzt erst recht« oder »Das wollen wir doch mal sehen«.

■ **Erinnerungen an vergangene Erfolge:** Manche Menschen beziehen einen wichtigen Teil ihrer dauerhaften Selbstmotivation aus der Erinnerung, zum Beispiel an zurückliegende Siege, um auch in der aktuellen Situation zusätzliches Durchhaltevermögen zu entwickeln. Für sie zählt Erfahrung besonders viel. Sie lesen oft in ihren Tagebüchern und haben dicke Fotoalben. Sie lernen aus der Vergangenheit für die Zukunft. Motto: »Wenn ich das damals geschafft habe, dann schaffe ich es heute auch.«

■ **Zukunftsperspektiven:** Für eine Reihe von Menschen ist das gedankliche Verweilen in der Zukunft ein starker Motivator, der sie zu Höchstleistungen anspornt. Sie malen sich in allen Farben aus, schon am Ziel zu sein. Karriereaussichten sind dann wichtiger als ein hohes Einkommen. Motto: »Ich arbeite hart und verzichte auf vieles, damit ich (wir) es in der Zukunft einmal besser habe(n).«

■ **Wettbewerbs- und Rekordorientierung:** Der Wunsch, Erster oder Bester zu sein, ist für einige Menschen ein besonders starker Motivator, der sich wie ein roter Faden durch ihr Leben zieht. Sie schätzen persönliche Leistungsvergleiche und blühen in Wettbewerben auf. Ziel ist, andere oder sich selbst zu übertreffen. Motto: »Ich will/muss besser sein als X – oder meinen Rekord brechen.«

■ **Anerkennung:** Das persönliche Feedback, von anderen gelobt und anerkannt zu werden, ist für die Betreffenden stark motivierend. Sie brauchen mehr Komplimente als andere, genießen das Rampenlicht wie den Applaus und sprechen gern über ihre Erfolge. Dazu gehört auch die Selbstanerkennung.

… zum Nachdenken

Ein Mensch erhofft sich fromm und still,
Dass er einst das kriegt, was er will.
Bis er dann doch dem Wahn erliegt
Und schließlich das will, was er kriegt.

Eugen Roth (Schriftsteller, 1895–1976)

Raus aus dem Stress … rein in den Flow

Gemeinsame Aktivität wirkt auf manche Menschen stark motivierend. Andere arbeiten lieber im stillen Kämmerlein.

Motto: »Wichtig war es mir, mich vor mir selbst zu beweisen.«

■ **Sachfeedback:** Bei der »Anerkennung durch die Sache« geht es um eine schnelle Rückmeldung aus den Handlungsfortschritten während einer Arbeit. Viele mögen es, immer wieder durch messbare Fortschritte auf ihrem Weg bestätigt zu werden. Sie sind verloren in Aufgaben, deren Ergebnis erst nach einem Jahr zu sehen ist. Motto: »Holzhacken ist deshalb so beliebt, weil es so schnell Erfolgserlebnisse produziert« (Albert Einstein).

■ **Gute Vorbereitung:** Ein Umfeld, in dem eine Spitzenleistung detailliert und gut vorbereitet werden kann, ist für manche unverzichtbar. Ständiges Improvisieren blockiert.

Eine sorgfältige Vorbereitung hingegen führt zu Selbstvertrauen und Sicherheit. Motto: »Ich habe vorher alles Notwendige getan.«

■ **Sinn (Wertesystem):** Wer Sinn als Motivator hat, kann kaum Aufgaben erledigen, die in seinem Wertesystem keinen Stellenwert haben. Er oder sie muss sich mit der Aufgabe identifizieren können. Motto: »Ich verzichte lieber auf Geld, als dass ich … tun würde.«

Quelle: Bents, Richard / Blank, Reiner: Die Motivatoren-Analyse; in: Schimmel-Schloo, M. / Seiwert, L. / Wagner, H. (Hrsg.): PersönlichkeitsModelle. Offenbach: Gabal, 2002, S. 231–241.
Ein ausführliches Motivatorenprofil mit Strategieempfehlung zur effektiven Selbstführung erhalten Sie übers Internet: www.motivatorenanalyse.com (Preis zurzeit 49,– Euro, info@motivatorenanalyse.com).

LEBENSKUNST ZWISCHEN MUSS UND MUßE

Gut gemacht. Der Motivator »Lob« lädt den einen mit Energie auf. Andere bremst das »Gesülze«.

Was den einen motiviert, demotiviert den anderen

Lilly, die »Sachfeedback« als Motivator hat, beschafft sich alle Informationen über ihren Auftrag, die ihr zugänglich sind. Für Lilly ist es wichtig, den Verlauf eines Projektes zu visualisieren und Erfolge zu kennzeichnen.
Dagegen würde Thomas mit dieser Vorgehensweise stranden, denn sein Motivator heißt »Lob und Anerkennung«. Thomas wird beflügelt durch eine verbale Anerkennung des Chefs oder den positiven Kommentar der Kollegen. Ein paar freundlich anerkennende Worte bewirken, dass er mit doppelter Energie an die Arbeit geht.
Bei Lilly kann das Lob des Chefs sogar Verärgerung auslösen – sie findet sein »Gesülze« überflüssig. Er hätte besser den Projektbericht zitiert, der deutlich zeigt, dass sie unter ihrem Budget geblieben ist und jeden Meilenstein im Zeitplan eingehalten hat. In Lillys Büro hängt ein großes Plakat, auf dem der Verlauf des gesamten Projektes visualisiert ist. So kann sie jederzeit sehen, was sie geleistet hat, und sie belohnt sich am Abend damit, dass sie die Tagesergebnisse einträgt.
Thomas würde so etwas niemals einfallen. Ihm erscheint Lillys Vorgehen bürokratisch und umständlich. Er brennt darauf, dass andere ihm bestätigen, wie gut er die letzte Aufgabe bewältigt hat. Die Bemerkung »Thomas, wie du gestern mit dem Kunden verhandelt hast, das war wieder einmal einsame Spitze« aktiviert ihn. Thomas weiß das und gibt anderen die Chance, ihn zu loben, indem er von seinen Erfolgen berichtet und aktiv um Feedback bittet. Er geht auch nicht in Abwehrhaltung, wenn andere ihm positive Rückmeldungen zu seinen Leistungen geben. Er sagt nicht »Ach, das war doch nur Zufall«, er lächelt und bedankt sich.
Das gelingt Thomas aber auch erst, seit er seinen Hauptmotivator kennt. Vorher ist er sich selbst im Weg gestanden und hat mit angelernten Abwehrversuchen andere daran gehindert, ihm Feedback zu geben. Es ist nicht üblich, sich für positives Feedback zu bedanken oder darum zu bitten. Seit Thomas weiß, wie er seinen »inneren Turbolader« aktivieren kann, hat er alle Möglichkeiten genutzt, andere an seinen Erfolgen teilhaben zu lassen, und er bittet aktiv um Feedback.

Die Bumerang-STRATEGIE

Welches Knöpfchen darf's denn sein?

Sie wollen optimale Leistung bringen – und sich dabei auch noch freuen? Dann finden Sie Ihre Motivationsknöpfchen heraus. Und zeigen Sie ruhig den anderen, wo sie zu drücken sind.

Machen Sie eine Mind-Map

Legen Sie dafür ein Blatt Papier und Stifte bereit (mehr zur Mind-Map auf Seite 187).

➤ Erinnern Sie sich an ein herausragendes Ereignis, bei dem Sie über sich selbst hinausgewachsen sind und sich hinterher fragten, wie Sie das nur schaffen konnten. Ein schwieriger Geschäftsabschluss, die Doktorarbeit, eine extreme Skiabfahrt, der erste Marathonlauf oder die Radtour über den Alpenpass? Es kann auch die erste Rede sein. Oder das Aufhören mit dem Rauchen. Wichtig ist, dass Sie es als besonderen Erfolg in Ihrem Leben bewerten.

➤ Nehmen Sie das Papier im Querformat, und schreiben Sie ein Schlüsselwort für das Ereignis in die Mitte. Schließen Sie die Augen, und erinnern Sie sich an die Situation. Mit der Zeit kommen Bilder hoch, vielleicht sogar Töne, Gerüche, Worte, Sätze. Lassen Sie möglichst viel aus dem Unterbewusstsein auftauchen.

➤ Sammeln Sie nun Schlüsselbegriffe zu diesem Erlebnis, und zeichnen Sie um das Thema herum »Äste«, auf die Sie diese Begriffe notieren. Immer nur ein Wort, das für Sie ein ganzes Bild, eine Situation versinnbildlicht. Für jedes Wort, das in dieselbe Richtung führt, wird ein »Zweig« an den entsprechenden Ast gehängt.

➤ Wenn die Gedanken nicht mehr fließen, können Sie Ihre Mind-Map farbig gestalten und Symbole oder Bilder hinzufügen. Oft regt das die Kreativität an, und es kommen weitere Erinnerungen, die noch aussagekräftiger sind.

➤ Am Ende der Verästelung werden Sie Ihre Motive finden. Was ist Ihnen wichtig: Applaus, Teamarbeit ...? Vergleichen Sie Ihre Mind-Map-Ergebnisse mit den 13 Motiven ab Seite 169.

➤ Suchen Sie dann Hinweise darauf, welcher Motivator sich in Ihrer Mind-Map versteckt. Worte, die Hinweise auf einen bestimmten Motivator vermuten lassen, kennzeichnen Sie.

➤ Abschließend bilden Sie aus den Motivatoren ein Ranking: Der Motivator mit den meisten Nennungen ist fast immer ein starker Hauptmotivator. Und den bauen Sie in Ihr Leben ein.

Checkliste: 7 Steps zum Hauptmotivator

1. Ein Ereignis (herausragende persönliche Leistung) auswählen
2. Intensives Erinnern
3. Mind-Map anfertigen
4. Beschreibung der Motivatoren lesen
5. Hinweise auf Motivatoren identifizieren
6. Häufigkeit der Hinweise auf bestimmte Motivatoren ergibt ein individuelles Ranking
7. Strategie entwickeln, wie der Hauptmotivator zur Leistungssteigerung eingesetzt wird.

Von Chaoten kann man lernen ...
... Ordnung ist das andere halbe Leben

Lust auf kreatives Chaos?

Chaos ist die Quelle der Kreativität. Und kreativ zu sein, wünscht sich jeder. Einfach dasitzen – und die Gedanken fließen, das Geld, das Glück ...
Kreativität ist Ordnung, über das Chaos gestülpt. Stehen Sie sich nicht länger selbst im Weg. Räumen Sie einmal auf im Leben – entmüllen heißt ent-sorgen.
Der Bumerang hält Balance zwischen den Extremen. Wie wir Balance halten sollten zwischen Chaos und Ordnung. Beides bringt uns auf dem Flug durch das Leben voran. Chaos ist die Quelle der Kreativität. Das sagt nicht nur der Physik-Nobelpreisträger Gerd Binnig. Der chaotischste Schreibtisch, den ich je gesehen habe, steht in einer Hamburger Redaktion. Dem ist nicht anzusehen, dass vor langer, langer Zeit »Chaos« einmal »klaffende Leere« bedeutete. Hinter meterhohen Papierstapeln, Fotobergen, Ansichtskarten, leeren Zigarettenschachteln, CDs, Nippes, verhutzelten Telefonkabeln und Unmengen gelber Post-its verschwindet der Wuschelkopf eines, ich möchte sagen, ziemlich kreativen Menschen. Ein Redakteur, der Woche für Woche neue Themen ins Heft bringt und nebenbei

Von Chaos ... und Ordnung

noch Bücher schreibt. Wie macht er das in diesem unglaublichen Chaos nur? Ganz einfach: In diesem Menschen brennt das Feuer der Begeisterung.

»Du kannst nur das in anderen entzünden, was in dir selbst brennt!« sagte der Kirchenvater Augustinus (354–430 n. Chr.).

Ein anderes Wort für Begeisterung ist Enthusiasmus. Das kommt aus dem Griechischen: »entheos« bedeutet gotterfüllt oder Einssein mit Gott. Erfolgreiche, kreative Menschen sind erfüllt von schöpferischem Geist, be-geist-ert. Und wie Gott im biblischen Schöpfungsmythos die Erde aus dem Tohuwabohu schuf, so schaffen sie aus der »Ursuppe« von Wörtern, Farben, Tönen: Bestseller, Kunstwerke, Ohrwürmer. Kreativität und Schöpfung, Chaos und Ordnung gehören zusammen. Sie stehen auf dem rechten und dem linken Flügel des Bumerangs.

Am Anfang war das Chaos

Sie kennen diesen Satz? Lange bevor Naturwissenschaftler mit ihrer Chaos-Theorie die Entstehung der Weltordnung erklärten und auch deren Untergang durch Chaos für wahrscheinlich hielten, stellte sich der Mensch die Frage nach dem Ursprung der Welt. Wie ist sie entstanden, warum ist sie so, wie sie ist? In all den Erklärungsmythen wird auf die eine oder andere Weise Ordnung im Chaos geschaffen. Nehmen wir die, die uns am nächsten liegt: Im jüdisch-christlichen Schöpfungsmythos (Genesis 1,1–3) kann man nachlesen: »Am Anfang schuf Gott Himmel und Erde; die Erde aber war wüst und leer, Finsternis lag über der Urflut und Gottes Geist schwebte über dem Wasser. Gott sprach: Es werde Licht. Und es wurde Licht.«

DER BUMERANG TIPP

Für Intuition und Kreativität

Der Bauch hat meistens Recht. Lernen Sie, auf ihn zu hören. Einfache Übungen trainieren Ihr Bauchgefühl, Ihren siebten Sinn, und bringen die Kreativität auf Trab.

1. Wenn das Telefon läutet oder jemand an der Haustür klingelt: kurz innehalten, konzentrieren und versuchen zu erahnen, wer es sein könnte.
2. Versuchen Sie immer mal wieder die Gedanken Ihrer Mitmenschen zu lesen – Sie finden vieles in der Mimik.
3. Versetzen Sie sich in den Autor eines Buchs, spinnen Sie es selbst zu Ende.
4. Stellen Sie beim Fernsehthriller den Ton ab, deuten Sie Gestik und Mimik der Schauspieler. Erraten Sie die Story?
5. Beim nächsten Städtetrip ziehen Sie einfach mal ohne Stadtplan los. Laufen Sie Ihrer Laune nach, und testen Sie so Ihr inneres Radarsystem.
6. Kochen Sie ein weiches Ei, ohne dabei auf die Uhr zu sehen. Vertrauen Sie Ihrem Zeitgefühl. Mit etwas Übung wird's ein perfektes Viereinhalb-Minuten-Ei.
7. Machen Sie es wie Leonardo da Vinci. Das italienische Genie war ein Meister des Jonglierens. Jonglieren koordiniert Körper und Verstand. Es schult die Konzentrationsfähigkeit und bringt die rechte und die linke Gehirnhälfte auf Trab. Nach fünf Minuten Jonglieren werden die kreativen Ideen nur so sprudeln. *(www.jonglieren.de)*

LEBENSKUNST ZWISCHEN MUSS UND MUßE

Wüst und leer (hebräisch: tohu wa-bohu) heißt nichts anderes als chaotisch. Und Licht macht die Dinge sichtbar und damit das Ordnen erst möglich.

Was ich damit sagen will: Chaos ist eng verwoben mit Ordnung. Das eine ist ohne das andere nicht denkbar. Manchmal schlägt das Chaos um in Ordnung – und umgekehrt. Und am fröhlichsten und glücklichsten lebt es sich, wenn das Ganze in Balance ist.

Und dann ist auch der Weg nicht weit. Wolf Schneider schreibt in seinem Bestseller »Die Sieger – wodurch Genies, Phantasten, Verbrecher berühmt geworden sind«: »Die Phantasie allein ist nichts. Schöpferisch wird nur derjenige Künstler, der die Kraft und den Willen hat, sie einem Ordnungsprinzip zu unterwerfen, das aus rohem Marmor über die Idee die fertige Gestalt, aus dem Brausen der Töne die Sonate wirklich formt. (...) Manche, wie Wolfgang Amadeus Mozart und Franz Schubert, meisterten diesen Balanceakt zwischen Chaos und Ordnungswillen mühelos. Andere Komponisten zerbrachen fast daran.«

Das Chaos und der Mensch

Viele Menschen glauben, sie brauchen Chaos, weil es schöpferisch ist. Ordnung steht für Langeweile, das vermeintlich kreative Chaos gilt als schick. Offensichtlich ein Trugschluss. Die meisten Kreativen, so fand Mihaly Csikszentmihalyi (Seite 157) heraus, vereinen mehrere Gegensätze in sich. Die beiden Seiten des Bumerangs. Sie verbinden zum Beispiel Disziplin mit Spielerischem, Verantwortungsgefühl mit Ungebundenheit. Sie nutzen konvergierendes (analytisches) und divergierendes (ganzheitliches) Denken. Und sie verschmelzen die Gegensätze von Extraversion und Introversion, interessieren sich für die äußere und die innere Welt.

Gefühle, Ordnung und Chaos

Wie Gefühle in uns Chaos oder Ordnung anrichten, erklärt Glücksforscher Mihaly Csikszentmihalyi so: »Negative Gefühle wie Traurigkeit, Furcht, Angst oder Langeweile rufen im Geist ›psychische Entropie‹ (= Unordnung) hervor, das heißt einen Zustand, in dem wir unsere Aufmerksamkeit nicht wirksam einsetzen, um uns Aufgaben in der Außenwelt zu widmen, weil wir sie zur Wiederherstellung unserer subjektiven inneren Ordnung benötigen. Positive Empfindungen wie Glück, Stärke oder Wachheit sind dagegen Zustände ›psychischer Negentropie‹ (Ordnung), da sich unsere Aufmerksamkeit nicht beim Grübeln oder bei Selbstmitleid aufbraucht, und unsere seelische Energie so ungehindert in die Gedanken, beziehungsweise die Aufgaben fließen kann.«

Die 10 Attribute der Chaoten

1. Arbeiten an mehreren Projekten gleichzeitig
2. Neigen zu Aufschieberitis
3. Lieben ihre Zettelwirtschaft
4. Setzen sich ungern Ziele
5. Betrachten Planung als Zwangsjacke
6. Lassen sich gern unterbrechen
7. Erachten vieles als gleichwertig
8. Arbeiten häufig unter Zeitdruck
9. Sind Sammler und Aufbewahrer
10. Tun sich schwer, Nein zu sagen

Von Chaos ... und Ordnung

Linke und rechte Gehirnhälfte ...

... der Chaot, das Genie, der Pedant

Begeben wir uns an die andere Seite des Bumerangs. Auch dort ist ein Schatz zu finden: Disziplin, Logik, Ordnung. Sie wissen bereits: Ohne Ordnung existiert keine wahre Kreativität. Nur Perfektionismus ist ein Kreativitätskiller.

Sie haben zwei Gehirnhälften. Beide sind wertvoll, keine besser oder schlechter. Die eine Hälfte der Bevölkerung benutzt die linke mehr, die andere Hälfte die rechte. Was bedeutet das? Die Ordnung sitzt links, die Kreativität rechts. Sicher ist der Gehirnforschung das zu allgemein ausgedrückt. Sehen Sie einfach die Informationen über linkshirnige und rechtshirnige Funktionen als Sinnbild, das es uns erleichtert, die komplizierten physiologischen Zusammenhänge zu verstehen.

Links sitzt die Logik ...

Auf der linken Seite findet man eher das logische, mathematische, analytische Denken, Charaktereigenschaften wie Intellekt, Weltgewandtheit, Dominanz. Dort sitzt auch das Sprachzentrum – das Namensgedächtnis, die Fähigkeit zu lesen, zu schreiben, ein Ding zu benennen. Und »Sekundärtugenden« wie Ordnung, Disziplin, Anpassungsfähigkeit.

... und rechts die Intuition

Die rechte Hemisphäre speichert vorzugsweise Bilder und Figuren, Emotionen und Gesichter. Dort sitzt die Intuition, die Musikalität, die Fähigkeit zum Träumen, die Neugierde, der Spieltrieb, die Sinnlichkeit, die körperliche Aktivität. Jedes Kind agiert, bis es sechs Jahre alt wird, hauptsächlich aus dem rechten Hirn heraus. Bis die Schule die linken Fähigkeiten fordert und fördert. Irgendwann im Alter des Teenagers haben wir uns dann für die Dominanz einer Hälfte entschieden. Oder wir sind ein Genie: ein Mensch, der mit beiden Gehirnhälften gleichermaßen arbeitet. Leonardo da Vinci, das größte Genie aller bisherigen Zeiten, arbeitete mit logischer Perfektion und emotionaler Kreativität, war Anatom und Botaniker, Zeichner und Maler, Baumeister und Bildhauer, Physiker und Philosoph, Erfinder und Konstrukteur – und leistete auf jedem dieser Gebiete Bahnbrechendes für Jahrhunderte. Leonardo nutzte offensichtlich beide Gehirnhälften gleichermaßen und hielt all seine geistigen, körperlichen und sozialen Fähigkeiten in Balance.

Jedes Kind ist kreativ – bis es in die Schule kommt.

Mit welchem Hirn denken Sie?

Wenn Sie gerne wissen möchten, welche Gehirnhälfte bei Ihnen dominiert, beantworten Sie folgende Fragen. Kommt eine Hälfte zu kurz, sollten Sie sie künftig stärker einbeziehen und trainieren.

1. Welche der folgenden Beschreibungen trifft besser auf Sie zu?

☐ a Ich stehe ständig unter Strom; bei mir müssen die Dinge rund laufen und richtig ausgeführt werden; ich werde schneller nervös als andere Leute.

☐ b Ich bin entspannt und manchmal eher nachlässig; man kann das Leben nicht bekämpfen, daher muss man Schicksalsschläge hinnehmen.

2. Sind Sie oft niedergeschlagen?

☐ a Ja.
☐ b Nein.

3. Denken Sie an Ihre Lieblingsmusik, was spielt eine größere Rolle für Sie?

☐ a Der Takt?
☐ b Die Melodie?

4. Sie wollen sich neue Kenntnisse aneignen; wie gehen Sie beim Sammeln von Fakten eher vor?

☐ a Bücher lesen und Unterlagen über das Thema sammeln.

☐ b »Praktisches Aneignen«, zum Beispiel mit handwerklicher Arbeit, Workshops, Ausprobieren im Labor, Ausbildung usw.

5. Stellen Sie sich vor, Sie sitzen noch mal auf der Schulbank. Welches Fach würden Sie lieber belegen?

☐ a Kunst.
☐ b Mathematik.

6. Bei welchem dieser Spiele haben Sie mehr Spaß?

☐ a Scrabble.
☐ b Mühle.

7. Welche der folgenden Verhaltensweisen trifft eher auf Sie zu?

☐ a Ich bin ein spontaner Käufer; wenn ich etwas will, kaufe ich es mir sofort, auch wenn es dann manchmal über meine Verhältnisse geht.

☐ b Ich bin ein überlegter Käufer; ich wäge ab, bevor ich etwas kaufe. Manchmal warte ich so lange, bis das, was ich eigentlich wollte, schon ausverkauft ist. Oft rede ich mir auch Dinge aus, die ich zuerst kaufen wollte.

8. Fühlen Sie sich in Grammatik oft unsicher?

☐ a Ja.
☐ b Nein.

Von Chaos ... und Ordnung

9. Wenn Sie etwas Neues lernen, wie geht dieser Prozess normalerweise vor sich?

☐ a Ich wühle mich durch alles Mögliche hindurch, bis mir plötzlich ein Licht aufgeht und ich den Dreh heraushabe. Auf einmal verstehe ich alles, als ob ein Vorhang aufgeht oder sich eine Tür öffnet.

☐ b Ich arbeite Schritt für Schritt und nehme mir immer nur einen Aspekt vor; irgendwann beginne ich dann die Zusammenhänge zu sehen und kann mein Bild wie ein Puzzle vervollständigen.

10. Welche Denkaufgabe könnten Sie schneller lösen?

☐ a Ein Kreuzworträtsel.
☐ b Ein Bilder-Puzzle.

11. Haben Sie oft Vorahnungen?

☐ a Ja.
☐ b Nein.

12. Wenn Sie nur das eine oder andere tun könnten, würden Sie lieber ...

☐ a ein Buch lesen?
☐ b einen Film ansehen?

13. Haben Sie oft Schwierigkeiten, Ihre Gefühle und Meinungen so in Worte zu fassen, dass man Sie verstehen kann?

☐ a Ja.
☐ b Nein.

14. Sie müssen ein Auto in einer Kurve sauber parken. Das gelingt Ihnen ...

☐ a normalerweise beim ersten Mal?
☐ b meist erst nach dem zweiten oder dritten Versuch?

15. Sie wollen eine Fahrt übers Land machen, und jemand beschreibt Ihnen den Weg zu Ihrem Ziel. Ziehen Sie es vor, dass er Ihnen ...

☐ a die Richtungen, Straßennummern, Abzweigungen und Merkpunkte der Reihe nach aufschreibt?
☐ b den Weg auf einer Karte zeigt?

16. Bei Ihrer Kleidung bevorzugen Sie ...

☐ a Stoffe mit viel Gewicht oder Struktur – wie Leder, Wildleder, Wolle, Leinen, Seide, Kord?
☐ b relativ einfache und eher leichte Stoffe wie Baumwolle?

17. Können Sie sich gut an Gesichter erinnern?

☐ a Ja.
☐ b Nein.

18. Können Sie sich gut Namen merken?

☐ a Ja.
☐ b Nein.

19. Welcher der folgenden Behauptungen stimmen Sie eher zu?

☐ a Es gibt viele Dinge, die die Wissenschaft nie wird erklären können.
☐ b Hinter allem steckt ein Naturgesetz. Daher wird die Wissenschaft irgendwann auch Dinge, die heute als Mysterium erscheinen, aufklären können.

20. Sind Sie überdurchschnittlich sportlich?

☐ a Ja.
☐ b Nein.

Die Auswertung

In der Auswertung steht **L** für die linke Hemisphäre und **R** für die rechte Hirnhälfte.
Überprüfen Sie Ihre Antworten nach unserem Auswertungsschlüssel, zählen Sie Ihre L- und R-Antworten zusammen, und notieren Sie beide Werte in den unteren L- und R-Kästchen:

1.	(a) L	(b) R	11.	(a) R	(b) L
2.	(a) R	(b) L	12.	(a) L	(b) R
3.	(a) L	(b) R	13.	(a) R	(b) L
4.	(a) L	(b) R	14.	(a) R	(b) L
5.	(a) R	(b) L	15.	(a) L	(b) R
6.	(a) L	(b) R	16.	(a) R	(b) L
7.	(a) R	(b) L	17.	(a) R	(b) L
8.	(a) R	(b) L	18.	(a) L	(b) R
9.	(a) R	(b) L	19.	(a) R	(b) L
10.	(a) L	(b) R	20.	(a) R	(b) L

Punktezahl L ☐   R ☐

Wenn Ihr Test **13 oder mehr** L- oder R-Antworten aufweist, dominiert wahrscheinlich die linke oder rechte Gehirnhälfte. Lesen Sie dazu über das »linke« oder »rechte« Gehirn, um mehr über Ihre Persönlichkeit zu erfahren.
Wenn Sie in beiden Kategorien **zwischen 8 und 12 Antworten** haben, befinden sich Ihre Hirnhälften ziemlich im Gleichgewicht. Lesen Sie über das »beidseitige« Gehirn.

Das »linke« Gehirn

Die Fähigkeiten der linken Gehirnhälften sind diejenigen, die von der westlichen Zivilisation favorisiert werden: Das linke Gehirn ist analytisch, rational und praktisch. Ein Mensch, der von der linken Hirnhälfte dominiert wird, liebt keine mystische Vereinigung mit dem Kosmos, keine romantischen Träumereien – er will Fakten. Und die schreibt er auch wohl organisiert in seinen Zeitplaner.

Da die linke Gehirnhälfte für die Sprache zuständig ist, können linkshirnige Menschen besonders gut Gespräche führen und oft hervorragend schreiben. Die meisten Technokraten – Wissenschaftler, Mathematiker, Computerspezialisten – sind »linkshirnig«. Ebenso Rechtsanwälte. Sie benützen die logische Denkweise, um Bausteine aus verschiedensten Informationen zu einem Ganzen zusammenzusetzen. Weil sie Logik und Sprache so gut kombinieren können, wirken Menschen (häufig Männer) dieser Kategorie oft brillant und geistreich. Allerdings können sie auch getrieben und fanatisch einer Sache nachrennen. Und ziemlich pedantisch sein. Dominiert diese Gehirnseite bei Ihnen, dann fördern Sie künftig ein wenig Ihr rechtes Gehirn. Anleitungen zu mehr Kreativität finden Sie ab Seite 182.

Das »rechte« Gehirn

Menschen, die von ihrer rechten Hirnseite dominiert werden, sind eher emotional und intuitiv. Sie nehmen eine ganzheitliche Stellung zum Leben ein: Sie empfinden Dinge als zusammenhängend und lieben es nicht, in Details zu versinken. Sie nehmen Sachen als »Gestalt« wahr. Der Instinkt beeinflusst ihre Wahrnehmungen. Man erkennt sie an der Spur gelber Post-it-Zettel, die sich über Computer, Schreibtisch, Tasche, Bücher, Küchenanrichte durch ihr Leben zieht. Zeit und Leben planen sie selten mit dem Stift, meistens per Gefühl. Kreativität und Raumvorstellungsvermögen sind in der rechten Hirnhälfte zu Hause. Fast alle Künstler sind »rechtshirnige« Menschen. Aber auch Wis-

Von Chaos ... und Ordnung

senschaft – in den höchsten kreativen Stufen – ist oft ein Phänomen der rechten Hemisphäre. Leute, die hauptsächlich mit der rechten Hirnhälfte arbeiten, verfügen meist über ein gutes Musikgefühl. »Rechtshirnige« Personen lassen sich leichter hypnotisieren. Sie sind athletisch »linkshirnigen« Mitmenschen überlegen. Sie erinnern sich gut an Gesichter, aber kaum an Namen. Namen werden in der linken Hemisphäre, im Sprachzentrum gespeichert. Menschen dieser Kategorie geben gute »Südländer« ab: Sie neigen dazu, sich zurückzulehnen und der Heiterkeit hinzugeben. Allerdings kann Passivität auch in Isolation und Depression umschlagen. Dominiert Ihr rechtes Gehirn, dann helfen Ihnen Regeln, wie Sie Ordnung über Ihr Chaos stülpen, und die finden Sie in diesem Kapitel – und im Rest des Buches.

Ordnung und Spieltrieb, Logik und Intuition – linke und rechte Hirnhälfte sind wie Erde und Wasser: kreativ, wenn sie zusammenwirken.

Der Bumerang-Typ oder das »beidseitige« Gehirn

Menschen, die mit beiden Gehirnhälften gleichermaßen arbeiten, haben eigentlich das große Los gezogen. Es sind meist Leute, die man gern um sich hat, weil sie weder die einseitige Denkweise der meisten »Linkshirner« noch die oberflächliche Heiterkeit vieler »Rechtshirner« zeigen. Beid-Hirner sind die geborenen Bumerang-Typen. Sie wissen, wie man Emotionen mit Intellekt vereint, Logik mit Gefühl, sie speichern Gesichter mit Namen ab, und sie wissen, wie man über das Chaos Ordnung stülpt. Heraus kommt Kreativität. In Politik, Management, Kunst und Wissenschaft. Einstein zum Beispiel machte eine rechtshirnige Aussage, als er erklärte, dass ihm die meisten wichtigen Entdeckungen in Form von Bildern erschienen. Erst nach dieser Inspiration ging er der Sache mit seiner linken Hirnhälfte nach und beschrieb seine Ideen sprachlich und mathematisch.

Auch wenn Sie zunächst kein beidhirniger Typ sind, können Sie Fertigkeiten und Kompetenzen Ihrer Hirnhälften trainieren und steigern.

Wenn Sie's genauer wissen wollen ...
Eine ausführliche Bestimmung der Hirndominanzen bietet das »Herrmann Dominanz Instrument (H.D.I.)«, die deutsche Version des weltweit anerkannten »Herrmann Brain Dominance Instruments (HBDI)« aus den USA. Es besteht aus einem Fragebogen mit 120 Fragen, dessen Auswertung zeigt, in welchem Maße eine Person bestimmte Denkweisen bevorzugt, nutzt oder vermeidet. Das heißt, es erstellt eine Denkstilanalyse. Kosten etwa 100,– Euro, Näheres unter: *www.hid.de*
Buchtipp: Herrmann, Ned: Das Ganzhirn-Konzept für Führungskräfte (Titel vergriffen, aber noch zu beziehen unter: *www.hid.de*).

LEBENSKUNST ZWISCHEN MUSS UND MUßE

Die Ideen fliegen Ihnen gerade nicht zu? Flieger basteln, fliegen lassen – und die Gedanken fließen …

Chaos, Kreativität und Erfolg

»Die Kleinen schaffen, der Große erschafft« (Marie von Ebner-Eschenbach). Und: »Man kann niemanden überholen, wenn man in seine Fußstapfen tritt« (François Truffaut).
Wen, glauben Sie, wird ein Firmenboss heutzutage lieber einstellen: den Musterschüler mit geradliniger, erstklassiger BWL-Laufbahn – oder den Quereinsteiger mit mittelmäßigen Noten, der seine Semesterferien ständig auf Abenteuerreisen im Ausland verbrachte?
Kommt drauf an: den einen eher fürs Controlling. Den Zweiten aber als Leiter der Marketing-Abteilung. Er verspricht mehr Originalität, er hat in seinem Leben bereits die eingefahrenen Spuren verlassen, er überholt den Musterstudenten von rechts. Er hat seinen Geist geschult mit Bildern, Erkenntnissen, Gefühlen, die Bücher nicht vermitteln. Und diese Erfahrungen sind eine wunderbare Basis in einer Zeit grassierender Einfallslosigkeit, in der nicht Routine Lösungen verspricht, sondern Flexibilität gepaart mit Kreativität. In unserer Gesellschaft kommt ein Mensch nicht weit, der reproduziert.
Nur wer spielerisch denkt, produziert Originelles. Und Originalität sprudelt aus Kreativität. Das Beste daran: Man kann es lernen. Dafür ist es nie zu spät.

Von Chaos ... und Ordnung

Routine erstickt Kreativität

Tagein, tagaus dasselbe tun: Das lähmt den Geist und auch den Körper. Das Gefühl der Langeweile, kombiniert mit äußerem Druck, macht depressiv und erstickt jegliche Kreativität, schnürt einen immer fester ein, äußerlich gleichmütig, innerlich verzweifelt – von Tag zu Tag scheint es schwieriger zu werden, aus dem Korsett von Unzufriedenheit und Dumpfheit auszubrechen.

Verstehen Sie bitte richtig: Die Kunst, Langeweile zu fühlen, ist etwas außergewöhnlich Schönes in unserer hektischen Zeit – und nur den wenigen klugen Menschen vorbehalten, die sie wohl dosiert genießen. Aber eine das Leben ergreifende Routine erzeugt eine chronische Form der Langeweile, die wie ein Nervengift lähmt. Man stagniert im Beruf, in der Beziehung, in der Freizeit, im Leben.

Eine Prise Chaos würzt das Leben

Ohne Chaos gibt es keine Entwicklung. Bauen Sie eine Prise Chaos in Ihr Leben ein. Denn nichts verläuft linear, nicht einmal die Zeit. Die Entstehung des Kosmos war auch kein geradliniger Vorgang, sondern geordnete und chaotische Phasen wechselten sich ab. Ohne Chaos entsteht auch in Ihrem Leben nichts Neues, Aufregendes, Erfolgreiches.

➤ Bauen Sie in Ihren Tages- und Lebensplan »Chaos-Inseln« ein. Zeiten, in denen Sie die Normalität verlassen, ein bisschen verrückt sind. Diese Chaos-Inseln sollten Sie offen gestalten. Nicht chaotisch überfüllen mit Festen, Kontakten, Terminen, sondern ohne Zeitdruck einplanen. Und für Ver-rücktheiten nutzen.

Bewegen Sie die Beine ...

Nun möchte ich Ihnen die Geschichte vom Hamster im Rad erzählen. Forscher fanden heraus, dass der Hamster im Rad klüger ist als der Hamster, dem man das Rad wegnimmt. Das Gleiche gilt für den Menschen. Durch Bewegung bilden sich mehr Datenautobahnen im Gehirn. Mehr Nervenleitungen, die Gedanken, Ideen, Schlagfertigkeit und Kreativität erst möglich machen. Und das Beste daran: Das hört nie auf. Diese IQ-Kabel im Gehirn können Sie auch noch mit 80 bilden. Wenn Sie sich bewegen.

➤ Bauen Sie jede Woche drei, besser vier Stunden Bewegung in Ihren Terminkalender

SO MACH ICH ES

Der Frei-Tag

Am Freitag ist in meinem Institut frei. Frei für Kreativität. Für Muße. Für Faulheit. Für Verrücktheiten. Am Frei-Tag bleibe ich bis um zehn im Bett und sinniere. Oder ich besuche meinen Paten-Waschbär im Zoo. Mache einen Ausflug mit dem Fesselballon, eine Floßfahrt oder klettere in einem Hochseilgarten (High-Ropes-Training). Es kommt vor, dass ich mir im Kino drei Filme hintereinander ansehe. Am Freitag trinke ich stundenlang Tee im Café und lasse meine Gedanken fliegen. Und Sie glauben nicht, was an diesem Frei-Tag alles Innovatives passiert. Was mein Leben in die richtigen Bahnen lenkt.

ein. Und bewegen Sie sich auch tagsüber, sooft Sie können. Stehen Sie vom Schreibtisch auf, gehen Sie beim Denken. Trippeln Sie am Stehpult. Ich habe zum Beispiel ein Mini-Trampolin im Büro stehen. Knacke ich an einem Problem, ziehe ich die Schuhe aus und hüpfe. In-Bewegung-Sein lockt Lösungen.

... spielen Sie Klavier ...

In den deutschen Universitäten gab es in den 80er Jahren einen Stricknadel-Erlass. Professoren fanden es ungehörig, dass Studentinnen im Hörsaal klapperten, der Woll-Lust frönten. Wer strickt, kann nicht zuhören, schenkt mir keine Aufmerksamkeit, dachten sich die Professoren. Nun: In meinen Seminaren freue ich mich, wenn die Zuhörer stricken. Denn Forscher haben festgestellt: Wer seine Hände bewegt, fördert die Konzentration, die Kreativität, den Gedankenfluss zwischen linker und rechter Gehirnhälfte.

Bestens trainiert dafür sind deshalb Kinder, die ein Instrument lernen. Sie tun sich ein Leben lang viel leichter mit dem Kopf, wie unzählige Studien belegen.

... und lassen Sie Ihre Augen wandern

Wenn Sie kreativ denken, sollten Ihre Augen wandern. Denn die Augen unterstützen die Vorstellungskraft, helfen Erinnerungen aus dem Gedächtnis zu holen. Und alles miteinander zu kreativen Lösungen zu verquicken.

➤ Machen Sie mal den Test. Entspannen Sie sich, und denken Sie an Ihren ersten Kuss oder den ersten Weihnachtsabend. Wohin wandern Ihre Augen? Nach links oben – wenn Sie Rechtshänder sind (bei Linkshändern verhält es sich meist andersherum). Nun stellen Sie sich vor, wie Sie in Ihrem Traumauto an einer Küstenstraße entlangfahren. Wohin wandern die Augen? Nach rechts oben. Nun hören Sie mit Ihrem inneren Ohr einen Hund bellen. Die Augen wandern gerade nach rechts. Erinnern Sie sich an Ihr Lieblingslied, an die Stimme Ihrer Mutter. Die Augen wandern seitwärts links. Wenn Sie einen inneren Dialog führen, sich mit Zweifeln auseinander setzen, richten sich die Augen nach links unten. Wenn Sie in Gedanken einen Bananendrink riechen oder schmecken, driften die Augen nach rechts unten.

Wenn Sie das beherrschen, können Sie Ihrem Gegenüber ansehen, ob er Sie anlügt. Seine Augen wandern aus Ihrer Sicht nach links oben. Oder ob er die Wahrheit aus den Gedächtnisschubladen kramt: Augen rechts oben. Werfen Sie ihm aber erst etwas zu, um festzustellen, ob er auch Rechtshänder ist.

> **Wenn nicht jetzt, wann dann?**
>
> # Kreative Augen-Blicke
>
> Die Übung für sofort:
> ➤ Setzen Sie sich entspannt hin. Ruhig atmen. Und suchen Sie sich rechts und links von Ihrem Blickfeld einen Gegenstand in Augenhöhe. Zum Beispiel das Fenster, ein Bild. Und nun lassen Sie die Augen 60 Sekunden hin und her wandern, ohne dabei den Kopf zu drehen. Das bringt Ihre Gedanken in Fluss. Fördert Kreativität. Vernetzt linkes und rechtes Gehirn.

Von Chaos ... und Ordnung

Kreativ sein heißt: Fragen stellen

Wer ein Ziel erreichen will, der steht sich oft selbst im Weg. Ist gefangen in den Ketten alter Verhaltensmuster. Gefangen in Glaubenssätzen (Seite 139), den Gitterstäben im Gehirn, die die Freiheit der Gedanken, Kreativität und auch ein glückliches, zufriedenes Leben unmöglich machen.
Es ist ganz einfach: Wer seine grauen Zellen negativ programmiert, schöpft auch das Wasser des Lebens aus einem trüben Tümpel. Aber was haben Fragen damit zu tun?
»Wer dumm fragt, kriegt eine dumme Antwort«, sagt der Volksmund. Wer intelligent fragt, kriegt eine intelligente Antwort. Das bestätigt US-Erfolgstrainer Anthony Robbins (Seite 105). Er stellte ganz einfach fest: Erfolgreiche Menschen bekommen die besseren Antworten, weil sie die besseren Fragen stellen. Erfolgreiche Menschen sammeln Antworten, die es ihnen ermöglichen, in allen Situationen die richtigen Entscheidungen zu treffen und die gewünschten Ergebnisse zu erzielen.

Stellen Sie die anderen Fragen

Wer sein Leben – privat und im Job – auf Erfolgskurs bringen will, muss einfach andere Fragen stellen als gewohnt. Wer die Dinge immer in gleicher Art und Weise betrachtet, wird auch immer nur dieselben Antworten bekommen und in seinem gewohnten Schema verharren.
»Unerschütterliche« Ansichten haben die fatale Eigenschaft, unsere Ziele, unsere Vorgehensweisen und damit unser Leben so zu beeinflussen, als würden wir selbst keine entscheidende Rolle mehr darin spielen.

Eigene Ansichten hinterfragen, anderen andere Fragen stellen – daraus entsteht Neues.

Statt uns zu fragen, ob es auch anders, vielleicht sogar sehr viel besser geht, haben wir unser Gehirn auf »Autopilot« geschaltet. Veränderungen oder gar Verbesserungen lassen sich damit nicht zuwege bringen.
Die wichtigste Technik auf dem Weg zu mehr Wissen heißt: Fragen stellen. Dieser Technik bediente sich auch der griechische Philosoph Sokrates (470–399 v. Chr.). Er stellte seinen Schülern ausschließlich Fragen. Und lenkte mit diesen die Wissbegierigen in eine bestimmte Richtung, lehrte sie eigene Antworten zu finden.

Und so geht's

➤ Stellen Sie sich selbst keine destruktiven Fragen: »Warum muss das ausgerechnet mir passieren? Warum muss die ganze Verantwortung immer nur an mir hängen?« Solche Bewertungsmuster begrenzen die emotionalen Lebenserfahrungen und führen zu ein-

LEBENSKUNST ZWISCHEN MUSS UND MUßE

schränkenden Antworten. »Selbst schuld. Das hast du nun davon.« Wann immer wir etwas Negatives aus unserem mentalen Computer herauskitzeln wollen – wir werden es sicher bekommen.

➤ Stellen Sie sich nach dem Aufwachen keine K.-o.-Fragen mehr, wie: »Warum muss ich ausgerechnet jetzt aufstehen? Ob es wohl heute wieder Stau gibt?« Denn mit einer solch lähmenden Ohnmachtsstimmung ist der Tag doch schon gelaufen. Und wenn Ihnen das schwer fällt: Notieren Sie eine konstruktive Guten-Morgen-Frage auf einem Kärtchen, legen Sie es neben das Bett. Und schauen Sie es morgens früh als Erstes an.

➤ Üben Sie, konstruktiv zu fragen: Fragen Sie nicht nach dem »Warum« (etwas so und nicht anders ist), sondern fragen Sie nach dem »Wie« (etwas zu verändern, zu verbessern ist). Dann verändern Sie auch Ihren Blickwinkel und Ihre Gefühle. Dann suchen Ihre grauen Zellen nicht nach negativen Referenzerlebnissen, sondern konzentrieren sich auf echte Problemlösungen. Die erste konstruktive Frage, die Sie sich sofort stellen sollten, muss demnach lauten: »Wie kann ich meinen Zustand so verändern, dass ich mich selbstbewusster und leistungsstärker fühle und ein besserer Teamplayer oder eine bessere Führungskraft bin?«

➤ Finden Sie Musterfragen, die Ihnen als Leitfaden dienen: »Wer hilft mir? Wem kann ich was anvertrauen?«

➤ Stellen Sie Fragen nach Ihren Wünschen: Werden Sie sich Ihrer eigenen Wünsche bewusst, und decken Sie die alten, eingrenzenden Denk-, Gefühls- und Verhaltensmuster auf. Erzeugen Sie einen inneren Druck mit der Frage: »Wie hoch wird der Preis meines Lebens sein, wenn ich mich nicht ändere?«

Wenn nicht jetzt, wann dann?

Fragen an sich selbst

- Wie sähe mein Leben aus, wenn ich nur noch drei Monate zu leben hätte?
- Was sind die wichtigsten Dinge für mich?
- Welche Ziele habe ich?
- Auf welchem Grund stehe ich?
- Wer sind die wichtigsten Menschen für mich?
- Welche Rollen habe ich im Leben?
- Wie lautet mein Lebensmotto, meine Philosophie?

Und fragen Sie sich dann, welche Konsequenzen es für sämtliche Bereiche Ihres Lebens hätte, wenn Sie Ihr Vorhaben jetzt in die Tat umsetzen würden.

Wenn Sie Fragen stellen, die Sie beflügeln, haben Sie den Schlüssel zur Erreichung Ihrer Ziele und Visionen in der Hand.

Wie Sie den Bumerang werfen, so kommt er zurück. Genauso ist es mit Fragen, die Sie stellen. Die Frage ist nicht, ob Sie Probleme haben, sondern wie Sie künftig damit umgehen. Mit konstruktiven Fragen legen Sie in Ihrem Gehirn Rennpisten an zu Gefühlen wie Glück, Erregung, Stolz, Dankbarkeit, Freude, Engagement und Liebe – Gefühle, die Sie antreiben, um Ihre Ziele und Visionen zu erreichen.

Von Chaos ... und Ordnung

Per Mind-Mapping zur Kreativität

Seit vielen Jahren bin ich ein begeisterter Anwender der Mind-Mapping-Technik des Engländers Tony Buzan. Er hat damit einen Weg gefunden, seine Erkenntnisse aus der Hirnforschung in den Alltag zu übertragen. Und als Technik-Freak begeistert mich natürlich die Umsetzung des Mind-Mapping am PC. Die Mind-Mapping-Methode ist ein geniales Instrument, das Ihnen Zeit fürs Wesentliche freischaufelt – und dabei Kreativität, Spaß und vor allem die notwendige Leichtigkeit schenkt, mit der wir die Dinge in unserem Leben nehmen sollten. Warum wir heute Mind-Maps brauchen? Albert Einstein hat gesagt: »Phantasie ist wichtiger als Wissen, denn Wissen ist begrenzt.« Trendforscher reden heute davon, dass wir uns im Übergang von der linearen in die multidimensionale Welt befinden. Waren im Industriezeitalter die Maschinen die bestimmenden Produktionsinstrumente, so ist es im heutigen Informationszeitalter der Mensch mit seiner intellektuellen Leistung, der es schaffen muss, die immer komplexere Welt zu beherrschen.

Mind-Mapping: Der Weg zum multidimensionalen Denken

Reichte es im Industriezeitalter noch, eine Sache nach der anderen zu erledigen, so sind wir heute gefordert, stets mehrere Dinge gleichzeitig zu tun. Und da muss unser Gehirn mitspielen. Mind-Mapping ist eine Methode, die es schafft, unser Gehirn optimal zu nutzen. Denn Mind-Mapping entspricht in seiner Struktur dem komplexen, netzwerkartigen Aufbau unseres Gehirn. Die einzelnen Bereiche sind zwar für unterschiedliche Aufgaben vorgesehen, ergänzen und unterstützen sich aber gegenseitig.

Mind-Mapping ist heute aktueller denn je. Denn das Instrument spiegelt unsere komplexe Realität ideal wider. Auf der nächsten Seite erfahren Sie, wie's geht.

SO MACH ICH ES

Mind-Mapping am PC

Mit der Software »MindManager« integriere ich die Mind-Maps aktiv in meinen Alltag. Die Software ermöglicht neben der individuellen Arbeit auch das gemeinsame Mind-Mapping über das Intra- oder Internet an einer oder mehreren Map(s) gleichzeitig. Jeder Teilnehmer behält den kompletten Überblick. Anschließend stehen alle Ergebnisse zur Verfügung und können genutzt oder weiterentwickelt werden. Per Mausklick wird aus einer Map sogar eine professionelle Website. So kann ich die Maps immer wieder modifizieren und verwandte Aspekte per Mausklick zusammenschieben oder aus anderen Anwendungen in die Mind-Map integrieren. Mind-Maps sind auch als PowerPoint-Präsentationen oder als Word-Gliederungen verwendbar. Mind-Mapping-Software und andere Visual Thinking Tools finden Sie unter: *www.mindjet.de*

Die Bumerang-STRATEGIE

So machen Sie eine Mind-Map

Das beste Gefühl für die Wirksamkeit der Mind-Mapping-Technik erhalten Sie natürlich, wenn Sie sie einfach ausprobieren. Hier die Grundlagen, dann kann es losgehen.

Eine Mind-Map ist das Instrument zur Erschließung unseres Gehirnpotenzials. Durch diese wirksame grafische Technik können Sie Ihr Lernen verbessern, Ihre Kreativität erschließen und Ihre Leistung erhöhen. Mind-Maps haben vier Eigenschaften:

- Die Hauptinformation kristallisiert sich in einem Zentralbild.
- Die wichtigsten Themen zu dieser Info strahlen vom Zentralbild wie Äste aus.
- Die Äste erhalten Schlüsselbilder und Schlüsselworte, die auf eine mit der Zentralinfo verbundene Linie geschrieben werden. Themen von untergeordneter Bedeutung gehen als Zweige von diesen Hauptästen ab.
- Alle Äste zusammen bilden ein Netzwerk miteinander verbundener Knotenpunkte.

Das Ergebnis einer Mind-Map ist ein zielorientiertes Gedankennetzwerk, das Ihr Gehirn optimal fordert und damit erstklassige Ergebnisse produziert.

Und so geht's

➤ Starten Sie immer in der Blattmitte mit dem Thema.
➤ Ziehen Sie für jeden Hauptgedanken einen Ast in eine Richtung von diesem Punkt aus.
➤ Schreiben Sie alle Ihre Gedanken auf, und ziehen Sie jeweils eine Verbindungslinie (Zweig) zum entsprechenden Hauptast, mit dem Sie die Idee assoziiert haben.
Die nachfolgenden Gedanken werden dementsprechend an ihren Zweig als neue Gedankenzweige angehängt. Auf diese Weise erhalten Sie eine baumartige Struktur.
➤ Die Länge der jeweiligen Linien sollte genauso lang wie das entsprechende Wort sein. Jedes Wort und jede Abbildung müssen auf einer eigenen Linie stehen.
➤ Verwenden Sie kurze, treffende Schlüsselwörter, die Ihren Gedanken auf den Punkt bringen, mit denen Sie das gesamte Unterthema assoziieren können.
➤ Schreiben Sie alle Ihre Gedanken auf.
➤ Gestalten Sie die Mind-Map so anschaulich wie möglich: Verwenden Sie möglichst unterschiedliche Farben. Arbeiten Sie mit Bildern und Symbolen.
➤ Verwenden Sie Abkürzungen nur, wenn sie eindeutig sind.
➤ Lassen Sie Ihrem Gedankenfluss seinen Lauf. Spinnen Sie Ihre Ideen ohne großes Nachdenken über die endgültige Form der Map oder über deren Brauchbarkeit. Mind-Mapping ist zunächst ein Brainstorming ohne Wertung und Eingrenzung.

Von Chaos ... und Ordnung

Beispiel: Selbstanalyse

▶ Zeichnen Sie in die Mitte eines Blattes einen Kreis. Dort hinein schreiben Sie das aktuelle Datum, Ihren Namen und zeichnen ein kleines Porträt von sich. Von dort ziehen Sie dicke Äste zu den Themenbereichen Körper, Gefühle, Stärken, Schwächen, Beziehungen, Leistungen, Sinn. Denen Sie ebenfalls ein Symbol zuordnen, zum Beispiel ein Herz für Beziehung, ein Männchen für den Körper ... Und nun zweigen davon jeweils Äste ab zum Stand der Dinge. Was tun Sie derzeit für Ihren Körper? Zählen Sie das auf: genug Schlaf, kein Sport, viel Fast Food ... Und dann zweigen dort die nächsten Äste ab mit dem, was Sie künftig ändern wollen: täglich 30 Minuten Bewegung, Check-up beim Arzt, Vitaminpillen ... So verfahren Sie mit allen Begriffen und haben dann gleich die Ziele vor sich: an was Sie künftig arbeiten wollen, was Sie ändern wollen.

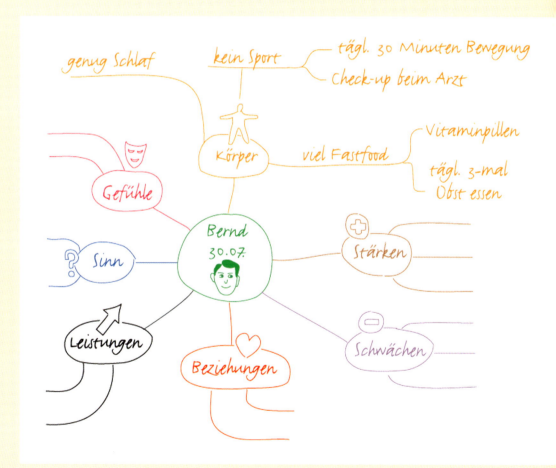

LEBENSKUNST ZWISCHEN MUSS UND MUßE

Effektiv lernen: Mind-Maps verknüpfen Sprache, Bilder und Hierarchien.

Und warum sind Mind-Maps so wirksam?

Alle sinnlichen Eindrücke werden von unserem Gehirn als elektrische Impulse wahrgenommen. Sind sie zu schwach oder lassen sie sich nicht an bereits existierende Gedankenverbindungen anhängen, klingen sie nach 10 bis 20 Sekunden wieder ab.

Ist der Wahrnehmungsimpuls stark genug, dann kommt ein Lernvorgang zustande. Dabei faltet sich eine DNS-Spirale (Kerne unserer Nervenzellen) auseinander. Die ausgefalteten Stellen dienen als Matrize, an der sich Abdrücke bilden (RNS), die die Information damit im Kurzzeitgedächtnis speichern. Diese im Kurzzeitgedächtnis verankerten RNS-Abdrücke werden dann zu langen Proteinmolekülen verknüpft. Auf diese Weise speichert das Gehirn alle Informationen – theoretisch sind sie nun abrufbar.

Das Problem: Manche dieser Informationen werden verschüttet, und ein Zugriff auf unsere Erinnerung gelingt nicht mehr.

Polares Lernen

Am besten funktioniert dieser Prozess des Speicherns, Erinnerns und Abrufens, wenn die Verankerung im Langzeitgedächtnis der ganzheitlichen und vernetzten Struktur unseres Gehirns entspricht. So werden zum Beispiel Bilder ganzheitlich aufgenommen.

Lernpsychologen haben herausgefunden, dass Lernmethoden, die so genannte polare Eigenschaften berücksichtigen, am effektivsten sind. Informationen sollten logisch/ganzheitlich (Text und Bild, Zahlen und Muster) aufgenommen werden. Mind-Maps eignen sich ideal, weil sie diese polaren Kriterien erfüllen, Sprache, Bilder und Hierarchien verknüpfen.

Multitalent Mind-Map

Mind-Maps können Ihnen überall nützlich sein, wo rasch schriftliche Aufzeichnungen erforderlich sind. Statt eine langweilige Telefonnotiz zu verfassen, erstellen Sie während des Gesprächs eine Mind-Map. So erfassen Sie jeden neuen Gedanken sofort und können problemlos Wichtiges von Unwichtigem unterscheiden, Termine und eigene Gedanken ergänzen. Von der konzeptionellen Ideensammlung über die Planung von Projekten und Veranstaltungen bis hin zu Vorträgen oder Präsentationen – die Einsatzmöglichkeiten sind fast unbegrenzt.

Und auch im privaten Bereich liegen Sie mit einer Mind-Map immer richtig – ob Sie den nächsten Urlaub planen, an einer Problemlösung arbeiten oder Ihre Zielplanung konkretisieren wollen.

➤ Versuchen Sie es einfach. Zum Beispiel: Kreieren Sie gleich jetzt eine Mind-Map für das traumhafte Wochenende zu zweit …

Die Bumerang-STRATEGIE

Schritt für Schritt zu mehr Kreativität

Der Bumerang steht für Kreativität. Seine Flügel kooperieren, wie es unsere Gehirnhälften tun sollten. In jedem Menschen steckt ein Funken Kreativität. Entfachen Sie ihn einfach.

Beschäftigen Sie Ihre Hände. Wenn Sie nachdenken, nehmen Sie den Bumerang aus diesem Buch in die Hände. Lassen Sie ihn von links nach rechts wandern. Beide Hände sollen ihn drehen, bewegen ... Dann arbeiten beide Gehirnhälften gleichzeitig. So einfach ist das.

Machen Sie Unsinn. Sie erinnern sich: Das Unsinnigste, was es gibt, ist, etwas wegzuwerfen, nur damit es wiederkommt. Werfen Sie den beiliegenden Indoor-Bumerang – gleich jetzt. Üben Sie mit einem großen Bumerang auf der Wiese. Wecken Sie das Kind in sich. Kinder sind kreativ.

Aufschreiben. Jeder Kreative hat seine persönliche Art, Ideen zu notieren. In Worten, in Skizzen, in seinem Hirn. Wenn Sie noch keine Übung haben: Immer ein dünnes Heft (Vokabelheft) und einen Stift am Leib tragen. Und notieren, notieren, auch den letzten Schrott: notieren. Zwanzig Prozent davon sind immer gut.

Neugierig sein. Unbekanntes Gelände ist die Heimat der Kreativität. Nehmen Sie sich einen Tag lang ein Thema vor, egal welches. Recherchieren und denken Sie (beim Joggen, im Auto, in Pausen, am Feierabend) alles, was Sie dazu finden. Was tragen Sie zusammen? Was finden Sie in Ihrem Kopf? Macht es Ihnen Spaß?

Quer denken. Querdenker gefragt – das liest man oft. Nur: Wie denkt man quer? Indem Sie gegen den Strich denken. Übung beim Warten: Worte rückwärts lesen. Leben und Nebel? Was sagt mir das? Hotel und letto (italienisch: Bett) ... Egal, ob doof oder philosophisch.

Steinzeit spielen. Top-Manager zahlen Top-Summen für Survival-Seminare. Billiger: Warme Decke oder Schlafsack nehmen, eine Nacht lang allein in den Garten, den Park, den Wald setzen. Ohne Licht, ohne Essen (und ohne Zigaretten). Was hören Sie? Was denken Sie? Was macht Ihnen Angst?

LEBENSKUNST ZWISCHEN MUSS UND MUßE

Diashow angucken. Setzen Sie sich vor ein Blatt Papier. Augen zu! Stellen Sie sich eine Situation vor. Beispiel: Sie sitzen in einer Scheune. Was sehen Sie? Zeit lassen, Bild scharf stellen. Was hören Sie? Riechen? Fühlen? Was für ein Wetter ist draußen? Aufschreiben! Bei Bedarf: Augen zu, »nachschauen«.

Loslassen. Diese Übung wird Ihnen wehtun. Nehmen Sie Aquarellpapier, Modellierton, Notenpapier, Stift und Papier – welche Kreativform Ihnen liegt. Malen, töpfern, komponieren, dichten Sie: Das Ergebnis werfen Sie weg. Und noch mal. Wegwerfen. Und noch mal. Sehen Sie? Sie sind unerschöpflich.

Vorbild verehren. Die größten Genies haben Vorbildern nachgeeifert. Der Regisseur Billy Wilder fragte sich: How would Lubitsch do it? Knöpfen Sie sich ein Problem vor, überlegen Sie: Wie würde X das machen? Sie können Gift drauf nehmen: Die Ideen, die Ihnen kommen, sind Ihre!

Denkwege skizzieren. Gliederung schreiben – haben Sie es auch gehasst? Viel besser: Mind-Mapping. Schreiben Sie einen Begriff auf ein Blatt Papier. Drum herum, was Ihnen dazu einfällt. So machen Sie weiter: Stichworte notieren, die Ihnen einfallen, den bisherigen zuordnen. Eine Landkarte Ihres Denkens.

Destillieren. Sie wollen im Job einen Vorschlag machen, ein Problem skizzieren, einen Sachverhalt darstellen? Schreiben Sie es auf wie gewohnt – und kürzen Sie das Ganze dann auf eine Seite zusammen. Dabei geht Wichtiges verloren? Formulieren Sie es knapper. Eine Seite. Gewiss, das ist hart ...

Fehler machen. Schreiben Sie 20 Minuten lang Möglichkeiten auf, Fehler bei Ihrem Projekt zu machen. Blöde Übung? Erstens: Sie werden ungeheuer kreativ sein. Zweitens: Besser, als die Fehler wirklich zu machen. Obwohl: Echte Fehler sind unglaublich lehrreich. Kein Witz: Seien Sie stolz auf Ihre Fehler.

Bewegen. Wenn Sie langsam, locker, lächelnd laufen, so der deutsche Fitness-Papst Dr. Ulrich Strunz (Buchtipp Seite 233), dann laufen Sie Problemlösungen nicht hinterher. Sie kommen von selbst. Denn das Kreativitätshormon ACTH flutet durch Ihren Körper.

Faul sein. Wenn Sie sich in die Hängematte legen und den Tagträumen Tür und Tor öffnen, aktivieren Sie automatisch Ihre rechte Gehirnhälfte.
Gehen Sie bei Gelegenheit mal in den Zoo, und beobachten Sie ein Faultier. Von Vorbildern kann man lernen ...

Von Chaos ... und Ordnung

Ordnung ist das andere halbe Leben

Das Chaos auf zwei Beinen hat den Tisch stets voller Arbeit, schiebt bergeweise Unerledigtes vor sich her und wurstelt sich auf seine Art mehr oder weniger erfolgreich durch ein hektisches Leben. Eines haben Chaoten nicht: Zeit. Nur: Das klassische Zeitmanagement mit effektiver Terminplanung und idealer Zeiteinteilung wurde von Ordnungsliebhabern für all jene entwickelt, die sowieso schon gern systematisch und zielgerichtet arbeiten. Also nichts für den Chaoten. Chaoten brauchen Listen und Kisten.

Keine Karriere als Messie

Mehr Selbstorganisation bringt Struktur in Ihr Leben und bewahrt Sie vor einer »Messie«-Laufbahn. Messies sind chronisch unorganisierte Menschen (mess = Unordnung), die ihr Chaostum nicht mehr im Griff haben. Nach amerikanischem Vorbild haben sich mittlerweile auch in deutschen Städten Selbsthilfegruppen organisiert, in denen Messies versuchen, ihr Chaos zu bewältigen. Website für Messies: www.messies-im-netz.de

Besser: Listen und Kisten

Nutzen Sie die Kraft der Listen. Sie waren beim Einkaufen – und haben natürlich etwas vergessen? Davor bewahrt Sie eine Checkliste. Machen Sie eine für alles, was immer vorrätig sein sollte – vom Zucker bis zum Schuhputzmittel –, und zwar per Computer. Mehrfach ausdrucken oder kopieren, und einfach ankringeln, was fehlt. Das erspart Ihnen den zweiten Gang oder die Sauce ohne Sahne.

Chaoten wollen keine akribischen Terminplaner. Sie brauchen Listen und Kisten.

Listen bringen Ordnung ins Leben. Sie strukturieren und schenken Unmengen an Zeit. Im Computer anfertigen, ausdrucken, Blick drauf werfen, nichts vergessen. Sie müssen sie nur einmal schreiben und hin und wieder aktualisieren (siehe auch Zeit-Guide Seite 30).

Weitere sinnvolle Standard-Listen

- Handwerker mit Telefonnummern
- Geburtstage mit Geschenkideen (Was habe ich ihm/ihr letztes Jahr geschenkt?)
- Ritual-Liste für Ihren Alltag: morgens Vitaminpillen, Gemüsesaft, laufen gehen, Partner den Kaffee ans Bett bringen ...
- Impf- und Arzttermine (Vorsorge) für Sie selbst, die Kinder und auch fürs Haustier
- Alles-in-Schuss-Liste: Wartungstermine, TÜV, Passverlängerung ...
- Urlaubsliste: Was ist vorher zu erledigen, was gehört in den Koffer?
- Jahresliste für den Garten – was wann tun?
- To-do-Liste für die Haushaltshilfe

Und entmisten Sie Ihr Leben, wie es auf den folgenden Seiten beschrieben wird.

LEBENSKUNST ZWISCHEN MUSS UND MUßE

Sehnsucht nach Einfachheit? Dann ent-sorgen Sie Ihre Wohnung. Sie schaffen damit symbolisch Raum für mehr innere Klarheit und geistigen Freiraum.

Simplify your life

Sehnen Sie sich auch manchmal nach Genuss pur? Ein schönes Glas Rotwein mit Oliven und Brot. Einen unverstellten Blick auf ein Mohnfeld. Barfuß über eine Wiese laufen. Ein altes Haus in der Toskana, wo man sich nicht mit der Bedienungsanleitung für elektrische Trüffelhobel herumschlagen muss, im Freien duscht unter dem Sternenhimmel, Kerzen auf dem Nachttisch leuchten … Dann befinden Sie sich wahrscheinlich gerade in einer verwirrenden und komplexen Phase Ihres Lebens. Sie werden täglich mit unzähligen Aufgaben konfrontiert, jonglieren sehr viele Beziehungen zu den unterschiedlichsten Menschen. Wie hektisch und voll gepackt Ihr Leben auch sein mag: Ziel unseres Lebens ist letztlich die Einfachheit, in der sich die Summe eines erfüllten und gereiften Lebens gelassen widerspiegelt. Auf dem Höhepunkt der Kompliziertheit ist die Sehnsucht nach Einfachheit am größten.

Unser Grundbedürfnis nach Einfachheit

Kurioserweise entspringen so gut wie alle komplizierten Tätigkeiten, Erfindungen und Ansprüche in unserem Leben dem Urbedürfnis nach Einfachheit. Die komplizierte Spülmaschine wurde erfunden, damit wir die Zeit des lästigen Abwaschs mit etwas Entspannendem verbringen. Die E-Mail, damit wir die Briefe nicht mehr zukleben und zur Post bringen müssen. Altersversorgung, Grunderwerb, Haushaltsgeräte, Bürokratie und vieles, vieles aus unserer komplizierten Welt wurde geschaffen, damit wir es einfacher haben.

Von Chaos ... und Ordnung

Aber die gute Absicht ist aus dem Blick geraten. Das schwer verdiente Eigenheim, in dem wir uns Rückzug, Ruhe und Nichtstun erhofften, entpuppt sich als Vollbeschäftigungsmaschine. Technische Errungenschaften können eine verhängnisvolle Eigendynamik entwickeln: Wer die neue Telefonanlage nicht versteht, ist abgehängt.

Aus dem Streben nach Einfachheit ist eine Geschichte nachwachsender Komplexität geworden. Der Simplify-Weg versucht, die Dynamik umzukehren, in jedem Lebensbereich eine Schneise zu schlagen mit dem Effekt: Es geht auch einfach. Dabei ist diese Umkehrung kein Weg zurück »zur guten alten Zeit«. Der Simplify-Weg deckt die Einfachheit auf, die vor uns und in uns liegt.

Simplify ist keine Modeerscheinung und nicht fertig zu kaufen. Es ist das Ergebnis eines spannenden und unverwechselbaren individuellen Weges jedes Einzelnen. Die Reise verläuft dabei vom Äußeren zum Inneren.

Machen Sie sich auf den Weg

Die Statistiker sagen, dass wir durchschnittlich über 10 000 Gegenstände besitzen. Was brauchen Sie wirklich? Das 17. Paar Schuhe, die sieben verschiedenen Tagescremes, die Zusatzversicherung für ... Trennen Sie sich von allem, das Sie belastet – ent-sorgen Sie Ihr Leben. Sie wissen: Nur wer loslässt, hat zwei Hände frei. Es kann das Haus sein, für das Sie eh nur schuften. Es sollte ein Großteil all der Dinge sein, die Sie im letzten Jahr nicht in die Hand genommen haben.

➤ Auf Ihrem Schreibtisch sollten Sie die erste Schneise schlagen, um dann das herrliche Gefühl zu genießen, dass Sie Ihren Papierkram beherrschen und nicht er Sie. Dafür gibt Ihnen Werner Tiki Küstenmacher auf den folgenden Seiten bewährte Tipps. Er ist Experte für die Vereinfachung des Lebens und Chefredakteur des weltweit einzigartigen Beratungsdienstes »simplify your life«. Weitere Infos unter: *www.simplify.de*

➤ Und danach geht's durch die gesamte Wohnung, zur Garage ... Übrigens: Ihren Bumerang können Sie ruhig wegwerfen – Wichtiges kommt wieder.

Ent-sorgen Sie Ihre Wohnung

Sehen Sie Ihre Wohnung als Spiegel Ihrer Seele. In dem Maße, wie Sie es schaffen, Klarheit und Ordnung in jeden Bereich zu bringen, werden Sie innerlich zufriedener und entspannter. Jeder Raum symbolisiert dabei einen Bereich:

■ **Keller:** Vergangenheit, Unbewusstes – Gerümpel hält an alten Zöpfen fest.

■ **Dachboden:** Ideen und Zukunft – ein voll gestellter Dachboden blockiert Ihr Wachstum.

■ **Eingangsbereich:** spiegelt Ihr Verhältnis zu anderen Menschen wider.

■ **Wohnzimmer:** Ihr Herz – so wie Sie das Zentrum Ihrer Wohnung gestalten, fühlen Sie sich.

■ **Küche:** Ihr Bauch – eine voll gestopfte Küche spricht für ungesunde Ernährung.

■ **Fußboden:** Ihre Finanzen – ein voll gestellter Fußboden signalisiert finanzielle Blockaden.

■ **Kleiderschränke:** Ihr Körper – weniger ist mehr.

Die Bumerang-STRATEGIE

Arbeitsplatz in Bestform

Ihr Schreibtisch (oder wo immer Sie sonst schwerpunktmäßig arbeiten) sollte die effizienteste und am überlegtesten gestaltete Umgebung Ihres Lebens sein. Hier die besten Tipps von Werner Tiki Küstenmacher.

Die wissenschaftlichen Ergebnisse sind eindeutig: »Volltischler« sind im statistischen Durchschnitt weniger produktiv und schlechter drauf als »Leertischler«. Einfachheit auf der Arbeitsplatte ist also keine Frage der Ästhetik, sondern eine unabdingbare Voraussetzung für Ihren beruflichen Erfolg und einen klugen Umgang mit Ihrer Zeit.

Welcher Typ sind Sie?

Ein Maurer freut sich über das von ihm gebaute Haus, ein Bauer blickt befriedigt auf die Säcke voller Getreide, ein Bildhauer ist glücklich über seine fertige Skulptur. Was aber tun die Menschen mit »geistigen« Berufen, deren Arbeitsergebnisse nur schwer oder gar nicht mehr sichtbar sind? Lehrer, Sachbearbeiter, Vertriebsmanager und andere? Für die wird der Schreibtisch zum Symbol ihrer Arbeitskraft. Auffallenderweise gibt es zwei völlig gegensätzliche Arten, dieses Symbol zu deuten:

■ **Der Gemüsebauer:** Sie betrachten Ihren Arbeitstisch als den Karren, den Sie ziehen – je mehr auf dem Karren ist, desto stärker fühlen Sie sich. Ein erfolgreicher Gemüsebauer hat einen reichlich gefüllten Wagen. Voller Schreibtisch = gute Ernte = erfülltes Berufsleben.

■ **Der Möbeltischler:** Sie sehen Ihren Schreibtisch als Hobelbank, auf der tagsüber gearbeitet wird. Je leerer der Tisch am Abend ist, umso mehr wurde »weggeschafft«. Ein erfolgreicher Tischler hat am Abend seine Werkstatt blitzsauber aufgeräumt. Leerer Schreibtisch = gute Arbeit = erfülltes Berufsleben.

Welcher Typus sind Sie? Zahlreiche Untersuchungen belegen, dass der »Tischler« (Typus 2) meist der subjektiv zufriedenere Arbeiter ist. Es gibt jedoch auch etliche »Gemüsebauern« (Typus 1), die inmitten ihres voll gepackten »Karrens« einfacher und glücklicher leben.

Schritt für Schritt zum Leertischler

Lagern Sie Ihr Chaos aus

Sie finden, dass Ihr kreativ-chaotischer Schreibtisch ein Ausdruck Ihrer Gemüsebauern-Persönlichkeit ist. Ein aufgeräumter Schreibtisch ist Ihnen unsympathisch, weil er in Ihren Augen ein Sinnbild konservativer Pingeligkeit ist.

➤ Veranstalten Sie Ihr kreatives Chaos auf einem Sideboard neben oder hinter Ihrer Arbeitsplatte. Gestalten Sie Ihre Wände punkig oder poppig, aber sparen Sie den Schreibtisch aus. Der bleibt leer – für Ihre Gedanken, Ihre Kreati-

Von Chaos ... und Ordnung

vität. Und das Sideboard oder einen Zusatztisch gestalten Sie als »Lebenstisch« – für Ihr Arbeitsleben.

So behalten Sie den Überblick:
- Vorn in die Mitte legen Sie die To-do's.
- Links alles, was als Nächstes ansteht.
- Rechts alles, was erledigt ist und in die Ablage gehört.
- Hinten gibt es einen Platz für Dinge, die Ihnen Spaß machen, Ihrem Arbeitsleben Freude und Halt geben.
- Und einen Stapel für längerfristige Projekte.

Damit gibt Ihnen Ihr Lebenstisch einen greifbaren Überblick über Ihren Arbeitstag und ist die Zwischenstation zur endgültigen Ablage.

Optimieren Sie Ihre Schubladen

Die meisten Schreibtische und Rollcontainer haben zwei oder mehr Schubladen. Was ist in welcher?

➤ Ordnen Sie in die obere Schublade alles, was Sie häufig brauchen. Das ist Ihre Standardschublade – wie die linke Taste Ihrer Computermaus. Hier kann fast alles an Kleingeräten hinein, was bisher auf Ihrem Tisch herumlag.

In die unteren Schubladen kommt alles, was nur für spezielle Aufgaben benötigt wird. Das gleiche Prinzip gilt innerhalb jeder einzelnen Schublade: Vorn ist alles, was oft gebraucht wird, in den schwer erreichbaren Tiefen sind die seltener verwendeten Dinge.

Übrigens lässt sich in einer Schublade nur dauerhaft Ordnung halten, wenn Sie sie unterteilen. Verwenden Sie dazu offene Schachteln, flache Sortierkästen und andere Elemente.

Knifflige Geschenke

Ein Kunde oder Kollege schenkt Ihnen eine Plüschmaus, eine Simpsons-Statue oder sonst

Leertischler sind in der Regel produktiver – und auch noch besser drauf.

ein Geschmacksmonstrum, das Sie nur sehr ungern auf Ihren (inzwischen aufgeräumten) Arbeitsplatz stellen möchten. Sie wollen den anderen aber nicht beleidigen.

➤ Zeigen Sie sich begeistert und selbstlos (»Das ist ideal für meinen süßen kleinen Neffen!«). Dann erwartet der Schenker nicht, sein Mitbringsel demnächst in Ihrem Büro anzutreffen. Oder Sie stellen es einen Monat lang artig auf und lassen es dann verschwinden.

Wohin mit der Uhr?

➤ Stellen oder hängen Sie eine Uhr auf – aber so, dass sie nicht in Ihrem direkten Blickfeld ist. Sonst arbeiten Sie unter dem Diktat der Minuten und Sekunden. Sie sollten mit einer Vierteldrehung des Kopfes einen ungehinderten Blick auf das Zifferblatt haben. Empfehlenswert ist eine Uhr mit Zeigern, weil diese Art der Darstellung Ihre rechte, kreativ-ganzheitliche Hirnhälfte anspricht. Nehmen Sie eine mit Funksteuerung, damit Sie sich absolut auf die angezeigte Zeit verlassen können.

LEBENSKUNST ZWISCHEN MUSS UND MUßE

Ehe das Chaos Sie im Griff hat: ausmisten, Platz schaffen, systematisch ablegen.

Arbeiten Sie nicht mit Tricks, die Ihr Unterbewusstsein belasten – beispielsweise die Uhr zehn Minuten vorstellen, damit Sie immer pünktlich genug losgehen.

▶ Klug ist es, wenn Sie eine Uhr so aufstellen, dass Besucher sie direkt vor Augen haben. Dann verstehen sie zarte Andeutungen wie »Jetzt muss ich aber weiterarbeiten« besser.

Wenn das Chaos droht: Aufräumen!

Hindernis Nummer 1 gegenüber einer dringend notwendigen Aufräumaktion ist der Zeitdruck. Damit startet ein verhängnisvoller Teufelskreis: Sie räumen nicht auf, weil Sie so viel zu tun haben. Sie haben aber immer mehr zu tun, weil Ihnen im Durcheinander die Arbeit immer langsamer und mühsamer von der Hand geht. Wie kommen Sie da bloß raus? Hier ein paar Überlebenstipps für besonders harte Fälle.

Denken Sie realistisch

Viele Menschen kriegen die Kurve zum Ordnungmachen nicht, weil sie ein übertrieben perfektes Bild vom aufgeräumten Schreibtisch haben. Deswegen überschätzen sie den erforderlichen Zeitaufwand. Professionelle Aufräumer veranschlagen für einen seit zwei Jahren nicht mehr aufgeräumten Schreibtisch einen (manchmal allerdings langen) Tag Arbeit. Mehr ist es nicht. Denn am Ende soll ja nicht ein Neubau stehen, sondern ein Arbeitsplatz, der funktioniert. Das Verschönern und Verfeinern können Sie getrost auf später verschieben.

Legen Sie einen A-Tag ein

Durchbrechen Sie den Teufelskreis. Geben Sie sich das Kommando: »Alle Maschinen stopp!«

▶ Starten Sie Ihren Aufräum-Tag so früh wie möglich: kurzes Frühstück, keine lange Zeitungslektüre, kein Telefonat, weder Post noch E-Mails anschauen, keine sonstigen Ablenkungen. Gehen Sie diesmal direkt ran. Schalten Sie alle möglichen Störungen aus und den Anrufbeantworter ein. Heute ist *der* Tag. Denken Sie nicht daran, was dadurch heute alles unerledigt bleibt. Denken Sie nur daran, wie wunderbar Ihr Arbeitsplatz morgen aussehen wird.

Nutzen Sie die Ortswechsel-Methode

Die Schreibtischplatte aufzuräumen ist oft so schwierig, weil Sie an Ihrem Arbeitsplatz von vielen weiteren Chaos-Quellen angestarrt werden (»Das Regal sieht ja noch schlimmer aus als der Tisch!«). Die Simplify-Idee: Ortswechsel.

▶ Nehmen Sie eine große Kiste, und packen Sie den *gesamten* Inhalt Ihrer Schreibtischoberfläche hinein. Nur Lampe, Telefon und

Von Chaos ... und Ordnung

Computer dürfen stehen bleiben. Ziehen Sie sich mit der Kiste in ein anderes Zimmer zurück, etwa auf einen Tisch im Konferenzraum oder, wenn Sie Ihren Schreibtisch zu Hause aufräumen, auf den Esstisch. Dort sortieren Sie alles auseinander, sozusagen in neutraler Atmosphäre. Sie werden merken, dass Sie dort besser vorankommen und sich leichter von Dingen trennen können.

Was Sie zum Aufräumen brauchen ...

... wenn Ihr Schreibtisch überquillt: 1 kg Gelassenheit, 5 Tassen Durchhaltevermögen, 3 gehäufte Esslöffel Ehrlichkeit, 500 g Fleiß, 1 große Prise Humor, 1 CD-Player mit Ihrer Lieblingsmusik, 1 Packung große Umschläge, leere Ordner mit genügend Trennblättern, leere Stehsammler, 1 wasserfesten Marker, 1 Bleistiftspitzer, 1 Staubsauger, 1 Handtuch, 1 Eimer mit Wasser, Reiniger und Schwammtuch, 1 riesigen Abfalleimer, 1 noch größeren Altpapiercontainer, 5 große Kisten mit den Aufschriften:
»schmutziges Geschirr«, »Recycling-Müll«, »zurück ins richtige Zimmer«, »zurück an Absender«, »frei gewordene Mappen, Boxen, Ordner ...«

Blicken Sie in die Zukunft

Eine der größten mentalen Bremsen beim Aufräumen: Sie stochern dabei in Ihrer eigenen Vergangenheit. Sie finden unerledigte Vorgänge und vergessene Aufgaben. Machen Sie sich klar, dass sich Ihre Umwelt längst weiterentwickelt hat und sich viel weniger um das Vergangene kümmert, als Sie denken. Befolgen Sie daher diese Grundregel:

▶ Was älter ist als sechs Monate, wird weggeworfen. Ausnahmen sind steuerlich relevante Unterlagen (Quittungen, Rechnungen, Bescheinigungen). Aber »Zu erledigen«-Dinge von vor über einem halben Jahr sind meist keine Träne mehr wert.

Seien Sie geizig beim Aufheben

▶ Lesen Sie während Ihrer Aufräumaktion bei Zeitschriften höchstens das Inhaltsverzeichnis. Ansonsten ist Lesen verboten. Heben Sie keine kompletten Zeitschriften auf. Schneiden Sie aus, was unbedingt aufgehoben werden muss, und sammeln Sie es, am besten in einer Archiv-Hängeregistratur oder in Aktenordnern. Bedenken Sie jedoch: Fast alle Zeitschriftenartikel können Sie im Internet kostenlos oder gegen eine geringe Gebühr bei www.genios.de abrufen. Werfen Sie Magazine daher im Zweifelsfall lieber komplett weg.

▶ Ätzend sind auch die vielen Visitenkarten. Werfen Sie so viele wie möglich weg. Behalten Sie nur die allerwichtigsten. Der praktischste Aufbewahrungsort ist die Adressen-Rolldatei. Oder Sie besorgen sich einen kleinen Karteikasten mit einem alphabetischen Register. Entspannen Sie sich: Im Notfall können Sie auch hierbei über die Auskunft, das Internet oder einen Anruf bei Geschäftspartnern so gut wie jede Adresse herausfinden.

Erledigen Sie Liegengebliebenes unperfekt

▶ Was auf dem »Sofort erledigen«-Stapel gelandet ist, erledigen Sie in den nächsten drei Tagen – und zwar mehr schlecht als recht. Trennen Sie sich von der fixen Idee, dass Sie lange aufgeschobene Arbeiten zum Ausgleich ganz besonders sorgfältig zu Ende führen müssen. Diese Idee war ja der tiefere Grund für Ihre hohen Stapel. Stellen Sie um auf »zack und weg«.

Von der Kunst, faul zu sein ...
... und der Chance, Gas zu geben

Wann haben Sie das letzte Mal in einer Hängematte gelegen, an einem Strohhalm gekaut und einfach nichts getan? Gar nichts. Energie gespart. Lebensenergie. Und damit Lebenszeit getankt. Oder ein Jahr Auszeit genommen? Ab und zu muss man den Fuß einfach vom Gaspedal nehmen. Um vorwärts zu kommen. Und manchmal muss man kräftig drauftreten, zum Beispiel beim Delegieren und mit dem Pareto-Prinzip.

Das Leben ist ein Fluss. Seine Ufer mit all den interessanten Schönheiten ziehen schnell vorbei, wenn Sie mit dem Strom schwimmen und dazu noch kraulen. Sie kommen zwar voran, nehmen aber nicht viel mit.

»Go slow and win the race!«

Manchmal sollte man sich einfach treiben lassen. Und alle Sinne einsetzen. Alles mitnehmen, was einem das Ufer zu bieten hat. Und manchmal sollte man sogar gegen den Strom schwimmen – Energie investieren –, damit man eine Weile an der Stelle verharren kann, wo sich das Ufer von seiner schönsten Seite zeigt.

»Go slow and win the race!« sagte ein Fahrer nach seinem Sieg bei der Autorallye Paris-Dakar über sein Erfolgsgeheimnis.

Vom Faulsein ... und Gasgeben

Nur wer Zeitlupe akzeptiert, sieht das Wesentliche

In dem Film »Smoke« von Wayne Wang (1995, nach einer Kurzgeschichte von Paul Auster) besucht der Schriftsteller Paul den Zigarettenverkäufer Auggie zu Hause, und sie schauen Auggies Fotoalben an – ein Konzept, das der seit Jahren verfolgt: Jeden Morgen um acht Uhr baut er sein Stativ vor dem Tabakgeschäft auf und schießt ein Bild von der Straßenkreuzung.

Belustigt huscht Paul über die monotonen Blätter hinweg, und es entspinnt sich folgendes Gespräch:

»Du kommst nie dahinter, wenn du nicht langsamer machst, mein Freund«, sagt Auggie.
»Wie meinst du das?« wundert sich Paul.
»Ich meine, du bist zu schnell, du siehst die Fotos nicht richtig an.«
»Ich finde, sie sind alle gleich ...«
»Sie sind alle gleich, aber trotzdem unterscheiden sie sich. Es gibt die hellen Morgen und die dunklen Morgen, es gibt das Sommerlicht und das Herbstlicht, die Wochentage und die Wochenenden, du siehst Leute in Mänteln und Gummistiefeln und welche in Shorts und T-Shirts. Manchmal sind es die gleichen Leute, manchmal andere. Und manchmal werden die Neuen zu Alten. Und die Alten verschwinden. Die Erde dreht sich um die Sonne, und jeden Tag trifft das Licht der Sonne in einem anderen Winkel auf die Erde auf.«
»Langsamer – was?«
»Das würde ich dir empfehlen. Du kennst es doch: Morgen, morgen und wieder morgen – so kriecht in kleinen Schritten die Zeit voran.«

Diesen wunderbaren Dialog, zauberhaft zart gespielt von William Hurt und Harvey Keitel, findet man schon nach zehn, elf Minuten auf dem Video – ein Höhepunkt des intimen Kinos und eine Ode an Langsamkeit und Bedächtigkeit, Aufmerksamkeit und Eigensinn. Übrigens nicht ohne Zeitzünder. Die erst verwunderte, dann spöttisch-interessierte Miene

... zum Nachdenken

Der Suchende

Es war einmal ein Suchender. Er suchte nach einer Lösung für sein Problem, konnte sie aber nicht finden. Er suchte immer heftiger, immer verbissener, immer schneller und fand sie doch nirgends.
Die Lösung ihrerseits war inzwischen schon ganz außer Atem. Es gelang ihr einfach nicht, den Suchenden einzuholen, bei dem Tempo, mit dem er hin und her raste, ohne auch nur einmal zu verschnaufen oder sich umzusehen.
Eines Tages brach der Suchende mutlos zusammen, setzte sich auf einen Stein, legte den Kopf in die Hände und wollte sich eine Weile ausruhen. Die Lösung, die schon gar nicht mehr daran geglaubt hatte, dass der Suchende einmal anhalten würde, stolperte mit voller Wucht über ihn! Und er fing auf, was da so plötzlich über ihn hereinbrach, und entdeckte erstaunt, dass er seine Lösung in Händen hielt.

LEBENSKUNST ZWISCHEN MUSS UND MUßE

Pauls verzerrt sich unversehens in tödlichem Schmerz, als er auf einem der Fotos seine kürzlich verstorbene Frau entdeckt – plötzlich sind die Bilder auf dramatische Weise gar nicht mehr gleich, Auggies Banal-Konzept bekommt einen tief persönlichen Sinn. Und der Zuschauer lernt: Wenn man nicht langsamer macht, kommt man nie dahinter.

Kleiner Nachtrag zu »Smoke«: »Die Geschichte fotografiert mit einer langen Belichtungszeit«, notierte der amerikanische Historiker Arthur Schlesinger.

Eine Ode an die Faulheit

Ein Geschöpf, das gegen alle Gesetze der Evolution anlebt, ist das Faultier. Es kann leben, obwohl es faul ist. Es arbeitet nicht. Geht nicht auf die Jagd, tut nichts. Es schläft. Und streckt ab und zu im Zeitlupentempo den Arm aus, um sich ein Blatt zu greifen. Zieht den Arm im Zeitlupentempo zurück und frisst das Blatt im Zeitlupentempo. Das Faultier ist so langsam, dass es, so wird von einem domestizierten Vertreter berichtet, auf einer brennenden Glühbirne sitzen bleibt. Hätte der Besitzer das Faultier nicht von der Glühbirne runtergepflückt, wäre mehr als das Fell verbrannt. Es ist so faul, dass sich auf seinem Fell ein grüner Moosteppich bildet. Alle sieben Tage verlässt es den Baum, um sein Geschäft zu verrichten – das einzige Geschäft, das es zu verrichten hat. Mensch, hat es das Faultier gut.

Faul sein heißt Lebensenergie sparen

Bücher, die den Menschen zur Faulheit ermuntern, haben Hochkonjunktur. Eine Autorin, die ich sehr schätze, ist Dr. Inge Hofmann. Ihr Buch »Lebe faul, lebe länger« ist

Das Faultier. Ein Lächeln wie Mona Lisa und ein köstliches Leben: »Ätsch, wir sind faul – und keiner schimpft!«

eine Ode an die dynamische Kraft der Faulheit. Was erschreckt und überzeugt, ist vor allem dieser Gedanke: Jedes Lebewesen hat ein feststehendes Energiekonto, und zwar 2 500 Kilojoule pro Gramm Körpergewicht. Dem Menschen könnte das 120 Jahre lang reichen. Leben ist Energieverbrauch. Und je rascher diese Energie verrinnt, je mehr Briketts wir von unserem Lebensenergiekonto verfeuern, desto schneller verschleißt der Organismus, desto eher stirbt man.

Vom Faulsein ... und Gasgeben

Leben heißt also Energie verbrennen. Wir tun das in den kleinen Kraftwerken der Körperzellen, in den Mitochondrien. Und der Motor ist unser Stoffwechsel. Je schonender er arbeitet, desto länger tut der Körper seine Dienste. Übersetzt heißt das: Je langsamer das Lebenstempo, desto mehr Jahre. Wie kann man nun an dieser Lebensenergie sparen? Das rät Dr. Inge Hofmann:

So bleibt Ihr Energiekonto im Haben

Seien Sie einfach immer mal wieder so richtig faul: Nichtstun und Schlafen sind die besten Energieprogramme der Natur. Karpfen zum Beispiel leben bis zu 100 Jahre, weil sie träge sind. Auch der Stör verweilt lange regungslos im Wasser, und das bringt ihm 150 Lebensjahre ein.

➤ Unter Stress mobilisiert der Körper viel Energie. Das muss man durch eine Entspannungsphase ausgleichen (Übung Seite 161).

➤ Vollwertiges Essen optimiert die Energiebilanz: viel Obst und Gemüse, Vollkornprodukte, 3 Liter Wasser täglich, Fisch, mageres Fleisch und Geflügel. Fertigprodukte, fettes und zuckerreiches Essen rauben Energie.

➤ Dosierter Sport gehört zur biologischen Faulheit. Er versorgt den Körper mit dem Energiespender Sauerstoff und baut Energie vernichtende Stresshormone ab. Wenn Sie joggen, dann tun Sie das langsam, locker, lächelnd – so dass Ihnen nie die Puste ausgeht.

➤ Ein Mittagsschlaf verhindert, dass die Lebensenergie zu schnell verrinnt. Anleitung zum Power-Nap finden Sie auf Seite 81.

➤ Guter Schlaf ist die beste Lebensversicherung auf dem Energiekonto.

➤ Atemübungen führen zur inneren Ruhe und lassen die Energie dosiert durch den Körper fließen. Anleitung auf Seite 163.

Tiefes Durchatmen sorgt außerdem im Gehirn für Wohlfühlbotenstoffe wie Serotonin und Endorphine.

➤ Pausen machen. Nach 90 bis 120 Minuten Aktivität brauchen Körper und Geist 20 Minuten Pause.

➤ Lachen. Einmal kräftig lachen hat die gleiche Wirkung wie 30 Minuten Entspannungstraining.

SO MACH ICH ES

Die Kraft der Rituale

Wenn mal wieder alles ganz dringend ist, die Welt durchdreht und ich mich nach innerer Ruhe sehne, dann koche ich mir Tee. Sagen wir lieber: Ich zelebriere ihn. Tee zuzubereiten ist ein Ritual. Und Rituale haben die Kraft zu entschleunigen. In einer Zeit, in der Flexibilität einen so hohen Stellenwert einnimmt, geben Rituale Ruhe und Kraft. Vor allem Chaoten sollten ihren Tag, ihre Woche, ihr Jahr mit Ritualen strukturieren. Die wöchentlichen Lauf-Halbestunden, der morgendliche Obstdrink aus dem Mixer. Der Montagmorgen-Anruf bei der Mutter. Das Erfolgefeiern beim Top-Italiener. Der Markteinkauf am Mittwoch. Die Entgiftungswoche im Frühjahr.

➤ Welche Tätigkeit macht Sie oder Ihre Körperzellen glücklich – so dass es sich lohnt, sie wie ein Ritual zu zelebrieren? Machen Sie eine Liste.

LEBENSKUNST ZWISCHEN MUSS UND MUßE

Reif für die Insel? Warum eigentlich nur für zwei Wochen?

Machen Sie einen Break …

… und entdecken Sie neue Kontinente. Der Dichter André Gide (1869–1951) sagte einmal: »Man entdeckt keine neuen Kontinente, wenn man nicht bereit ist, für lange Zeit die Küste aus den Augen zu verlieren.«
Viel zu selten tun wir das in unserem Leben. Die Zeit verfliegt, und die Routine erstickt die Abenteuerlust. Irgendwann schauen wir auf ein Leben zurück, in dem wir versäumt haben, wirklich zu leben.

Faul für ein Jahr

Ein Trend in Deutschland: Raus aus dem Job, rein ins Abenteuer, ein Jahr Pause. Und immer mehr Arbeitgeber spielen mit.
43 Prozent der Deutschen, so eine Umfrage des Forsa-Institutes für das Magazin »Max«, träumen davon, den Bürotrott hinter sich zu lassen und etwas Neues auszuprobieren. Sei es Windsurfen, Schafe hüten, im indischen Ashram meditieren. In der Toskana ein Landhaus renovieren, auf Menorca Spanisch lernen – oder sich einfach mal treiben lassen, nichts tun. Die zeitlich begrenzte berufliche Auszeit heißt: **Sabbatical.** Dieser Begriff geht auf das jüdische Sabbatjahr zurück, ein Ruhejahr für den Ackerboden. In den USA fingen Professoren damit an. Sie bekamen ein halbes Jahr Forschungsfreiheit. Später übernahmen es die europäischen Universitäten und Schulen, dann auch Wirtschaftsunternehmen. Bislang blieb es oft beim Träumen. Den Mut zur Jobpause brachten nur wenige auf. Aus finanziellen Gründen und aus Angst vor einem Karriereknick.

Nun bieten aber immer mehr Großfirmen, zum Beispiel auch Siemens und BMW, ihren Mitarbeitern Modelle an, mit denen sie das Sabbatical (6 Monate bis zu drei Jahren) finanzieren können, ohne den Arbeitsplatz zu verlieren. Grund: Rezession. Siemens-Mitarbeiter der Handy-Sparte dürfen beispielsweise, wenn die Bilanzen trüb aussehen, 12 Monate auszeiten. Die Finanzierung wird meist individuell verhandelt. Lehrer bekommen beispielsweise sechs Jahre ein etwas verringertes Gehalt und können das siebte freinehmen. Andere bezahlen 20 bis 30 Prozent des Bruttolohns, verrechnen es mit Erfolgsbeteiligungen, Weihnachts- und Urlaubsgeld.

Die Bumerang-STRATEGIE

So planen Sie Ihr Sabbatical

Gehören Sie auch zu den 43 Prozent, die gerne einmal etwas ganz anderes tun wollen? Träumen Sie nicht länger von der Insel. Sprechen Sie mit Ihrem Chef. Und so planen Sie Ihre Aus-Zeit:

Mit wenig Geld lässt es sich in einem Land wie Indonesien (dort bin ich übrigens geboren) oder Chile fürstlich leben. Und der Karriere tut das keinen Abbruch, sondern verleiht ihr eher einen Kick. Nach diesem Jahr fühlt man sich motivierter, hat leere Batterien aufgetankt. Und ein wenig Exotik im Bewerbungsschreiben kommt gut an.

Informieren: Wertvolle Auszeit-Tipps finden Sie in diesen beiden Büchern: »Berufliche Auszeit« von Heike Reuther, Gräfe und Unzer Verlag. Und »Aussteigen auf Zeit« von Anke Richter, vgs-Verlag.

Der richtige Zeitpunkt: Planen Sie es nicht, wenn dem Chef die Arbeit über den Kopf wächst, sondern dann, wenn die Auftragslage gerade keine Hochsaison hat. Steuerlich ideal: wenn zwei Kalenderjahre beteiligt sind.

Genug auf der Kante: Sparen Sie fürs Sabbatical, denn Sie müssen es großenteils selbst finanzieren. Wenn es keine Yacht sein muss, reichen 5 000 bis 8 000 Euro für ein halbes Jahr.

Klonen Sie sich: Empfehlen Sie Ihrem Arbeitgeber einen Kollegen, der Ihre Aufgaben genauso gut erledigen kann wie Sie. Wenn Sie selbstständig sind, finden Sie für dieses Jahr eine Vertretung.

Diplomatie: Dem Chef sagen Sie nichts vom Aussteigen und Abenteuertrip. Sie nennen das Ganze Freistellung und Sprachurlaub. Informieren Sie sich vorher über Sabbatical-Modelle anderer Firmen. Schlagen Sie verschiedene Möglichkeiten vor, das Sabbatical durch Ansparen oder Erarbeiten zu verdienen.

Zur Sicherheit: Rentenversicherungsbeiträge weiter bezahlen. Langzeit-Auslandskrankenversicherung abschließen. Wenn Sie verreisen, informieren Sie sich frühzeitig über nötige Impfungen (Internet, Tropeninstitut). Einem Freund geben Sie eine Bankvollmacht, damit er in Ihrer Abwesenheit Rechnungen begleichen kann.

Abmelden: Abos, Mitgliedschaften kündigen. Versicherungen ruhen lassen oder Prämie reduzieren (Sie brauchen aber weiterhin Hausrat, Haftpflicht, Rechtsschutz). Auto abmelden.

Vermieten: Wohnung (mit Erlaubnis des Vermieters) untervermieten. Die Mitwohnzentrale vermittelt Bewohner auf Zeit.

Kontakt halten: Nehmen Sie Ihren Laptop mit. Wenn Sie keinen haben: Überall auf der Welt gibt es Internet-Cafés, wo Sie Ihre E-Mails abrufen und günstig Reiseberichte nach Hause schicken können. Falls Sie noch keine E-Mail-Adresse haben, dann ist es jetzt an der Zeit.

LEBENSKUNST ZWISCHEN MUSS UND MUßE

Was würden wir tun, wenn wir Zeit hätten? Wir würden sie einfach verschwenden – und Glück ernten …

Tipp vom kleinen Prinz: freigebig Zeit verschwenden

Wir wollen Zeit sparen – wie die Menschen in Michael Endes Geschichte von »Momo«. Was aber wünschen wir uns? Wir wollen genug Zeit haben für all das, was wir tun müssen, tun sollten, können, dürfen und: wollen. Eigentlich wollen wir genug Zeit haben, um sie zu verschwenden.

Antoine de Saint-Exupéry behauptete: »Um klar zu sehen, genügt oft ein Wechsel der Blickrichtung« – als Flieger war er darin wohl Experte.

Was ist die andere Blickrichtung? Zeit verschwenden! Gewinnen würden Sie wahre Freude: Sie würden die blühende Rose in der Vase genau anschauen – und sie plötzlich mit den Augen des kleinen Prinzen sehen: richtig, mit dem Herzen …

Was würden Sie tun?

Haben Sie den Mut, Ihre Zeit zu verschwenden? Ich möchte Sie hier ausdrücklich dazu ermuntern. Denn: Was täten Sie, wenn Sie Ihre Zeit verschwenden dürften? Nein, Sie würden sie nicht den üblichen Zeiträubern widmen. Sie würden etwas ganz anderes machen. Vor allem mal faul rumliegen und viel schlafen. All die Videos gucken, die Sie schon

Vom Faulsein ... und Gasgeben

immer sehen wollten. Bücher lesen. Mit den Kindern spielen. Ihrer Frau mit Murmeltierfett den Rücken massieren. Nach drei Tagen Freunde anrufen, ob sie Lust hätten, zum Essen zu kommen und danach eine Runde Malefiz zu spielen. Sie würden die Gitarre, die alten Klaviernoten, die halbvertrockneten Ölfarben herauskramen. Und beginnen, das alte Moped wieder auf Hochglanz zu bringen.

Warum? Weil es Ihnen wichtig ist. Wenn Sie Zeit zu verschwenden hätten, täten Sie unmittelbar all das, was seit Jahren in Ihnen schlummert. Manche kommen sogar auf die Idee, nach fünfzehn Jahren endlich mal wieder einen Gottesdienst zu besuchen, um auszuprobieren, ob da in ihnen immer noch etwas angesprochen wird.

Wir alle richten uns, wenn wir nicht beeinflusst werden, nach unserem inneren Nordpol. Der Wechsel der Perspektive, das Wegschieben der äußeren Beeinflussung, bringt unsere Nadel wieder auf Kurs.

Ihr »innerer Nordpol«

Und was würde mit Ihrer Alltagswoche passieren, wenn Sie einplanten, was Ihnen wichtig ist? Sie würden alle zwei Tage eine halbe Stunde laufen. Sie würden einen Spieleabend für Ihre Kinder reservieren. Sie würden sich das nächste Wochenende freihalten, weil so viel Aufregendes und Anregendes auf Sie wartet. Ihrem Job und all dem Dringlichen würde es nichts stehlen – aber Sie wären die ganze Woche elektrisiert vor lauter Freude. Wäre das nicht toll?

Vom Tele zum Weitwinkel

Gerade noch hatten wir das Teleobjektiv vor dem Auge: Was ist das Dringendste, was muss schnell noch gemacht werden? Und – schwupp – wird aus dem Tele ein Weitwinkel: Was grade noch so drängend war, wird endlich klein, die Zusammenhänge kommen in den Blick, und in Ihnen breitet sich ein kribbelndes Gefühl der Ruhe aus: All das, was mir wichtig ist, darf an erster Stelle stehen – und die Bedrängnisse des Alltags, na, die erledigt man dann ganz lässig auch noch. Denn: Wenn Sie sich mit Ihrer Tochter ausgesprochen haben, was Sie schon seit Monaten »gleich nächste Woche« vorhatten – was meinen Sie, wie das Präsentationskonzept für Ihr nächstes Produkt flutscht? Das eine aufzuschieben hat das andere gebremst.

Wechsel der Blickrichtung – Sie tun alles, was Ihnen gut tut und wichtig ist. Und erledigen den Rest nebenher.

... zum Nachdenken

Memento mori

Ein Mensch, von Arbeit überhäuft,
Indes die Zeit von dannen läuft,
Hat zu erledigen eine Menge,
Und kommt, so sagt man, ins Gedränge.
Inmitten all der Zappelnot
Trifft ihn der Schlag, und er ist tot.
Was grad so wichtig noch erschienen,
Fällt hin: Was bleibt von den Terminen?
Nur dieser einzige zuletzt:
Am Mittwoch wird er beigesetzt –
Und schau, den hält er pünktlich ein,
Denn er hat Zeit jetzt, es zu sein.

Eugen Roth (1895–1976)

LEBENSKUNST ZWISCHEN MUSS UND MUßE

»Nein!« verhilft zu Mußestunden

Diese vier Buchstaben sind die effektvollste Möglichkeit, Stress den giftigen Zahn zu ziehen. Und sich Freiraum für die Hängematte zu schaffen. Nicken zieht Stress an. Egal ob Sie Ihrem Partner, Ihren Kindern oder Freunden ständig zu Gefallen sind oder sich im Job alles aufhalsen lassen. Und das Ja-Sagen zahlt sich nicht einmal aus. Vorgesetzte sehen darin nämlich mangelndes Selbstvertrauen und fehlendes Durchsetzungsvermögen.
Lernen Sie, Nein zu sagen, dann schaffen Sie sich auch die Basis für künftige Flow-Erlebnisse.

Kleines Nein-Training

▶ Sagen Sie künftig zu Arbeiten, durch die Sie sich zeitlich oder leistungsmäßig überfordert fühlen, Nein. Im Grunde müssen Sie kein Nein rechtfertigen, nein heißt nein. Nur Ihrem Chef sind Sie eine Erklärung schuldig.

▶ Delegieren Sie Arbeiten, die Sie unterfordern, an Kollegen, die dafür wie geschaffen sind. Job plus Einkaufen, Kochen, Bügeln ... Nein! Spannen Sie zu Hause auch Ihren Mann und Ihre Kinder im Haushalt ein. Warum soll alles an Ihnen hängen bleiben?

▶ Lehnen Sie grundsätzlich alle Gefälligkeiten ab, wenn Sie sich ausgenutzt fühlen. Oder wenn Ihr Bauch sagt: Das will ich nicht. Soll doch mal ein anderer Kaffee kochen.

▶ Üben Sie vor dem Spiegel das Nein-Sagen: klar, unmissverständlich, aber freundlich, mit ernster Nein-Mimik, mit aufrechter Körperhaltung.

Haben Sie ein bisschen Geduld!

In vielen Situationen steigen Sie aufs Gaspedal – können aber keinen Gang einlegen. Die Energie explodiert in Ihnen. Das nennt man Ungeduld. Manche Menschen haben in dieser Disziplin eine Professur verdient. Leider handelt es sich um die etwas unangenehmeren Zeitgenossen.
Sie wollen zu einer wichtigen Konferenz, fahren rechtzeitig los. Noch ein paar hundert Meter bis zur Autobahnabfahrt – Stau. Sie stehen in der Schlange im Supermarkt, und Murphy's Law steht vor Ihnen. Das Gesetz besagt nichts anderes, als dass Ihre Schlange – auch wenn Sie sie wechseln – immer die geduldigste sein wird. Die, in der es am längsten dauert. Die Besprechung nimmt wieder mal kein Ende. Alle Wichtigtuer der Abteilung kommentieren lang und breit die heutige Vorlage. Und Sie kennen das Pareto-Prinzip (Seite 215): In zwanzig Prozent der Zeit

---

... zum Nachdenken

Wenn du es eilig hast, mach einen Umweg.
Japanische Weisheit

Wo ein Wille ist, ist auch ein Umweg.
Prof. Karlheinz A. Geißler, Zeitforscher

Fürchte dich nicht, langsam zu gehen – fürchte dich nur, stehen zu bleiben!
Chinesische Weisheit

Vom Faulsein ... und Gasgeben

Cool bleiben heißt die Devise des Bumerang-Typs. Manche Dinge sollte man eben besser auf(s) Eis legen.

wird alles Wichtige besprochen – am Anfang der Konferenz. Und auf Ihrem Schreibtisch warten Berge unerledigter Arbeit.
Wie reagieren Sie? Mit Gleichmut? Ermahnen Sie sich mit zusammengebissenen Zähnen zur Ruhe? Oder rasten Sie nach einigen Minuten aus?

Genies sind ungeduldig

Zu manchen Menschen hat sich die Geduld gleich mit in die Wiege gelegt – sie können dieses Kapitel einfach überspringen. Andere explodieren schon bei dem geringsten Hindernis, das sich ihnen in den Weg stellt. Ungeduld hat durchaus ihre positiven Seiten. Sie hilft, Dinge unverzüglich anzupacken, und hievt über kleinliche Bedenken hinweg. An den Genies der Weltgeschichte loben wir nicht selten ihre schöpferische Ungeduld. »Geduld ist die Tugend der Esel«, schrieb Lion Feuchtwanger (1884–1958) in seinem Roman »Narrenweisheit«, der das Leben des französischen Aufklärers Jean-Jacques Rousseau (1712–1778) schildert.

... und aus Geduld wächst Klugheit

»Geduld und Zähigkeit hilft uns in schlimmen Tagen viel mehr als Kraft und Raserei«, schrieb Jean de La Fontaine (1621–1695) in seiner »Fabel vom Löwen und der Ratte«. Der Löwe hatte sich in einem Netz verfangen. Er brüllte, kratzte, biss – vergeblich. All seine Kraft half ihm nicht, aus der Falle zu entkommen. Erst eine Ratte, die er einst auf sei-

LEBENSKUNST ZWISCHEN MUSS UND MUßE

ner Jagd verschonte, verhalf ihm zur Freiheit, indem sie geduldig das Gewebe durchnagte.
Wer ist nun klüger, der Esel oder der Löwe? Die Wahrheit kennt der Bumerang-Typ. Sie liegt natürlich in der Balance. Nur: Unsere hektische Zeit lässt die Ungeduld viel zu oft in uns hochkochen. Die Dinge gehen uns nicht schnell und nicht reibungslos genug. Dann wüten wir gegen alles, was unseren Elan bremst – und verfangen uns wie der Löwe noch mehr in unseren Schlingen. Falls Sie solch ein überschäumendes Temperament besitzen, werden Sie schon öfter mit Ihrer Ungeduld gemächlichere Zeitgenossen vor den Kopf gestoßen haben. Und sich hinterher gewünscht haben, in entscheidenden Momenten über eine kleine Portion mehr Geduld zu verfügen.
In ruhigen Minuten haben wir keine Probleme, die Vorzüge der Geduld zu erkennen, uns in Geduld zu üben. Aber wie gelingt es, die Ruhe zu bewahren, wenn sich die geballte Langsamkeit gegen uns verschworen hat? Wenn wir auf hundertachtzig sind, wenn die Gefühle gegen den Schlendrian ringsherum einfach in uns aufkochen?

Kriegen Sie erst einmal Ihren Körper in den Griff

Nehmen Sie den Fuß vom Gaspedal. Folgen Sie der alten Volksweisheit: Erst einmal tief durchatmen.
➤ Sobald Sie merken, dass Sie gleich aus der Haut fahren werden, halten Sie kurz die Luft an und lassen vor Ihrem inneren Auge ein großes, rotes Stoppschild aufleuchten. Dann atmen Sie aus – so langsam wie möglich. Lassen Sie die Luft mindestens fünfzehn Sekunden lang gemächlich aus Ihrer Lunge strömen. Damit erreichen Sie zwei Dinge:

Runterkommen

Der Puls rast, Sie kochen ... So bauen Sie Wut und Stress schnell ab:
➤ Auf dem Trampolin oder mit dem Seil springen Sie den Stresshormonen davon.
➤ Nehmen Sie den Bumerang, und lassen Sie ihn durch den Raum fliegen.
➤ Schließen Sie die Augen, und stellen Sie sich den größten Triumph Ihres Lebens vor. Verleihen Sie sich dafür einen Stern.
➤ Sagen Sie das Alphabet rückwärts auf.
➤ Stellen Sie sich vor, Sie haben den Jackpot geknackt, acht Millionen Euro. Überlegen Sie sich, was Sie als Erstes damit anfangen. Und was als Nächstes.
➤ Schreiben Sie sich den Frust von der Seele, am besten in einem Brief an sich selbst. Schreiben wirkt wie ein therapeutisches Gespräch und entlastet von aufgestautem Ärger und Kummer. Aber: Nicht nur jammern, sondern ehrlich über Problemlösungen nachdenken. Nicht lange über schöne Formulierungen grübeln, sondern spontan loslegen, als würden Sie einer guten Freundin Ihr Herz ausschütten.

■ Sie unterdrücken den Impuls, mit Ihrem spontanen Ärger herauszuplatzen und eine Bosheit von sich zu geben, die Sie später mit Sicherheit bereuen.
■ Sie beruhigen Ihre Gefühle. Atmung und Puls sind aneinander gekoppelt. Das langsame Ausatmen fährt auch den Puls und andere körperliche Stresskomponenten zurück.

Vom Faulsein ... und Gasgeben

Wenn sich der Körper wieder fängt, lösen sich auch die negativen Emotionen. Es gelingt Ihnen, den nötigen inneren Abstand für eine überlegte Reaktion zu bewahren.

Wenn Sie diese Entspannungsreaktion ein paar Tage erfolgreich ausgelöst haben, automatisiert sich Ihr neues Verhalten. Sie schalten auf »Stopp« und atmen langsam aus, ohne sich erst zwingen zu müssen.

Achillesfersen erkennen und spielerisch entschärfen

Was den einen auf die Palme bringt, lässt den anderen kalt. Ich kenne eine junge Dame, die die sprichwörtliche Geduld in Person ist – außer, wenn sie sich an das Steuer ihres Autos setzt. Dann verwandelt sich das liebreizende Geschöpf in eine Furie. Jeden Fahrer vor ihr beschimpft sie als Idioten und lahme Ente. Auch wenn sie alle Zeit der Welt hat – sie kann es nicht ertragen, dass ein Wagen vor ihr sie zwingt, mit dem Fuß auf das Bremspedal zu treten. Ein anderer Kollege ist der geduldigste Fahrer, den ich kenne. Aber wenn er mit der Arbeit nicht vorankommt, weil ein Mitarbeiter versprochene Termine nicht einhält, schimpft und tobt er, dass es durch den ganzen Flur hallt.

➤ In welchen Situationen fällt es Ihnen besonders schwer, Geduld zu bewahren? Wenn Sie Mitarbeitern eine simple Sache immer wieder aufs Neue erklären müssen? Wenn Vereinbarungen nicht eingehalten werden? Unpünktlichkeit? Warteschlangen? Widerstände und Uneinsichtigkeit? Beobachten Sie sich und identifizieren Sie Ihre Achillesfersen.

➤ Gewöhnen Sie sich an, in diesen Situationen von nun an anders zu reagieren. Sobald Sie merken, dass wieder eine der gefürchteten Minuten kommt, sagen Sie sich: »Achtung,

»Meine Nerven! Du hast wohl deinen Führerschein in den Cornflakes gefunden?«

Geduldsprobe.« Gehen Sie sofort auf inneren Abstand. Da Sie längst wissen, dass Sie mit Brachialgewalt nicht durchkommen: Benehmen Sie sich, als wäre das Ganze ein Spiel. Agieren Sie wie auf einer Bühne. Spielen Sie wie ein Komödiant Ihr geduldiges, anderes Ich. Statt zur Eile anzutreiben, schwingen Sie sich auf das gemächliche Tempo Ihres Gegenübers ein. Betrachten Sie die folgenden Minuten einfach als Geduldsübung, so ist die Zeit für Sie nicht vertan. Und Sie werden überraschende Entdeckungen machen:

■ Der Mitarbeiter kapiert auf einmal den Arbeitsablauf, weil Sie ihm die Sache in seinem Tempo erklären.

■ Verzögerungen schenken Ihnen Ruheinseln, die Ihre Arbeitshektik herunterfahren.

■ Gegenargumente anderer anzuhören veranlasst Sie, sich in die Gründe für abweichende Standpunkte hineinzudenken – Grund genug, Ihre eigene Auffassung noch einmal zu überprüfen und genauer zu erläutern. Und vielleicht sogar neue Einsichten zu gewinnen.

Die Bumerang-STRATEGIE

Nutzen Sie einfach Wartezeiten sinnvoll

Unsere Ungeduld steigert sich ins Unendliche, wenn wir das Gefühl haben, unsere kostbare Zeit sei sinnlos vertan. Wenn Sie sich der Situation nicht entziehen können – dann nutzen Sie sie für sich.

Niemand hindert Sie, eine Wartezeit mit kleinen Übungen zu überbrücken, die Körper und Geist trainieren. Jeden Tag eine viertel Stunde Mentaltraining, über Leerzeiten verteilt, und Sie werden Ihre wichtigen Aufgaben anschließend effektiver und konzentrierter erledigen. Solange Sie Blickkontakt halten, werden Ihre schwafelnden Kollegen nicht einmal merken, dass Sie sich geistig gerade ausgeklinkt haben. Hier einige Übungsvorschläge:

Reaktivieren Sie Ihre Sprachkenntnisse. Führen Sie Ihr momentanes Selbstgespräch, mit dem Sie sich innerlich über die vertane Zeit ärgern, auf Englisch oder in einer anderen Fremdsprache. Oder schauen Sie sich um, und bezeichnen Sie alle Gegenstände, die Sie sehen, mit den fremden Vokabeln.

Progressive Muskelentspannung. Spannen Sie Ihre Muskeln fünf bis sieben Sekunden lang an. Lassen Sie dann die Spannung wieder los. Beginnen Sie mit Nacken und Schultern, und »arbeiten« Sie sich über Arme, Brust und Bauch bis zu den Zehen vor. Gönnen Sie sich bis zu drei Durchgänge. Dreimal am Tag durchgeführt, ist es ein hervorragendes Anti-Stress-Training, in seiner Langzeitwirkung mit dem Autogenen Training vergleichbar.

Allgemeinbildung reaktivieren. Lassen Sie vor Ihrem inneren Auge eine Karte unseres Planeten vorüberziehen. Gehen Sie alle Länder durch, und erinnern Sie sich an alles, was Sie über das jeweilige Land wissen: Hauptstadt, Regierung, Währung, historische Daten ... Das ist auch ein perfektes Gehirntraining. Auf die gleiche Weise können Sie systematisch Ihr Wissen über Literatur, Kunst, Biologie ... überprüfen. Fallen Ihnen Wissenslücken auf, machen Sie eine Notiz, um sich zu einem geeigneten Zeitpunkt zu informieren.

Kreativitätsübung. Wählen Sie eine Cola-, Kaffee-, Kosmetik- oder andere Handelsmarke. Verwenden Sie die Buchstaben des Namens als Anfangsbuchstaben der Wörter eines neu zu bildenden, sinnvollen Satzes. Aus meinem Namen »Seiwert« könnten Sie zum Beispiel formen: »So Ein Intelligentes Wortspiel Ergibt Ruhiges Training.« Oder: »Spannungsgeladene Eile Ist Wahrhaftig Ein Richtiges Trauerspiel.« Wie viele weitere Varianten fallen Ihnen ein? Versuchen Sie an jedem Übungstag, im Vergleich zum letzten Mal mindestens eine Variante mehr zu finden.

Der Kabarettist Erwin Grosche hat eine Nummer im Programm, in der er aus NIVEA Dutzende von witzigen 5-Wörter-Sätzen formt.

Vom Faulsein ... und Gasgeben

Gut ist besser als perfekt

Perfekt zu sein heißt: anhalten, analysieren, überlegen, wo verbessert werden kann. Perfektsein ist Stillstand. Leben ist Bewegung, Veränderung, auch mal Rumwursteln – aber alles im Fluss. Wenn man etwas verändern will, andere mitreißen will, muss man sich bewegen. Lassen Sie los – und geben Sie Gas.

Perfektionisten haben's schwer

Wer perfekt sein will, wird nie fertig. Ist ständig im Stress – und erlebt nie einen Flow. Perfektionisten neigen dazu, intolerant zu sein, zu sich selbst und zu anderen. Sie sind unrealistisch – das Leben ist auch nicht perfekt, Leben ist immer ein Kompromiss. Perfektionisten sind chronisch unzufrieden. Sie konzentrieren sich auf das, was sie nicht erreichen, statt auf das, was sie erreichen. Sie finden den Druckfehler, und die Schönheit des Gedichtes geht ihnen dabei verloren.

Obwohl nichts daran falsch ist, sein Bestes geben zu wollen – Perfektionismus aber hat einen hohen Preis. Perfektionisten setzen sich oft unrealistische Ziele und Normen. Mit dem Resultat, dass sie Überstunden machen, unnötige Mehrarbeit, die niemand würdigt, dass sie Stress produzieren und ein allgemeines Gefühl, niemals »anzukommen«.

Perfektionistische Warnsignale

- Sie schämen sich, anderen zu erzählen, dass Sie einen Fehler gemacht haben?
- Ein kleines Versagen hält Sie die ganze Nacht wach?

Perfektionismus fesselt an den Computer, und die Freunde gehen allein ins Kino.

- Es heißt von Ihnen in der Arbeit, dass Sie schwer zufrieden zu stellen sind?
- Erwarten Sie, dass etwas schief geht, und machen Sie sich oft Selbstvorwürfe, wenn es dann tatsächlich misslingt?
- Sie bemühen sich stets um Fehlerlosigkeit?
- Sie lesen das Kleingedruckte in Standardverträgen oder studieren stundenlang Gebrauchsanleitungen?
- Ihre Briefe und Faxe sind stets länger als eine Seite?
- Sie machen lieber alles allein, auch wenn Sie so manches delegieren könnten, weil Sie sichergehen wollen, dass Sie das gewünschte Resultat bekommen?
- Sie neigen dazu, einen Sachverhalt mit unzähligen detaillierten Informationen anzureichern, wenn Sie etwas erklären?
- Sie arbeiten häufig auch länger und nehmen Aufgaben mit nach Hause, um ihnen den perfekten Schliff zu geben?

Sie könnten sich das Leben um einiges leichter machen – Tipps dazu auf Seite 214.

Die Bumerang-STRATEGIE

Lassen Sie auch mal fünfe gerade sein

Gut ist besser als perfekt. Setzen Sie sich nicht so unter Druck. Seien Sie nachsichtiger mit sich und anderen. Riskieren Sie ein Stück Sicherheit – und gewinnen Sie Lebendigkeit und Lebensfreude.

■ **Lassen Sie Fehler Fehler sein.** Wenn kleine Fehler oft an Ihrem Selbstbewusstsein kratzen, dann verlieren Sie an Freude und Enthusiasmus. Konzentrieren Sie sich auf Dinge, die Sie gut können. Und tun Sie sie gut und nicht perfekt. Die Erfolge der Menschen entstanden aus einer langen Reihe von Fehlversuchen.

■ **Schaffen Sie sich Luft zum Atmen.** Überprüfen Sie die Ziele, die Sie sich selbst setzen. Sind sie realistisch, sinnvoll? Wenn Sie sie regelmäßig nicht erreichen, dann ist es an der Zeit, Ihre Pläne zu revidieren.

■ **Delegieren Sie** (Seite 219). Verlassen Sie sich mehr auf andere – so stärken Sie auch deren Selbstwertgefühl. Vertrauen Sie Kollegen, wenn Sie wissen, dass sie eine Sache zu achtzig Prozent so gut wie Sie erledigen können.

■ **Sie sind keine Stechuhr.** Pünktlichkeit ist nicht mehr aller Dinge Maßstab. Regen Sie sich nicht zehn Minuten auf, weil andere fünf Minuten zu spät kommen.

■ **Vereinfachen Sie Korrespondenz:** Setzen Sie möglichst oft E-Mails ein, kommen Sie direkt zur Sache, sparen Sie sich den Feinschliff. Es ist nicht ausschlaggebend, ob der Brief perfekt aussieht oder ob mehrmals dasselbe Verb verwendet wurde. Wichtig ist nur der Inhalt.

■ **Tun Sie jeden Tag etwas unperfekt.** Das heißt nicht, dass Sie ein Schlamper werden sollen, aber zügeln Sie Ihren Perfektionismus. Zum Beispiel: Ordnung ja, Pedanterie nein – wie groß ist Ihr innerer Meister Proper? Räumen Sie Ihren Schreibtisch mal ganz schnell auf, ohne »jeden Bleistift gerade zu rücken«.

■ **Gestehen Sie anderen Fehler zu.** Perfektionisten legen an andere die gleichen Maßstäbe wie an sich selbst. Und das kommt selten gut an. Das Resultat: Die Menschen in Ihrer näheren Umgebung fürchten Ihre Kritik, riskieren weniger, verstecken Fehler vor Ihnen und zweifeln an ihrem eigenen Urteilsvermögen und an ihren eigenen Kompetenz.

■ **Setzen Sie sich Zeitlimits:** Verlieren Sie keine Zeit mit unwichtigen Dingen, um sie zu perfektionieren. Sagen Sie sich: »Damit möchte ich in 30 Minuten fertig sein, dann ist es gut. In 60 Minuten wäre es perfekt.« Und arbeiten Sie keine Minute länger als 30 Minuten daran.

■ **Suchen Sie sich unperfekte Vorbilder.** Perfektionismus hat nichts mit Größe zu tun. Einige der erfolgreichsten Menschen hatten Schwächen: Hunderte Ideen von Thomas Edison haben nie funktioniert; Abraham Lincoln versagte im Geschäftsleben, bevor er Präsident wurde.

Vom Faulsein ... und Gasgeben

Formel 1 der cleveren Faulen: Pareto-Prinzip

Der Gott der cleveren Faulen heißt Vilfredo Pareto (1848–1923). Der italienische Ökonom stellte die Formel auf, dass man mit 20 Prozent von dem, was man tut, 80 Prozent der Ergebnisse erzielt. Das heißt: Mit nur 20 Prozent Ihrer Arbeit ernten Sie 80 Prozent Erfolg. Und mit 80 Prozent Ihrer Zeit erzielen Sie nur noch 20 Prozent des Ergebnisses. Wer klug ist, spart sich diese 80 Prozent und investiert sie in Muße. Das sollte Sie stutzig machen. Tut es? Dann denken Sie einfach mal darüber nach. Sie wissen: Arbeit lässt sich wie Gummi dehnen.

Dazu möchte ich Ihnen die Geschichte vom Taubenwallnister auf der indonesischen Insel Komodo erzählen, dem Doug Adams im Buch »Die letzten ihrer Art« auch auf der Spur war.

Das Taubenwallnister-Nest

Der Taubenwallnister sieht aus wie ein Huhn und baut wie viele Vögel ein Nest. Nur tut er das auf eine seltsam anmutende Art. Er hat irgendeinen Programmfehler. Denn er ist Monate damit beschäftigt. Er will sich die Arbeit sparen, sich auf die Eier zu legen und diese auszubrüten. Deshalb gräbt er ein tiefes breites Loch, schichtet aus Stöckchen und Blättern einen Wall so groß wie ein Gelsenkirchner Schlafzimmer. Unglaublich fleißig. Dann legt er seine Eier rein. Und ist die ganze Brutzeit damit beschäftigt, Blätter hin- und wegscharrend, die Temperatur im Nest konstant zu halten. Hätte er schon mal was vom Pareto-Prinzip gehört, dann würde er ein kleines Nest bauen, sich einfach ganz faul auf die Eier legen und sie mit seiner Körperwärme ausbrüten, statt zu schuften.

Tun Sie das künftig einfach auch. Merzen Sie alle Taubenwallnister-Nester in Ihrem Leben aus. Denn …

■ Mit 20 Prozent der Zeit, die Sie in den Haushalt investieren, erhalten Sie 80 Prozent der Ergebnisse.

■ 20 Prozent der Zeitung enthalten 80 Prozent der Nachrichten.

■ 20 Prozent der Besprechungszeit bewirken 80 Prozent der Beschlüsse.

■ 20 Prozent der Schreibtischarbeit ermöglichen 80 Prozent des Arbeitserfolgs.

SO MACH ICH ES

Meine Taubenwallnister-Nester

Meine Taubenwallnister-Nester sitzen meist in elektronischen Geräten. Die neue Telefonanlage, mit der man alles, wirklich alles kann, nur nicht telefonieren. Das Softwareprogramm, das mir täglich ein paar Minuten Zeit sparen soll, aber schon beim Installieren sieben Stunden frisst. Der Videorekorder, dessen Manual so dick ist wie ein Telefonbuch, sich aber leider nicht so leicht liest. Darum kaufe ich Geräte, die so wenig Knöpfe wie möglich haben, mit dünner Gebrauchsanleitung, die geschrieben sein muss wie ein Kinderbuch.

LEBENSKUNST ZWISCHEN MUSS UND MUßE

»Ich würd' jetzt auch viel lieber mit dir eine Tasse Kaffee trinken gehen, als das da auszusitzen …«

Was ist wesentlich?

Richard Koch, der ein Buch über das 80/20-Prinzip geschrieben hat, drückt das in wenigen Worten aus: »Einige wenige Dinge sind wichtig, die meisten sind es nicht.« Nun ist es Zeit für Sie, sich zurückzulehnen. Geht Ihnen ein Licht auf? Was sind bei Ihnen die 20 Prozent und was die 80 Prozent?

Die meisten Dinge, die Sie tun, sind pure Zeitverschwendung, sie leisten keinen entscheidenden Beitrag zum Resultat. Schön, wenn Ihnen das Verschwenden Spaß macht – aber das tut es in 80 Prozent der Fälle eben nicht. Denn auch das erkennt das Pareto-Prinzip: 80 Prozent unserer Zeit tragen nur 20 Prozent zu unserem Glück bei. Oje.

Meist erkennen Sie die wesentlichen Dinge nicht, weil Sie in Dringlichkeiten ersticken. Kannst du mal schnell … Achtzig Prozent der Dinge, die Sie tun, werden von anderen an Sie unter Druck herangetragen. »Wenn wir den Unterschied zwischen dem wenigen Wesentlichen und dem vielen Unwesentlichen in allen Aspekten unseres Lebens erkennen und entsprechend handeln würden, könnten wir alles vermehren, was für uns einen Wert darstellt«, sagt Richard Koch. Alles vermehren – Geld, Liebe, Erfolg, Glück, Zeit für die Faulheit. Also stolpern Sie erst einmal nicht in Paretos Fallen.

Paretos Fallen: Das raubt Ihnen 80 Prozent Ihrer Zeit

- Das meiste, was andere Leute von Ihnen erwarten.
- Dinge, die immer schon so gemacht worden sind.
- Das, was Sie nicht gut beherrschen.
- Das, was Ihnen keinen Spaß macht.
- Tätigkeiten, bei denen Sie ständig unterbrochen werden.
- Dinge, für die sich wenige andere Leute interessieren.
- Alles, was bereits doppelt so lange gedauert hat, wie ursprünglich erwartet.
- Jede Beschäftigung, bei der Sie mit unzuverlässigen oder inkompetenten Leuten zusammenarbeiten müssen.
- Dinge, die einen absehbar langwierigen Verlauf nehmen.
- Anrufe entgegennehmen.

Nehmen Sie künftig die 80/20-Lupe

Stellen Sie sich ständig die Frage: Was sind die 20 Prozent, die zu den 80 Prozent führen? Die Dinge, die Sie am besten können, mit denen Sie sich auszeichnen, die Ihnen Spaß machen – und mit denen Sie anderen den meisten Nutzen bringen. Da geben Sie Gas (siehe auch EKS-Strategie Seite 61).

Mit den anderen Dingen besinnen Sie sich lieber auf Ihre faule Haut. Harte Arbeit führt

Vom Faulsein ... und Gasgeben

nur zu mäßigen Ergebnissen. Es kommt nämlich nicht darauf an, dass Sie sich anstrengen, sondern dass Sie das Richtige tun. Warum soll eine berufstätige Frau, die eine begeisterte Köchin ist, auch noch Hemden bügeln? Warum sollte ein hervorragender Werbetexter auch noch in Fotobergen wühlen? Warum beantworten Sie E-Mails, die unaufgefordert in Ihrem Briefkasten landen und nichts als Arbeit bringen? Warum lassen Sie sich von ungebetenen Anrufern Ihre wertvolle Zeit stehlen? Warum putzen Sie, bis alles blitzt und blinkt, wenn doch gleich der Hund vom Acker zurückkommt? Warum machen Sie Arbeiten, die ein Kollege eigentlich besser und schneller erledigen kann?

Sicher, viele andere Dinge müssen auch gemacht werden. Wer tippt denn das Band ab, wer putzt die Schuhe, wer macht denn die Steuererklärung, wer bügelt die Hemden? Die Antwort heißt: die Heinzelmännchen. Die da heißen: der Ehemann, ein Steuerberater, die Kinder, Kollegen, eine Zugehfrau oder Dienstleistungsunternehmen *(Web-Adressen siehe Seite 234!)*. Delegieren Sie so viel wie möglich – auch im Alltag, statt sich für die Eigentätigkeit vom Finanzamt bestrafen zu lassen.

Paretos Flügel: Hier investieren Sie mit 20 Prozent Aufwand in 80 Prozent Erfolg

- Wenn Sie mit dem, was Sie tun, Ihrem Lebensziel näher kommen.
- Wenn Sie das schon immer tun wollten.
- Wenn sich etwas bereits nach dem 80/20-Prinzip bewährt hat.
- Innovative Ansätze, die Zeitaufwand reduzieren und die Qualität der Ergebnisse steigern. Zum Beispiel neue, gute Software (wenn sie sich nicht schon beim Installieren als Taubenwallnister-Nest herausstellt).

DER BUMERANG TIPP

Loslassen, Zeit gewinnen

Damit der Bumerang zurückkommt, müssen Sie ihn wegwerfen. Tun Sie das künftig auch mit 80 Prozent Ihrer Aufgaben. Kommen Sie zur Ruhe, arbeiten Sie weniger, konzentrieren Sie sich auf die wirklich wichtigen Dinge. Tun Sie nur das Wesentliche. Lassen Sie das 80/20-Prinzip für sich arbeiten. Denn wenn Sie nur 20 Prozent Ihrer Zeit richtig einsetzen, wird es Ihnen an Zeit niemals mehr mangeln.

➤ Der Weg dazu: Machen Sie sich eine Liste. Suchen Sie nach den Erfolgen, die Sie mit einem günstigen Zeit-Nutzen-Verhältnis erzielt haben. Aufschreiben. Vergleichen. Steckt ein Prinzip dahinter? Tun Sie das Gleiche mit Ihren Misserfolgen. Und dann mit den Zeiten, in denen Sie so richtig glücklich waren.

- Wenn andere meinen: Das ist unmöglich.
- Wenn andere damit in anderen Bereichen schon Erfolg gezeigt haben.
- Wenn Sie Ihre Kreativität anwenden.
- Wenn Sie andere mit relativ geringem eigenen Aufwand bewegen können, etwas zu erledigen.
- Wenn Sie mit Menschen zusammenarbeiten, die nach dem 80/20-Prinzip gut funktionieren.
- Alles, für das die Devise gilt: Wenn nicht jetzt, wann dann?

LEBENSKUNST ZWISCHEN MUSS UND MUßE

DER BUMERANG TIPP

Kurz, aber herzlich

Seit wir uns im Cyberspace per Tastatur unterhalten, hat sich eine Art eigene Sprache entwickelt mit so genannten Emoticons und Akronymen. Durch sie wird die Kommunikation lebendiger, denn mit ihrer Hilfe lassen sich Stimmungen unkompliziert ausdrücken, die in »normalen« Texten umständlich beschrieben werden müssten.

Akronyme kürzen Worte oder Sätze auf die Anfangsbuchstaben zusammen – LOL steht beispielsweise für »laughing out loud«, *g* für grinsen/lächeln.

Emoticon ist eine Wortschöpfung aus »emotion« (Gefühl) und »icon« (grafisches Symbol). Smileys sind Emoticons, die auf der Seite liegen. Hier ein paar Beispiele:

:-)	freundlich gesinnt, froh, gut gelaunt, zustimmend
:-))	sehr freundlich, besonders froh, blendend gelaunt, voll zustimmend
:o)	es geht auch mit Knubbelnase
:-(	traurig, mies gelaunt, unglücklich, etwas schlecht finden
:-((	sehr traurig, alles Mist usw.
;-)	heiter ironisch, nicht so ernst gemeint, Augenzwinkern
;-(	ironisch mit resigniertem Unterton
:-o	erschrocken, erstaunt, schockiert
:-x	Kuss

Siehe auch www.heisoft.de/web/emoticon, www.quatsch-seite.de/emoticons.htm, www.userchannel.de/nub/acronyme.html oder www.ucc.ie/acronyms/

Diät für den Zeitfresser Post

Freuen Sie sich auf dem Weg ins Büro schon auf Ihr Postfach, auf den Stapel, der auf Ihrem Schreibtisch wartet? Belanglose Pressemitteilungen, Produktvorstellungen, das x-te Versicherungsangebot …

Ich habe das Zeug jahrelang weggeschmissen. Später hat meine Sekretärin es jahrelang weggeschmissen. Weil sie sich aber nicht in jedem Falle sicher war, landete trotzdem vieles Überflüssige bei mir. In jedem Falle aber hieß es: Einer von uns musste den Brief in die Hand nehmen, draufschauen, von wem er kommt, kurz zögern in der Gewissheit, es ist nur Abfall, auf die Möglichkeit hin, es könne ausnahmsweise doch wichtig sein, den Brieföffner zücken und den Umschlag aufschlitzen, das Papier herausfummeln, auseinander falten, kurz einlesen, einen leisen Fluch murmeln, das Zeug zusammenraffen und in den Papierkorb pfeffern – alles in allem sind das zwanzig Sekunden. Sie glauben das nicht? Prüfen Sie es nach, stoppen Sie es mit dem Sekundenzeiger.

Einfach geklaute Zeit

Zwanzig Sekunden also, die Ihnen oder Ihren Mitarbeitern durch einen unnötigen Brief verloren gehen. Zehn davon kriegen Sie garantiert jeden Tag, manche Leute achtzig, das sind jeden Tag über drei Minuten (oder bei achtzig: sechsundzwanzig Minuten!), die Ihnen gestohlen werden. Und nun multiplizieren Sie das mit der Zahl Ihrer Mitarbeiter … Je nachdem, wie groß Ihre Abteilung oder Ihr Unternehmen ist, kommt da ohne weiteres ein ganzer kompletter Arbeitstag zusammen:

Vom Faulsein ... und Gasgeben

Abspeck-Kur für den PC: Unerwünschte Mails rigoros abbestellen!

Null-Info-Briefe aufrufen, sich ärgern, sie vernichten – und das nennen wir dann auch noch »meine Post machen«.
Das Allerschlimmste daran aber ist dies: Genau die gleichen Briefe kommen morgen, nächste Woche, in einem Monat wieder, rauben Ihnen Aufmerksamkeit, Zeit, Kreativität, Leben. Ich schlage Ihnen vor: Stellen Sie das ab. Wie?

70 Prozent weniger Post

Meine Mitarbeiterinnen und ich haben unser Postaufkommen binnen kurzer Zeit um 70 Prozent gesenkt. Wir kriegen jetzt nur noch wichtige Post, die uns interessiert. Wir widmen jetzt einfach jedem Zeiträuber-Brief ein einziges Mal unsere volle Aufmerksamkeit:

Ich öffne den Umschlag. Entscheide mit einem Blick: Von dieser Person oder Firma will ich nie mehr Nullachtfünfzehn-Post bekommen. Ich nehme also das Anschreiben oder den Briefumschlag (je nachdem, auf welchem von beiden meine Adresse steht) und schreibe von Hand mit dickem Bleistift: »Bitte entfernen Sie mich sofort aus Ihrem Verteiler!« plus Unterschrift. Und dieses Blatt stecke ich ins Faxgerät und wähle die Nummer des Quälgeistes. Ein paar Minuten später schaue ich, ob das Fax übermittelt wurde.
Seitdem ist Schluss. Seitdem schreiben diese Leute mir nie wieder. Zumindest keine Schrottpost mehr. Einer hat gewagt, sich telefonisch bei mir zu rühren: Meine konsequente Maßnahme hatte ihn so beeindruckt, dass er mich bat, einen Vortrag vor seinen Mitarbeitern zu halten ...
Jetzt freue ich mich jeden Morgen auf mein Posthäufchen. Rechnungen erledigt meine Sekretärin, Wortmüll kommt erst gar keiner an – jetzt lohnt es sich, das »Post-Machen« zu zelebrieren. Und ich kann eine halbe Stunde länger meinen Bären das Fell kraulen.

Die faule Kunst: Gib Gas beim Delegieren

Was ist eine Stunde Ihrer Zeit wert? Rechnen Sie sich das doch einmal aus. Einen groben Anhaltspunkt gibt Ihnen Ihr Jahresgehalt durch Anzahl der Arbeitsstunden. So, nun delegieren Sie künftig einfach alles, was andere billiger machen. Alles, was Ihnen Ihre wertvolle Zeit sparen hilft.

LEBENSKUNST ZWISCHEN MUSS UND MUßE

Delegieren kann man auch an den Partner. Warum nicht das Bügeln? Es muss beim ersten Mal ja nicht die neue Seidenbluse sein.

Was lässt sich delegieren?

Das meiste aus dem »Reich des Banalen« (Seite 120). Drängende Geschäfte, die aber nicht unbedingt wichtig sind. Terminierte Routineaufgaben und Verwaltungsakte, Telefonate und Konferenzen. Aber auch alle anderen Aufgaben, die nicht selbst ausgeführt werden müssen, weil ein anderer sie ebenso gut, billiger oder sogar besser kann.

➤ Stellen Sie sich immer die Frage: Muss ich das tun? Einen Brief zur Post bringen kostet 20 Minuten Zeit – kann das nicht ein anderer billiger? Anstrengende Handwerkertätigkeiten sollte man besser von kräftigen Helfern erledigen lassen. Einkaufen gehen kann ein Schüler aus der Nachbarschaft. Bügeln die Wäscherei. Ein High-Tech-Gerät besorgt eine Ich-beschaffe-alles-Agentur. Das spart Ihnen einen ganzen Tag. Der Nachbarsjunge holt für eine Tafel Schokolade das Päckchen von der Post. Die Freundin spielt sicher gern mal Babysitter. Für ein Geschenk rufen Sie einfach im Laden an. Dort wird verpackt, versendet – und Sie müssen nur noch die Überweisung tätigen. Was können Sie alles delegieren? Machen Sie eine Liste. Sie wird sicher ewig lang. Gucken Sie sich mal die Heinzelmännchenliste auf Seite 234 an!

➤ Wichtig: Delegieren Sie nicht nur die Termindruck-Aufgaben, sondern auch solche, die mittel- und langfristig erledigt werden müssen. Weil Sie so andere Menschen motivieren und fachlich fördern können. Und immer, wenn Sie eine zusätzliche Aufgabe bekommen, sollten Sie eine alte delegieren.

Vom Faulsein ... und Gasgeben

Sind Sie ein Delegier-Muffel?

Eltern wissen instinktiv, dass sie ihrem Kind eine Sache am besten beibringen können, wenn sie ihm Verantwortung und Handlungsspielraum übertragen. Genauso instinktiv unterlassen es viele Eltern, ihre Kinder zur Selbstständigkeit zu erziehen, weil sie einfach nicht loslassen können. Dieses Gluckenverhalten entdeckt man genauso bei Führungskräften. Wer kennt nicht die »Alles-über-meinen-Tisch-Mentalität«. Die »Selbermacher«, die meinen, dass der Laden ohne sie nicht läuft und dass sie ihrer Umwelt einen Gefallen tun, wenn sie nichts delegieren.

Delegier-Muffel denken auch:
- Meine Mitarbeiter/Kinder/Partner haben nicht genügend Erfahrung.
- Es geht schneller, wenn ich es mache.
- Ich traue es den anderen nicht zu.
- Die anderen haben auch schon viel zu viel am Hals.
- Ich verliere meine Autorität, wenn andere die Aufgabe besser erledigen.
- Ich verliere die Übersicht.
- Mir wird sonst mein Platz streitig gemacht (Stuhlsägekomplex).

Delegieren macht Sinn

Delegieren ist der Schlüssel zum Erfolg. Und ist nicht nur etwas für Chefs. Freiberufler, Hausfrauen, Angestellte – jeder kann und sollte delegieren. Denn dafür gibt es viele gute Gründe.
- Delegieren fördert die Kompetenz, Fähigkeiten und Initiative der anderen. Nicht nur im Betrieb – auch zu Hause. Warum sollte der Mann nicht mal mit einem guten Kochbuch für den Sonntagsbraten sorgen? Was wird er sich stolz fühlen.
- Delegieren macht Kinder selbstständig. Verantwortung – im rechten Maß – lässt sie aus ihren kleinen Schuhen herauswachsen.
- Delegieren heißt: anderen etwas zutrauen. Denn jede erfolgreich erledigte neue Aufgabe lässt das Selbstwertgefühl wachsen.
- Delegieren fördert auch den, der delegiert. Der kooperative Umgang mit anderen Menschen schleift die soziale Kompetenz.
- Und Delegieren schenkt mehr Zeit für die Muße, mehr Zeit für die wirklich wichtigen Dinge im Leben.

So delegieren Sie richtig

➤ Überlegen Sie zuerst, was wer besser und schneller erledigen kann und was Sie – aus welchen Gründen auch immer – nicht selbst tun wollen. Dann sagen Sie genau, was Sie wollen. Es reicht nicht aus, jemanden ohne Liste zum Einkaufen zu schicken, weil danach die Hälfte fehlt. Oder einen Mitarbeiter mit einem Telefonat zu beauftragen, wenn der nichts über den Kontext weiß. Eine delegierte Aufgabe führt nur zum Erfolg, wenn Sie präzise kommunizieren.

... zum Nachdenken

Erkläre es mir, ich werde es vergessen. Zeige es mir, ich werde es vielleicht behalten. Lass es mich tun, und ich werde es können.

Indisches Sprichwort

LEBENSKUNST ZWISCHEN MUSS UND MUßE

➤ Übertragen Sie Kompetenz. Lassen Sie einen Entscheidungsfreiraum. Nichts bremst die Motivation anderer mehr, als wenn alles haarklein vorgeschrieben ist. Wenn Sie Ihr Kind zum Einkaufen schicken, dann mit einer Liste, in die es eigene Entscheidungen einbringen kann – schreiben Sie nicht »Äpfel und Birnen« auf, sondern »Obst«. Wenn Ihre Frau das neue Auto kauft, dann besprechen Sie einfach den finanziellen Rahmen. Wenn Ihr Mann für das Abendessen sorgen soll, dann drücken Sie ihm ein Kochbuch in die Hand. Ohne zu sagen: »Siehe Seite 133.«

➤ Natürlich sollten Sie demjenigen, an den Sie eine Aufgabe delegieren, nicht das Gefühl geben, dass Sie eine anspruchslose Aufgabe abwälzen wollen. Mit ein bisschen emotionaler Intelligenz fällt Ihnen sicherlich ein motivierender Satz ein, der den Reiz der Aufgabe hervorhebt.

➤ Übertragen Sie klar abgegrenzte Aufgaben, und lassen Sie wissen, dass Sie jederzeit offen für Rückfragen sind. Ermutigen Sie den anderen zu eigenen Entscheidungen. Und nehmen Sie Fehler nicht so krumm: Ein verbranntes Steak kann nächstes Mal nur besser werden, fehlende Utensilien sind schnell nachgekauft, ein kurzes Telefonat korrigiert einen falsch vergebenen Auftrag.

➤ Übertragen Sie Verantwortung. Ihr Kind oder Ihr Mitarbeiter sollten für die Aufgabe geradestehen.

➤ Kontrollieren ist gut. Tun Sie es nur, wo es dringend notwendig ist. Vertrauen ist besser. Auch andere können das Kind für Sie schaukeln. Bremsen Sie Ihren Perfektionismus. Jeder erledigt Aufgaben auf seine Art und Weise.

➤ Und sparen Sie vor allem an einem nicht: am Lob.

Gekonnt Gas geben

Verausgaben Sie sich nicht länger unnötig. Konzentrieren Sie Ihre Kräfte auf Ziele und Erfolge. Setzen Sie Prioritäten.

➤ Widmen Sie sich nur Sachen, die Sie entscheidend weiterbringen. Arbeiten Sie neben dem Tagesgeschäft an langfristigen, strategisch wichtigen Aufgaben und Zielen (Seite 116). Nur so initiieren Sie heute Ihre Erfolge von morgen.

➤ Teilen Sie Ihre Aufgaben nach Priorität ein (Seite 120): Wichtig oder Dringend? Wichtigkeit geht vor Dringlichkeit. Nicht alles, was eilig ist, muss auch gemacht werden. Manche Dinge können Sie delegieren, andere sogar ganz sein lassen. Verzetteln Sie sich nicht länger in vielen dringlichen, aber relativ unwichtigen Aktivitäten.

Der Trend zur Selbstverantwortung

Der Trend der Unternehmen, Mitarbeiter zu »selbstverantwortlichen Partnern« zu machen, bringt zwar mehr Freiheit, mehr Initiative, aber auch mehr Druck. Wer sich nicht gut organisieren kann, ist damit überfordert. Arbeitszeit wird zur Vertrauenszeit. Dabei zählt in Zukunft weniger die Anwesenheit als vielmehr das Ergebnis zu einer vereinbarten Zeit. Der Mitarbeiter muss sich, wie Selbstständige und Freiberufler, selbst organisieren. Er muss also lernen, sich auf das Wichtige zu konzentrieren, um den Druck zu minimieren und Raum für Spontaneität und Kreativität zu gewinnen. Anleitung hierzu ab Seite 108.

Vom Faulsein ... und Gasgeben

Wenn nicht jetzt, wann dann?

Zu-erledigen-Berge auf dem Schreibtisch, ungefällte Entscheidungen, die sich stapeln – das sind äußere Blockaden, die sich im Inneren als Unlust breit machen, das innere kleine Faultier zum Gähnen anregen und unseren Arbeits- und Lebensfluss hemmen. Dabei gibt es eine einfache, kleine Methode, die hilft, das Faultier in uns zu zähmen:

Das Direkt-Prinzip

Sofort tun. Wir schieben alle viel zu viele Dinge vor uns her. Doch auch kleine Aufgaben, die liegen bleiben, sorgen in der Addition dafür, dass wir irgendwann überfordert sind und den Berg von Aufgaben, der sich vor uns türmt, scheinbar nicht mehr bewältigen können. Das gilt für die Bügelwäsche wie für den Rückruf beim Freund, für das Buchen der Reise wie für To-do's im Job.

Also: Machen Sie meinen Leitspruch »Wenn nicht jetzt, wann dann?« zu Ihrem. Ganz einfach, indem Sie alle zeitlich überschaubaren Aufgaben direkt erledigen. Erledigtes ist besser als etwas auf einer To-do-Liste Notiertes oder auf einem To-do-Stapel vor sich hin Vegetierendes. Man verschafft sich sofort Erfolgserlebnisse, hat das gute Gefühl, die Kontrolle über den Tag zu haben, und fühlt sich innerlich zufrieden.

Direkt tun, heißt: sofort Erfolg haben. Und sich frei fühlen von unnötigem Ballast.

Das ernten Sie durch das Direkt-Prinzip

■ **Sie sparen Zeit:** Indem Sie eine Aufgabe sofort erledigen, wenn Sie damit konfrontiert werden, erledigen Sie sie schneller, weil Sie ja die Lösung dafür schon im Kopf haben. Sie müssen sich nicht zweimal mit demselben Thema beschäftigen.

■ **Sie halten Maß:** Aufgaben wachsen in dem Maße, wie wir sie vor uns herschieben. Sofortige Erledigung sorgt für minimalen Aufwand. Das gilt für die Bügelwäsche wie für den Posteingang im Job.

■ **Sie vergessen es nicht:** Alles, was Sie sofort erledigen, können Sie nicht vergessen. Sie werden also zuverlässiger.

■ **Sie behalten die Übersicht:** Erledigte Aufgaben können sofort in die Endablage und blockieren weder den Schreibtisch noch den Kopf.

■ **Sie halten Ihren Kopf frei:** Die kleinen Aufgaben wie ein Anruf, eine kurze Rückantwort werden in unserem Kopf zu vielen kleinen Hürden, die uns permanent blockieren. Ersparen Sie sich diese Gedanken-Hürden.

Sie glauben gar nicht, wie einfach es ist, gegen das ewige Aufschieben etwas zu tun. Fangen Sie gleich an.

LEBENSKUNST ZWISCHEN MUSS UND MUßE

Oft ist die beste direkte Entscheidung der Papierkorb.

Die 3-Tages-Regel

Die Erfahrung lehrt: Was Sie nicht innerhalb von 72 Stunden in Angriff nehmen, schieben Sie für immer auf die lange Bank.

Direkt andere einspannen

Delegieren ist eine Sonderform des Direkt-Prinzips. Gekonnt eingesetzt, bringt es allen Beteiligten Erfolgserlebnisse.

➤ Haben Sie also die Möglichkeit zu delegieren, dann tun Sie es direkt und mit ganz klaren Erledigungsanweisungen. »Bitte kauf du doch heute ein. Hier ist die Liste. Ich hab zu viel im Job zu tun.« »Bitte beantworten Sie diesen Brief. Legen Sie ihn mir dann einfach noch mal vor.«

➤ Versichern Sie sich, dass die Aufgabe bei Ihrem Freund, Kollegen, Kind, Partner oder Dienstleister auch angekommen und verstanden ist, damit vermeiden Sie Rückfragen und Frust. Denn niemand kann Gedanken lesen.

Entscheiden Sie direkt

Egal, ob die Freundin anfragt: »Hast du am Samstag Zeit für ein Glas Wein?« oder ob der Kollege Hilfe beim Konzept braucht oder Ihr Kind mit Ihnen in den Zoo will:

➤ Machen Sie es zur Routine, über jede Anfrage, die hereinkommt, sofort eine Entscheidung zu treffen.

➤ Wenn Sie die Aufgabe nicht direkt erledigen können – aus Zeit- oder Termingründen –, dann geben Sie ihr einen Termin, und erledigen Sie sie konsequent zu dem festgelegten Zeitpunkt.

Sie denken, Entscheidungen können niemals nach dem Direkt-Prinzip getroffen werden, weil man ja erst ein bisschen darüber nachdenken will? Falsch. Jede nicht getroffene Entscheidung lähmt. Darum sollten Sie sie gleich fällen:

■ Sichere Entscheidungen gibt es nie: Jede Entscheidung enthält letztlich Unsicherheitsfaktoren. Denn alle notwendigen Informationen können wir uns niemals beschaffen. Daher gibt es keine absolut richtigen oder falschen Entscheidungen. Treffen Sie also lieber eine schnelle Entscheidung nach bestem Wissen als gar keine Entscheidung.

■ Entscheidungen setzen Energien frei: Nutzen Sie den positiven Sog getroffener Entscheidungen. Jede getroffene Entscheidung ist ein großer Schritt in Richtung Aufgabenbewältigung. Er motiviert Sie zum Handeln, setzt Energien frei und schafft Zufriedenheit, die Sie nicht besitzen, wenn Sie sich durch aufgeschobene Entscheidungen lähmen lassen.

Vom Faulsein ... und Gasgeben

Direkt tun – so funktioniert's

Sofort und am Stück

➤ 3-Minuten-Jobs sofort: Bearbeiten Sie ab sofort alle Aufgaben, deren Erledigung nicht mehr als drei Minuten in Anspruch nimmt. Das gilt zum Beispiel für eingegangene Briefe – reagieren Sie mit einer Blitzantwort, indem Sie Ihre kurze handschriftliche Reaktion (direkt auf dem Schreiben) zurückfaxen. Ebenso können Sie es mit E-Mails handhaben – schreiben Sie Ihren Vermerk dazu, und leiten Sie sie sofort weiter.

➤ Rest sofort notieren: Alles, was Sie in den nächsten Tagen erledigen wollen, notieren Sie in Ihrem Kalender an dem entsprechenden Tag. Alles, was Sie in den nächsten Wochen erledigen wollen, schreiben Sie in Ihre monatliche Prioritätenliste.

➤ Alles am Stück: Bündeln Sie Tätigkeiten, die einem ähnlichen Bearbeitungsschema folgen. Durch das Am-Stück-Erledigen vermeiden Sie es, zwischen unterschiedlichem Tun hin und her zu springen (Seite 122).

Jeden Vorgang einmal anschauen

Wichtig ist, dass Sie das Direkt-Prinzip verinnerlichen. Es bedeutet nicht, wild draufloszuarbeiten, sobald eine Aufgabe auf den Tisch kommt. Direkt heißt, dass Sie es grundsätzlich vermeiden sollten, Arbeiten einfach »wegzuschieben«.

➤ Erledigen Sie es sofort,
➤ legen Sie es sofort ab,
➤ planen Sie es sofort,
➤ delegieren Sie es sofort oder
➤ entscheiden Sie sofort, wie, wann, von wem es in Angriff genommen werden soll.

Im günstigsten Fall schaffen Sie es, dass ein Vorgang nur einmal durch Ihre Hände geht.

Notieren Sie sich alles – direkt

➤ Der Weg zum Erfolg führt über »Aufschreiben«. Denn dann geht nichts verloren, und Sie können sich im Zweifel an alles erinnern, beispielsweise wissen Sie immer genau, wann Sie mit jemandem telefoniert haben und was besprochen und vereinbart wurde.

SO MACH ICH ES

Das Superbuch

Kennen Sie die Ratlosigkeit, wenn Sie sich beim Telefonat eine wichtige Nummer notiert haben, den Zettel nicht mehr finden ... Ich habe ein Aufgabenbuch für alles. Das bringt Ordnung und Klarheit in die Selbstorganisation. Ich notiere alles, was sonst auf Zetteln oder To-do-Listen landet oder was ich mir merken will. Sie wollen auch?

➤ Kaufen Sie sich ein dickes, gebundenes DIN-A5-Buch (oder DIN A4) mit mindestens 100 Seiten, blanko. Nummerieren Sie die Seiten, um zu vermeiden, dass Einträge auf Nimmerwiedersehen verschwinden. Schreiben Sie ab heute alles hinein, was Sie erledigen müssen und was Sie sich merken wollen, zum Beispiel: Telefonate (wann, mit wem, was), Dates, Ideen, Anfragen, Projekte, Bestellungen ... Lassen Sie links einen Rand frei für Datum, Nummern, Delegations- und Namenszeichen. Notieren Sie ab heute alles in Ihrem Superbuch, von versprochenen Rückrufen über Ideen zu Projekten bis zum Theaterkarten-Bestellen. Übertragen Sie Aufgaben in Ihren Timer.

LEBENSKUNST ZWISCHEN MUSS UND MUSSE

... zum Nachdenken

Carpe diem –
»Jetzt« ist die beste Gelegenheit

Im Internet kursiert folgende Geschichte: Ein Mann öffnet die Kommodenschublade seiner Ehefrau und holt ein in Seidenpapier verpacktes Päckchen heraus. Es ist nicht irgendein Päckchen, sondern ein Päckchen mit Unterwäsche darin. Er wirft das Papier weg und betrachtet die Seide und die Spitze. »Das habe ich ihr gekauft, als wir zum ersten Mal in New York waren. Das ist jetzt acht oder neun Jahre her. Sie hat es nie getragen, sie wollte es für eine besondere Gelegenheit aufbewahren. Und jetzt, glaube ich, ist diese besondere Gelegenheit gekommen.« Er nähert sich dem Bett und legt die Unterwäsche zu den anderen Sachen, die das Bestattungsinstitut abholen wird. Seine Frau ist gestern gestorben.

Warum diese Geschichte sich durchs Internet bewegt, weiß ich nicht. Wahrscheinlich bewegt ihre Moral viele Menschen so, dass sie sie einfach von Server zu Server mailen: Bewahr nichts für einen besonderen Anlass auf; jeder Tag, den du lebst, ist ein besonderer Anlass. Seit ich diese Worte gelesen habe, kann ich sie nicht vergessen.

Heute lese ich viel mehr als früher und putze weniger. Ich setze mich auf meine Terrasse und genieße die Landschaft, ohne auf das Unkraut im Garten zu achten. Ich verbringe mehr Zeit mit meiner Familie und meinen Freunden und weniger Zeit bei der Arbeit. Ich habe begriffen, dass das Leben eine Sammlung von Erfahrungen ist, die es zu schätzen gilt. Von jetzt an bewahre ich nichts Minderwertiges mehr auf. Ich benutze täglich meine Kristallgläser. Wenn mir danach ist, trage ich mein neues, hochwertiges Jackett, um in den Supermarkt zu gehen. Auch meine Lieblingsdüfte trage ich dann auf, wenn ich Lust darauf habe, anstatt sie für Festtage aufzuheben. Formulierungen wie »Irgendwann mal« oder »Wenn ich erst mal ..., dann« oder »Bei Gelegenheit« oder »Ich muss unbedingt mal wieder« verbanne ich eine nach der anderen aus meinem Vokabular. Wenn es sich lohnt, will ich die Dinge hier und jetzt sehen, hören und machen.

Ich bin mir nicht ganz sicher, was die Frau aus der Geschichte getan hätte, wenn sie gewusst hätte, dass sie morgen nicht mehr sein wird (ein »Morgen«, das wir oft zu leicht nehmen). Ich glaube, dass sie noch ihre Familie und enge Freunde angerufen hätte. Vielleicht hätte sie versucht, ein paar alte Freunde zu treffen, um sich zu versöhnen oder sich zu bedanken für ihre Freundschaft. Der Gedanke, dass sie vielleicht noch zu ihrem Lieblingsitaliener essen gegangen wäre, gefällt mir sehr.

Es sind diese kleinen unerledigten Dinge, die mich sehr stören würden, wenn ich wüsste, dass meine Tage gezählt sind. Ich würde es bedauern, gewisse Freunde nicht mehr gesehen zu haben, mit denen ich mich »unbedingt mal wieder« in Verbindung hätte setzen wollen. Bedauern, nicht die Briefe geschrieben zu haben, die ich »bei Gelegenheit« schreiben wollte. Bedauern, meinen Nächsten nicht oft genug gesagt zu haben, wie sehr ich sie liebe. Jetzt verpasse, verschiebe und bewahre ich nichts mehr, was mir Freude und Lächeln in mein Leben bringen könnte. Ich sage mir, dass jeder Tag etwas Besonderes ist. Jeder Tag, jede Stunde, jede Minute ist etwas Besonderes.

Vom Faulsein ... und Gasgeben

Erfolgreiche buchen einen Coach

Steffi Graf hatte ihn, Michael Schumacher hat ihn noch. Den persönlichen Coach, der sie regelmäßig und konsequent voranbringt, unterstützt, motiviert, neue Möglichkeiten aufzeigt, auch wenn sie meinen, alles schon längst zu können. Für Spitzenleistung ist ein persönlicher Coach unersetzlich, denn »An der Spitze zu stehen ist immer noch zu weit hinten ...« (Szenespruch)

Ein Coach fördert und fordert. Hilft, Ziele zu definieren und zu erreichen.

Training vom Feinsten

In der Business-Welt ist persönliches Coaching seit einigen Jahren zu einer Selbstverständlichkeit geworden. Unternehmer, Manager und aufstiegsorientierte Führungskräfte buchen sich regelmäßig ihren Coach. Der bekannteste, beste und – so ist das eben im Geschäftsleben – teuerste Erfolgscoach ist Anthony Robbins (Seite 105). Sein Coaching-Honorar beträgt 1 000 000 Dollar jährlich, pro Klient. Neben Top-Unternehmern zählten auch Andre Agassi *(vor* seinem Wimbledon-Sieg!), der US-Präsident Bill Clinton während seiner Amtszeit und andere Prominente zu seiner Klientel. Auf die Frage, ob seine Unternehmer-Klienten nach ein paar Jahren sein Coaching denn überhaupt noch nötig hätten, antwortet Tony Robbins: »Nein, überhaupt nicht. Aber sie möchten diesen persönlichen fordernden Begleiter und diesen kontinuierlichen Verbesserungsprozess nicht missen.« *(www.tonyrobbins.com)*

Was macht so ein Coach? Er ist eine unabhängige Vertrauensperson, der man regelmäßig Rede und Antwort steht über seine Visionen, Ziele, Lebensprioritäten, Umsetzungsschritte (»Action Steps«), Erfolgs- wie Misserfolgserlebnisse. Er gibt ein Feedback. Und man findet in ihm einen Sparringspartner, der mit einem auf dem Feld der Karriere, auf dem Tennisplatz oder im Boxring so richtig in den Clinch geht. Immer tritt man gefestigter daraus hervor.

Tony Robbins kann ich mir nur in einem Hörsaal mit 2 000 anderen leisten. Darum engagiere ich mir (mit viel »Vitamin B«) die Beste aus der Robbins-Crew. Jedes Treffen kostet ein kleines Vermögen – aber es ist gut investiert, weil ich Gelerntes sofort wieder in meiner Arbeit umsetzen kann.

Der Einstieg ins Coaching

Vor unserem ersten Treffen bekam ich persönliche Hausaufgaben (»Assignments«), Fragen, die ich beantworten sollte:

1. Wie lauten Ihre Ziele für das nächste Jahr?
2. Was wollen Sie konkret in jedem Ihrer Lebensbereiche erreichen?

227

3. Was wollten Sie im vergangenen Jahr erreichen, und haben Sie alle Ihre Ziele erreicht?
4. Wenn ja, waren Ihre Ziele zu niedrig angesetzt? Und warum?
5. Wenn nein, was hinderte Sie daran?
6. Was ist das Wichtigste für Sie in Ihrem Leben? Was treibt Sie am stärksten an?
7. Wo sehen Sie Ihre Grenzen?
8. Wofür sind Sie besonders dankbar?
9. Was möchten Sie mit diesem Coaching erreichen?
10. Wie funktioniert Coaching bei Ihnen am besten, welcher Typ Coach passt zu Ihnen?

Sie sehen, alles sehr »einfache« Fragen, die zugehörigen Antworten kann doch jeder locker aus dem Ärmel schütteln …? Nein, es ging nicht so locker. Mich kostete das einen Sonntag Zeit. Zeit, die ich gern investierte.

Wie läuft so ein Coaching ab?

Bei jedem Treffen werden die Ziele und Themen (»Topics«) für die aktuelle Coaching-Sitzung überprüft, Umsetzungsschritte (»Action Steps«), Folgemaßnahmen (»Follow-ups«) und Erfolgskontrollen für das nächste Mal festgelegt sowie die nächste Sitzung (»the next step«) mit konkretem Termin und Treffpunkt festgelegt.

Die Dinge auf den Punkt bringen

Anders als auf dem Tennisplatz oder im Boxring ist ein Austricksen nicht möglich. Ein guter Coach merkt sofort alles und fasst konsequent, je nach Situation auch unerbittlich oder einfühlsam nach, bis die Dinge auf den Punkt gebracht sind. Bis das Problem kein Problem mehr ist, sondern eine Lösung. Bis die abstrakte Vision in ein konkretes Bild gefasst ist. Bis das Ziel in seine einzelnen Schritte zerlegt ist, so dass die zu hohe Erwartung an sich selbst nicht mangels Erfolg in sinkendem Selbstwert mündet. Auch Erfolgreiche sind nicht vor Misserfolgen gefeit.

Besonders hilfreich kann die Unterstützung auch im Kampf gegen das innere kleine Faultier sein. Indem einen jemand dorthin tritt, wo man sonst drauf zu sitzen pflegt …

Ein Vertrauensverhältnis

Anders als Referenten und Trainer klassischen Stils, die trockene Methoden oder ausgefeilte Werkzeuge (»Tools«) ohne Ende aus ihrem Koffer präsentieren, bringt ein guter Coach vor allem auch die eigenen Erfahrungen, Sichtweisen und gelösten Lebensprobleme ein. Ohne jedoch den Anspruch zu erheben, Vorbild zu sein. Es entsteht dann ein starkes, fast intimes Vertrauensverhältnis, getragen von Offenheit, Wertschätzung und Akzeptanz. Ein interaktives, warmes Miteinander, trotz Nähe mit respektvoller Distanz – professionell eben.

Coaches gibt es für viele Bereiche

Abnehmen, Beziehungen, Burn-out, Fitness, Führungskompetenz, Konfliktmanagement, Lebens- und Karriereplanung, Leistungsmotivation, Styling, Teamarbeit, Veränderungsprozesse, Work-Life-Balance … Weitere Infos einschließlich Tipps, worauf Sie bei der Auswahl Ihres Coachs achten sollten, finden Sie bei *www.coaching.de*
Außerdem sehr empfehlenswert: *www.q-pool-100.de* – die offizielle Qualitätsgemeinschaft internationaler Wirtschaftstrainer und -berater (deren Mitglied ich bin).

Nachschlag

Es liegt ganz in Ihrer Hand …

Es war einmal ein alter weiser Mann, der alle wichtigen Erfahrungen im Leben gemacht und alle großen wie kleinen Probleme gelöst hatte. Er lebte zurückgezogen in einer großen weißen Villa, umgeben vom Meer auf einer wunderschönen Insel.

Eines Tages beschlossen einige junge, vorwitzige Leute, diesem alten weisen Mann seine Grenzen zu zeigen: Einer von ihnen würde einen kleinen Vogel zwischen seinen Händen halten. Und sie wollten den Weisen fragen, ob dieser Vogel tot oder lebendig sei. Ihr Trick: Egal wie der alte weise Mann antworten würde, seine Antwort wäre immer falsch. Lautete sie: »Der Vogel ist tot«, so würde der mit dem Vogel seine Hände öffnen und den Vogel lebendig wegfliegen lassen. Antwortete er aber: »Der Vogel ist lebendig«, so würde der junge Mann das arme Tier zwischen seinen Händen zerquetschen, und der Alte hätte wiederum die falsche Antwort gegeben.

So brachen die vorlauten jungen Leute zur Villa des alten weisen Mannes auf, um ihn auf die Probe zu stellen. Sie wurden freundlich hereingebeten, herzlich empfangen, und nachdem sie eine Tasse Tee miteinander getrunken hatten, fragte der Alte die Heißsporne: »Liebe Freunde, was kann ich für euch tun?«

Der Wortführer der Gruppe baute sich vor ihm auf und hielt den Vogel zwischen seinen beiden Händen. Frohlockend stellte er seine hinterlistige Frage: »Alter weiser Mann, der du alle Probleme in deinem Leben so vortrefflich gelöst hast, wir haben eine Frage an dich, die du garantiert nicht richtig beantworten kannst! Ich habe hier in meiner Hand verborgen einen kleinen weißen Vogel, und ich frage dich: Ist dieser Vogel tot oder lebendig?« Und die ganze Gruppe freute sich schon darauf, den Erfahrenen einmal ratlos zu sehen.

Der alte weise Mann schaute eindringlich in die erwartungsfrohen Gesichter seiner Besucher, lächelte und antwortete: »Ob der Vogel tot oder lebendig ist, meine lieben jungen Freunde, das liegt ganz in eurer Hand …«

Und was Sie, liebe Leserin, lieber Leser, aus diesem Buch für sich herausnehmen und umsetzen – das liegt ganz in Ihrer Hand …

Management by Bumerang heißt Faulheit und Erfolg. Nicht Karriere oder Familie. Nicht Stress oder Lebensglück. Sondern Lebenskunst zwischen Muss und Muße. Work-Life-Balance: Arbeit und Leben im Gleichgewicht.

ZUM NACHSCHLAGEN

Das ABC des Bumerang-Prinzips

- **Adrenalin-Zeitalter:** Das Stresshormon Adrenalin regiert im Tempoland. Die WHO erklärt Stress zur größten Gesundheitsgefahr des Jahrhunderts. (Seite 30)
- **Aufschieberitis:** Die Tendenz, alles vor sich herzuschieben. Zu Bergen anzuhäufen, die sich leider nicht von selbst erledigen, sondern Zeit und Energie rauben. (Seite 223)
- **Bär:** Ein durchaus viel Sinn ins Leben bringendes Objekt mit Fell. (Seite 45)
- **Bumerang-Prinzip:** All die Techniken, Ideen, Gedanken, die den Balance-Akt zwischen Muss und Muße ermöglichen und Sie auf den Auftriebskräften des Lebens segeln lassen. (Seite 9, 12)
- **Burn-out-Syndrom:** Der Zustand totaler Erschöpfung, der sich einstellt, wenn die vier Lebensbereiche nicht ausbalanciert sind. (Seite 60)
- **Chronos:** Der Gott der Pünktlichkeit. (Seite 37)
- **Coaching:** Professionelle, persönliche Anleitung, Training im Zwiegespräch. (Seite 227)
- **Direkt-Prinzip:** »Tu es sofort!« – durch Entscheiden, Terminieren, Erledigen, Delegieren oder Ausmisten. (Seite 223)
- **Effektivität:** Effektiv zu sein heißt, konsequent Prioritäten zu setzen, also das Richtige zu tun. Zum Erfolg führt die Kombination mit → Effizienz. (Seite 120, 215)
- **Effizienz:** Effizient arbeiten bedeutet, die Dinge, die Sie tun, richtig zu tun, das heißt zum Beispiel mit einem bestimmten Output in der kürzesten Zeit.
- **EKS (Engpass-Konzentrierte Strategie):** Mit ihr lernen Sie sich auf eine Aufgabe zu spezialisieren und Ihre Kräfte zu konzentrieren. Um Spitzenleistung zu bringen. Die wichtigsten Prinzipien der EKS heißen: Konzentration der Kräfte; Engpass erkennen und beseitigen; anderen einen Nutzen bieten. (Seite 61)
- **Erfolg:** Etwas, das sich tagtäglich neu einstellt. Die Zufriedenheit mit der eigenen Leistung, mit dem eigenen Leben. Das Ergebnis steten geplanten Handelns. Das Maß für persönlichen Erfolg ist nicht Geld, sondern → Flow.
- **Faultier, inneres kleines:** Ein wunderbarer Bewohner unserer Seele, der uns Müßiggang lehrt. Aber manchmal steckt uns sein Gähnen zu sehr an. (Seite 123)
- **Flow:** Das völlige Aufgehen in einer Tätigkeit, das Schaffensglück pur. (Seite 64)
- **50-50-Regel:** Faustformel für Ihre Planung. Sie sollten demnach nur 50 Prozent Ihrer verfügbaren Zeit fest verplanen. Die restlichen 50 Prozent sollten Sie für unerwartete Aktivitäten wie Störungen und Zeitdiebe einplanen, für Flexibilität, für spontane soziale Aktionen wie Telefonate, Gespräche und Mini-Events. (Seite 122)
- **Glaubenssätze:** Mentale Gitterstäbe, die uns vorantreiben im Leben oder bremsen. (Seite 139)
- **Glück** ist das, was Menschen unter Glück verstehen. Jeder hat eine andere Definition. Zum Beispiel ist Glück, was »… im Alltag in konkreten Beziehungen und Situationen erfahrbar ist – und zu einem sinnerfüllten Leben führt« (Glücksforscher Mihaly Csikszentmihalyi). (Seite 13)
- **Hetzkrankheit:** Das Leben im Temporausch macht physisch und psychisch krank. Langsamer ist schneller, wenn Sie die Dinge, die Sie tun, konzentriert erledigen und sich nicht unter Druck setzen lassen. (Seite 33)
- **Joy-Break:** Spaßpause, die man immer wieder einlegen sollte, weil Lachen Stress wegprustet und das Leben verlängert. (Seite 85)
- **Kairos:** Der Gott des Müßiggangs, der unverplanten Zeit. (Seite 37)
- **Langsamkeit:** Das, was Bewohner des Tempolandes unbedingt entdecken sollten. (Seite 200)
- **Leadership** bedeutet, die Dinge nicht nur zu managen, also die besten Techniken und Methoden für Effektivität und Effizienz zu kennen, sondern sein Leben eigenverantwortlich zu bestimmen und authentisch zu leben.
- **Lebensbalance-Modell:** Ihr Ziel sollte es sein, alle Lebensbereiche – Arbeit, Körper, Beziehungen und Sinn – in Balance zu bringen. Nicht quantitativ mit Zeit, sondern qualitativ: sinnvoll. (Seite 59)

Glossar

- **Life-Leadership:** Ein von mir geprägter Begriff, der zum Ausdruck bringen soll, wie wichtig die ganzheitliche Sichtweise unseres Umgangs mit der Zeit ist. Ein Leben lang. (Seite 12)
- **Mind-Map:** Eine kreative Denk- und Schreibtechnik, die es erlaubt, komplizierte Zusammenhänge mit wenigen Symbolen strukturiert und ballastfrei darzustellen. (Seite 187)
- **Motivatoren-Analyse:** Mit ihr finden Sie heraus, welche Knöpfchen gedrückt werden können, um Sie zu Höchstleistungen zu bringen. (Seite 171)
- **Muße:** Ein in unserem Sprachgebrauch aussterbendes Wort. Das tätige Nichtstun, das uns das Muss fröhlich erleben lässt. (Seite 20)
- **Net(t)working:** Nicht konkurrieren, sondern kooperieren: Gemeinsam ist man stark. (Seite 62)
- **NLP:** Kurzform für Neuro-Linguistisches Programmieren. Die Methode hilft dabei, falsche Glaubenssätze im Gehirn zu löschen. (Seite 102)
- **Paradigmenwechsel:** Ein Paradigma im Sinne der Persönlichkeitsentwicklung ist ein mentales Modell, nach dem die Menschen bewusst oder unbewusst leben. Hinderliche, einschränkende Glaubenssätze muss man »löschen«, um im Leben voranzukommen. (Seite 139)
- **Pareto-Prinzip:** Der italienische Ökonom Vilfredo Pareto entwickelte das Prinzip der Prioritätensetzung nach der 80/20-Regel. Demnach erreichen wir in allen Lebensbereichen in 20 Prozent der richtig eingesetzten Zeit 80 Prozent unserer Erfolge. (Seite 215)
- **Peter-Prinzip:** Der Adler endet als Suppenhuhn. Das heißt, auf der Erfolgsleiter so weit hinaufklettern, bis man die persönliche Stufe der Unfähigkeit erreicht. (Seite 35)
- **Prioritäten:** Lernen Sie, konsequent Prioritäten zu setzen. Teilen Sie alle eingehenden Aufgaben sofort nach ihrer Wichtigkeit und Dringlichkeit ein: wichtig und dringend (Reich der Stoppuhr); wichtig, aber nicht dringend (Königreich des Kompass); unwichtig, aber dringend (Reich des Trubels); weder wichtig noch dringend (Reich des Banalen). (Seite 120)
- **Reiss-Profil:** Es hilft Ihnen, die Werte in Ihrem Leben zu finden, die Ihnen wirklich wichtig sind. Es analysiert die Motive, die Menschen antreiben, zu tun, was sie tun. (Seite 132)
- **Säbelzahntiger:** Prähistorische, gestreifte große Wildkatze mit unglaublich langen Zähnen. Leider ausgestorben. (Seite 149)
- **Serotonin-Zeitalter:** Die Epoche, die mit dem Glückshormon Serotonin die Diktatur des Adrenalins ablöst. Die Zeichen: ein entschleunigter Umgang mit der Zeit, in der das Erleben mit allen Sinnen wieder zählt. (Seite 37)
- **Simplify-Bewegung:** Auf dem Höhepunkt der Komplexität und Hektik begeben sich viele Menschen wieder auf die Suche nach dem einfachen, dem puren Leben. (Seite 194)
- **Sinn** → Glück
- **SMART-Formel:** Mit ihrer Hilfe können Sie Ihre Ziele so konkret formulieren, dass sie auch erreichbar werden: S = spezifisch, M = messbar, A = aktionsorientiert und affirmativ, R = realistisch, T = terminiert. (Seite 117)
- **Stress:** Nicht nur Bedrohung, sondern Herausforderung. Stress macht den Geist hellwach, den Körper bereit zum Handeln (Eustress). Ist Voraussetzung für Flow. Nur zu viel Stress macht uns krank (Disstress). (Seite 148)
- **Vision:** Ein genaues, inneres Bild von dem, was wir erreichen möchten. Eine Vision sollte so klar und fest verinnerlicht sein, dass wir sie gleich einer Mission konsequent verfolgen. (Seite 109)
- **Zeitdiebe:** Wir alle sind von Dieben umgeben, die sich unbemerkt ins Leben einschleichen. Die wichtigsten: Die Unfähigkeit, Nein zu sagen; keine oder unklare Ziele, fehlende Prioritäten-/Tagesplanung; Unterbrechungen; überflüssige Besprechungen; Bürokratismus und Papierkram; unangemeldete Besucher, Störungen; Aufschieben unangenehmer Aufgaben; Überperfektionismus; mangelnde Konsequenz, Selbstdisziplin; fehlerhafte Kommunikation. (Seite 79)
- **Zeitwohlstand:** Immer mehr Menschen wird bewusst, dass ihr kostbarstes Gut Zeit heißt. Sie reduzieren Arbeitszeit, leben mit weniger Geld. Zeitwohlstand ist ihnen wichtiger. (Seite 39)
- **Zielplanung:** Viele glauben zwar, Ziele zu haben. Diese bringen sie aber oft nicht vorwärts. Entscheidend für die Zielplanung ist das Prinzip der Schriftlichkeit. Ziele, die nicht konkret mit Termin und Umsetzungsschritten aufgeschrieben werden, will man nicht erreichen. (Seite 116)

ZUM NACHSCHLAGEN

Bücher, die weiterhelfen

Zeit & Karriere

Adams, Bob: **The Everything Time Management Book.** Avon: Adams Media Corporation, 2001

Covey, Stephen R.: **Der Weg zum Wesentlichen.** Frankfurt und New York: Campus, 1999

Friedrich, Kerstin / Seiwert, Lothar / Geffroy, Edgar: **Das 1 x 1 der Erfolgsstrategie. EKS – Erfolg durch Spezialisierung.** 8. Aufl. Offenbach: Gabal, 2002

Geißler, Karlheinz A.: **Vom Tempo der Welt. Am Ende der Uhrzeit.** Freiburg: Herder, 1999

Hawking, Stephen: **Eine kurze Geschichte der Zeit.** Hamburg: Rowohlt, 2000

Jensen, Bill: **Simplicity.** New York: Perseus Books, 2000

Koch, Richard: **Das 80/20-Prinzip. Mehr Erfolg mit weniger Aufwand.** Frankfurt und New York: Campus, 1998

Levine, Robert: **Eine Landkarte der Zeit.** München und Zürich: Piper, 1998

LexmarkTM-Studie: **Zeitmanagement im Privat- u. Geschäftsleben.** Dietzenbach: Lexmark Deutschland GmbH, Oktober 2001 (www.lexmark.de)

Maiwald, Josef: **Zeit gewinnen.** München: Markt & Technik, 2001

Rechtschaffen, Stephan: **Zeit zum Leben – den Augenblick genießen.** München: Goldmann, 2001

Reuther, Heike: **Berufliche Auszeit.** München: Gräfe und Unzer, 2002

Schneider, Wolf: **Die Sieger: Wodurch Genies, Phantasten und Verbrecher berühmt geworden sind.** Hamburg: Gruner + Jahr (Sternbuch), 1992

Seiwert, Lothar: **Das neue 1x1 des Zeitmanagement. Zeit im Griff, Ziele in Balance.** 24. Aufl. München: Gräfe und Unzer, 2002

Seiwert, Lothar: **Mehr Zeit für das Wesentliche.** 20. Aufl. München: Redline Wirtschaft, 2002

Seiwert, Lothar: **Wenn Du es eilig hast, gehe langsam. Das neue Zeitmanagement in einer beschleunigten Welt.** 8. Aufl. Frankfurt, New York: Campus, 2002

Seiwert, Lothar / Kammerer, Doro: **Endlich Zeit für mich! Wie Frauen mit Zeitmanagement Arbeit und Privatleben unter einen Hut bringen.** 2. Aufl. Landsberg: mvg, 2000

Smith, Hyrum W.: **The 10 Natural Laws of Successful Time and Life Management.** New York: Warner Books, 1994

White, Jennifer: **Work Less, Make More.** New York: Wiley, 1999

Erfolgreich leben

Baur, Eva Gesine: **Der Luxus des einfachen Lebens.** München: dtv, 1999

Baur, E. G. / Schmid-Bode, W.: **Glück ist kein Zufall.** München: Gräfe und Unzer, 2000

Birkenbihl, F. Vera / Christiani, Alexander / Schäfer, Bodo / Strunz, Ulrich: **Meilensteine zum Erfolg.** Landsberg: mvg, 1999

Birla, Madan: **Balanced Life and Leadership Excellence.** Collierville, TN: The Balance Group, 1997

Birla, Madan: **Erfolgreich arbeiten, glücklich leben.** Landsberg: mvg, 2001

Covey, Stephen R.: **Die sieben Wege zur Effektivität.** Frankfurt und New York: Campus, 2001

Csikszentmihalyi, Mihaly: **Flow. Das Geheimnis des Glücks.** Stuttgart: Klett-Cotta, 1998

Csikszentmihalyi, M.: **Lebe gut.** München: dtv, 2001

Enkelmann, Nikolaus B.: **Der Kennedy-Effekt. Mit Charisma zu Macht und Einfluss.** Frankfurt und Wien: Redline Wirtschaft, 2002

Fuchs, Helmut / Huber, A.: **Die 16 Lebensmotive. Was uns wirklich antreibt.** München: dtv, 2002

Gelb, Michael J.: **Das Leonardo Prinzip. Die sieben Schritte zum Erfolg.** Köln: vgs, 1998

Küstenmacher, Werner Tiki / Seiwert, Lothar: **Simplify Your Life. Einfacher und glücklicher leben.** 7. Aufl. Frankfurt und New York: Campus, 2002

Löhr, Jörg / Pramann, Ulrich: **So haben Sie Erfolg.** München: Südwest, 2001

Mayer, Jeffrey J.: **Machen Sie Ihre Träume wahr.** Landsberg: mvg, 2000

McCraw, Phillip C.: **Lebensstrategien.** Landsberg: mvg, 2000

Seiwert, Lothar: **Life-Leadership. Sinnvolles Selbstmanagement für ein Leben in Balance.** Frankfurt und New York: Campus, 2001

Gefühle & Mentales

Bandler, Richard / Grinder, John: **Neue Wege der Kurzzeittherapie. Neurolinguistische Programme.** Paderborn: Junfermann, 1997

Bonneau, Elisabeth: **Erfolgsfaktor Smalltalk.** München: Gräfe und Unzer, 2002

Bücher, die weiterhelfen

Christiani, Alexander: **Weck den Sieger in Dir. In 7 Schritten zu dauerhafter Selbstmotivation.** Wiesbaden: Gabler, 2000

Dilts, Robert B.: **Identität, Glaubenssysteme und Gesundheit. Höhere Ebenen der NLP-Veränderungsarbeit.** Paderborn: Junfermann, 1997

Ellis, Albert: **Grundlagen u. Methoden der Rational-Emotiven Therapie.** Stuttgart: Klett-Cotta, 1997

Ellis, Albert: **Training der Gefühle. Wie Sie sich hartnäckig weigern, unglücklich zu sein.** Landsberg: mvg, 1996

Enkelmann, Claudia E.: **Die Venus-Strategie. Ein unwiderstehlicher Karriereratgeber für Frauen.** Frankfurt und Wien: Redline Wirtschaft, 2001

Frankl, Viktor E.: **Der leidende Mensch. Anthropologische Grundlagen der Psychotherapie.** München: Piper, 1988

Frankl, Viktor E.: **Die Sinnfrage in der Psychotherapie.** München: Piper, 1990

Hellmann, Alfred: **Disziplin für Faule oder Wie man es trotzdem schafft.** Landsberg: mvg, 2001

Herzog, Dagmar: **Die Kraft der Emotionen.** München: Gräfe und Unzer, 2001

Hofmann, Inge: **Lebe faul, lebe länger. Warum sich Müßiggang lohnt.** München: Mosaik, 2002

Holdau, Felicitas: **Einfach gut drauf. Tolle Gute-Laune-Macher.** München: Gräfe und Unzer, 1999

Klein, Susanne: **Trainingstools. 19 Methoden aus der Psychotherapie.** Offenbach: Gabal, 2001

Morris, Tom: **Philosophie für Dummies.** Bonn: mitp, 2000

Reiss, Stephen: **Who Am I? The 16 Basic Desires That Motivate Our Behavior and Define Our Personality.** New York: Tarcher-Putnam, 2000

Robbins, Anthony: **Das Robbins Power Prinzip. Wie Sie Ihre wahren inneren Kräfte sofort einsetzen.** München: Heyne, 2001

Robbins, Anthony: **Grenzenlose Energie. Das Power Prinzip.** München: Heyne, 2000

Rüttinger, Rolf: **Transaktions-Analyse.** Heidelberg: Sauer-Verlag, 2001

Sator, Günter: **Feng Shui.** München: Gräfe und Unzer, 1997

Schaffelhuber, Stefan: **Inner Coaching für Manager.** München: Langen-Müller, 1991

Schimmel-Schloo, Martina / Seiwert, Lothar J. / Wagner, Hardy (Hrsg.): **PersönlichkeitsModelle.** Offenbach: Gabal, 2002

Schwarz, Aljoscha / Schweppe, Ronald: **Licht für die Seele. Raus aus dem Stimmungstief.** München: Gräfe und Unzer, 1999

Seiwert, Lothar / Gay, Friedbert: **Das 1x1 der Persönlichkeit. Sich selbst und andere besser verstehen mit dem DISG-Persönlichkeits-Modell.** 8. Aufl. Offenbach: Gabal, 2001

Wilson, Paul: **Zur Ruhe kommen.** Hamburg: Rowohlt, 1998

Fit & gesund

Fischer-Reska, Hannelore: **Das Heilzonen-Buch. Ganzheitliche Selbstbehandlung mit Energiemedizin.** München: Gräfe und Unzer, 2001

Frank, Gunter: **Gesundheitscheck für Führungskräfte.** Frankfurt und New York: Campus, 2001

Grillparzer, Marion: **Die magische Kohlsuppe – das Kultbuch.** München: Gräfe und Unzer, 2002

Grillparzer, Marion: **Fatburner. So einfach schmilzt das Fett weg.** München: Gräfe und Unzer, 1999

Johnen, Wilhelm: **Muskelentspannung nach Jacobson.** München: Gräfe und Unzer, 1999

Klitschko, Vitali und Wladimir: **Unser Fitnessbuch.** München: Gräfe und Unzer, 2002

Langen, Dietrich: **Autogenes Training.** München: Gräfe und Unzer, 2001

Lockstein, C. / Faust, S.: **Relax! Der schnelle Weg zu neuer Energie.** München: Gräfe und Unzer, 2001

Löhr, Jörg / Spitzbart, Michael / Pramann, U.: **Mehr Energie fürs Leben.** München: Südwest, 2000

Mansmann, V.: **Total erschöpft. Neue Energie durch Naturheilmittel.** München: Gräfe und Unzer, 2001

Rüdiger, Margit: **Power-Walking.** München: Gräfe und Unzer, 2001

Scheppach, Joseph: **Leben im Einklang mit der inneren Uhr.** München: Goldmann, 1996

Strunz, Ulrich: **Forever young. Das Erfolgsprogramm** und **Das Ernährungsprogramm** und **Das Leicht-Lauf-Programm** (Buch mit CD) und **Das Muskelbuch.** Alle München: Gräfe und Unzer, 1999 ff.

Trökes, Anna: **Das große Yoga-Buch.** München: Gräfe und Unzer, 2000

Wade, Jennifer / Starringer, Gudrun: **Basic Fitness.** München: Gräfe und Unzer, 2001

Zulley, Jürgen / Knab, Barbara: **Unsere Innere Uhr.** Freiburg: Herder, 2000

Zeitschriften (monatlich): **Psychologie Heute; Lothar J. Seiwert-Brief. Work-Life-Coaching** (www.coaching-briefe.de)
Internet-Dienste: www.wissenschaft.de
www.aerztezeitung.de

ZUM NACHSCHLAGEN

Heinzelmännchen online

Nicht lange suchen

- Lexika: *www.wissen.de, www.networks.de* (Weg durchs Computer-Kauderwelsch)
- Fremdwörter: *www.langenscheidt.aol.de/* Fremdwörterbuch, Online-Übersetzungen, Wörterbücher (jeweils englisch) *www.grass-gis.de/bibliotheken/woerterbuecher.html* Englisch: *http://dict.leo.org* Französisch, spanisch, italienisch …: *http://santana.uni-muenster.de* Alles, was es sonst noch an Sprachen gibt: *www.yourdictionary.com/languages.html*
- Zeitschriftenartikel kostenlos oder gegen eine geringe Gebühr bei *www.genios.de* abrufbar.

Reminder

- Erinnern per E-Mail, SMS oder Fax an Termine wie Geburts- oder Hochzeitstage …: *www.hermes24.de, www.geburtstagskalender.com, www.terminmaschine.de*
- Web-Organiser sind mobile Offices, also Terminkalender und Kommunikationsplattform (SMS, E-Mail, Faxe, Sprachnachrichten): *www.freenet.de* (gratis, Termine per Telefon abfragen), *www.daybyday.de, www.migno.de*
- Zeitplansysteme: *www.tempus.de*

Reise

- Fahrkarten und Zugauskunft: *www.bahn.de, www.ltur.de, www.travel-overland.de, www.expedia.de*
- Flüge und Flugverbindungen: *www.lufthansa.com*
- Hotelreservierung weltweit mit dem »hotel reservation service« *www.hrs.de*
- Autos mieten, Flüge und Hotels online buchen: *www.vermieterzentrale.de*

Umzug

- *www.umzug24.de* bietet Umzugsplaner, Checkliste, Umzugsshop (alles, was sich online erledigen lässt, Umzugskartons, Möbel etc.), *www.relocation.de*

An Dienstleister delegieren

- »Agentur ohne Grenzen« vermittelt Babysitter, Leih-Omas, Kinderfrauen, Nachhilfelehrer, Haustier-Sitter, Putzhilfen, Handwerker, Gartenhelfer, Seniorenbetreuer: *www.aog-online.de* Babysitter: *www.leihopa.de* Handwerker: *www.ts24.de*
- ADAC: Tel. *01805-101112,* Wagen in die Werkstatt

Geschenke

- *www.lifeforyou.de,* großes Geschenkportal
- *www.yousmile.de, www.geschenkekurier.de,* liefern an die Adresse der Wahl, bis 22.00 Uhr, erspart Weg zum Geschäft, einpacken, Weg zur Post
- Ausgefallene Geschenke: *www.desaster.com, www.proidee.de, www.manufactum.de*
- Mit Beratung/Assistent: *www.schenkbar.de*
- Glückwunsch-Mails: *www.wondergreetings.de*
- Blumensträuße: *www.fleurop.de* (mit Reminder-Service), *www.blume2000.de, www.valentins.de, www.kordes-rosen.de* (schöne Rosensträuße oder -stöcke)
- Gutscheine von 5 bis 5000 Euro unter: *www.calido.de, www.cadooz.de*
- Spielzeug: *www.primus-toys.de, www.playmobil.de, www.disney.de, www.drachenshop.de, www.comicfriends.com* für ältere Kinder: *www.sharperimage.com*
- Sterne schenken: *www.mystar.de*
- Für Süßmäuler: *www.schulz.ch* (alles vom Schweizer Zuckerbäcker)
- Wein: *www.weinexpress.de* (vier Abo-Lieferungen pro Jahr), *www.hawesko.de*
- Zeitung vom Geburtstag verschenken: *www.geschenkzeitung.de*

Heinzelmännchen online

Lebensmittel & Co.

- Kompletter Einkauf mit Lieferung:
  www.easyeinkauf.de, www.kaisers.de,
  www.karstadt.de, www.kaufhof.de,
  www.lebegesund.de (Bio-Lebensmittel),
  www.onkelemma.de
- Babynahrung: Kinderbrei direkt vom Hersteller
  www.hipp.de
- Gummibärchen: www.baeren-treff.de
- Kaffee: www.coffee-nation.de
- Schoki: www.leysieffer.de
- Tee: www.der-teeladen.de
- Watercooler: www.revos.de,
  www.watercooler.de, www.kenosha.de,
  www.healthy-water.de, www.kristallklar.de,
  www. aquador.de
- Weine aus aller Welt: www.weinhalle.de,
  www.hawesko.de
  Wein aus Südtirol www.chebello.com

Shoppen

- www.easyeinkauf.de, www.leshop.de,
  www.tchibo.de
- Bücher: www.amazon.de, www.bol.de
- Drogerieartikel, Lebensmittel, Haushalt,
  Druckerpatronen etc.: www.schlecker.com
- DVD-Verleih: www.conrad.de
- Fitness, Schönheit, Musik, Hobby, Haushaltswaren: www.tvshop.de
- Fitnessgeräte: www.fitnessadresse.de,
  www.sportco.de, www.w-o-w.de
- Haushaltswaren und Elektronikartikel:
  www.ieq.de
- Hi-Fi: www.otto.de
- Medikamente: www.0800docmorris.com,
  Internet-Apotheke, bequem und billiger, aber
  Vorsicht bei rezeptpflichtigen Arzneien!
- Mode: www.dress-for-less.de – Deutschlands
  führender Online-Outlet für Designermode,
  über 1 500 geprüfte Modeartikel von mehr
  als 100 Designer-, Trend- und Modemarken bis
  70 Prozent reduziert.

Die 5·6·7-Methode

Wenn Sie das eine oder andere Thema des Buches konsequent trainieren und umsetzen wollen, hilft Ihnen die 5·6·7-Methode:

- **5** Minuten fokussiert lernen,
- **6** Stunden umsetzen,
- **7** Minuten Feedback geben.

Gehen Sie dazu ins Internet unter: *www.bumerang-prinzip.de/567-Methode;* Sie können unter verschiedenen 5·6·7-Modulen wählen. Ein Modul inklusive abschließendem Wissenstest kostet 1 Euro.

Zu allen Strategien, Methoden und Tests, die in diesem Buch vorgestellt werden, nennen wir jeweils an Ort und Stelle weiterführende Internet-Adressen. Diese wiederzufinden hilft Ihnen das Register auf Seite 236/237.

- Tickets für Theater, Kabarett, Fußball, Konzerte:
  www.getgo.de
- Vitaminpillen: www.vitalstoffe.de,
  www.med-markt.de, www.medizinshop.de

Secondhand

- Der weltweite Online-Marktplatz Nr. 1 zum
  »Kaufen und Verkaufen« mit Kultstatus:
  www.ebay.de
  Hier gibt es einfach alles.

Dies ist eine subjektive und daher unvollständige Auswahl. Für Anregungen sind wir offen:
www.bumerang-prinzip.de

ZUM NACHSCHLAGEN

Register

*Seitenzahlen mit * verweisen auf Übungen und Tests.*

Adrenalin-Zeitalter 17, 30 ff.
Affirmationen 119, 141
Aktivierungsenergie 98 f., 155 ff.
Angst 24, 33, 98, 101, 103, 142
Ankern 142*
Ansichten, unerschütterliche 185
Antioxidanzien 163, 167
Anti-Sätze 142
Antreiber 130 ff., 143 ff.*, 161, 169
Antriebs- und Werteprofil 134 ff.*
Arbeit 60 ff., 164
Arbeitsplatz in Bestform 196 ff.
Arbeitssucht 60
Arbeitszeit 43, 67
Ärger abbauen 210*
Atmen 163, 163*, 203
Aufgaben, Schlüssel- 115*
Aufgaben sofort erledigen 223 ff.
Aufgabenbuch 225*
Aufmerksamkeit 41, 44, 210
Aufräumen 195 ff.
Aufstehen 74, 80
Augenbewegungen 184
Augenblick 21 ff.
Augenblicke, kreative 184*
Aussteigen 125 ff., 204 f.

Balance 12, 48 ff.*, 56 ff., 164, 174
Bären 45, 58
Bedürfnisse 132 ff.
Begeisterung 131, 131*, 175
Belohnung 52*, 147*
Beschleunigung 8 f., 30 ff.
Beschwerden 65, 148, 151
Besinnung 20, 40 f.
Bewegung 40, 80, 82, 183, 203
Bewertungen 99
Beziehungen 86 ff., 91*, 164
Blaufußtölpel 130
Blockade, innere 102, 124, 168
Bogenschützen 5
Bremsen 130, 139 ff.
Bumerang 5, 8 ff., 11, 162
Burn-out 39 f., 60 f., 68 f.*, 148

Chaos 174 ff., 183*
Checklisten 193, 225*
Chronos 37 f.
Coaching 227 f.
Csikszentmihalyi, Mihaly 15, 45, 64, 157 (Interview), 176

Delegieren 217, 219 ff., 221*, 224
Denkmuster 185 f.
Depression 14, 20, 66, 79

Direkt-Prinzip 223 ff.
Dringlichkeit 42, 120, 207, 216, 222
Drogen 32, 65, 151
Druck, äußerer 33, 36*, 42 f.

Eigenzeit 21
Eile 8 f., 30 ff., 53
Einfachheit 194 f.
Einstellungen → Glaubenssätze
Engpass-Konzentrierte Strategie (EKS) 61 ff.
Enthusiasmus 131, 175
Entscheidung 103*, 105, 132, 224
Entschleunigung 40 ff., 40*, 80
Ent-Sorgen 174, 195
Entspannung 40, 67*, 83, 161, 162, 164, 203, 212
Ereigniszeit 18, 39, 73, 74
Erfolg 25, 26, 35, 60, 64, 87, 101, 132, 182, 185, 215
Erfolge feiern 52*, 147*
Erfolgsjournal 147*, 169*
Erinnerung 74, 190
Erlauber 147
Erleben 19, 40 f.
Ernährung 83 f., 203
Erschöpfung 65 ff., 148
Erwachsenenalter, zweites 85
Eule 74 ff.

Farben, symbolische 57 f.
Faulheit 38, 200 ff.
Faultier 202
–, inneres kleines 123 f., 131, 168, 228
Feng Shui 64
Flow 12, 15, 44, 64, 148 f., 155 ff., 157 ff. (Interview), 160*
Fragen stellen 185 f., 186*
Frankl, Viktor E. 97
Freizeit 28, 33, 156, 160
Freundlichkeit 92 ff., 93*
Freundschaft 86 ff.

Gasgeben 200
Gedanken, Stress- 150, 161
Geduld 208 ff., 211*
Gefühle 33, 66, 176
Gegenwart 24, 74
Gehirnhälften 177 ff.
Gehirnpotenzial erschließen 188
Gelegenheit, besondere 226
Genießen 21 ff., 21*
Gesprächsführung 92
Gesten der Zuneigung 94
Gesundheits-Check 85
Getriebensein 8 f.
Gewohnheiten 10, 140, 185 f.
Gitterstäbe, mentale 139 ff., 185
Glaubenssätze 99, 103, 104*, 139 ff., 141*, 161, 185

Glück 13 ff., 25, 40 ff., 133, 137, 156, 159
Grübeln 98, 161 f.

Hebelkraft, Gesetz der 116
Heinzelmännchen 217, 234 f.
Herausforderung 149, 155 ff., 168
Hetze 8 f., 30 ff., 34*
Heute ist der erste Tag 9*
Hier und Jetzt genießen 21*
Hirndominanz 177, 178 ff.*
Hobby 28, 45, 160
Huhn überquert die Straße 138
Humor 43, 85, 152, 164
Hurry-Sickness-Syndrom 33

Informationsflut 32
Innere Uhr 70 ff., 75 ff., 79 f.
Intuition üben 175*
Irrationale Überzeugungen 99 ff.

Jahresziele formulieren 116*
Jetlag 72, 79
Jetzt ist die beste Gelegenheit 226
Jonglieren 175

Kairos 37 f.
Karriere 35
Kernkompetenz 62
Knöpfe, Motivations- 168 ff., 173*
Kompass, Königreich des 120
Konditionieren 107
Kontakte pflegen 87 f., 88*, 91*
Körper 70 ff., 164
Kräfte, Konzentration der 61
Krankheiten 32, 65, 148, 151
Kreativität 12, 174 ff., 175*, 183 ff.*, 191 f.*, 212*
Küstenmacher, Werner Tiki 195 f.

Lachen 85, 164
Langeweile 183
Langsamkeit 200 ff.
Lebensbalance-Modell 59
Lebensbereiche 56 ff., 59*, 164
Lebensenergie 202 f.
Lebensmotive 132 ff., 137*
Lebensqualität 4 f., 21, 25, 51
Lebenssinn 96 ff., 164
Lebenszeitkonto 44
Lebensziele 107, 109 f.*
Leere, innere 96 f.
Leistung 51, 65, 74 ff.
Leistungsoptimum 155, 169
Leitbild 109, 110 ff.*, 114
Lerche 74 ff.
Lichttherapie 79, 80
Life-Leadership 4, 12, 21, 56
Listen, Check- 193, 225*
Logotherapie 97
Loslassen 94, 113 ff., 195 f., 217*

Register

Lust-Techniken 123 f.*
Luxusgut Zeit 22

Macht 35
Marktnische 63
Meditation 11, 161*
Mentale Modelle 139
Mentaltraining beim Warten 212*
Messie 193
Midlife-Krise 85
Mikroschritte 124
Miles & More-Konzept 52
Mind-Map 173, 187 ff., 188 f.*
Mittagessen 84
Mittagsschlaf/-tief 76, 80 f., 203
Motivation 123, 130 ff., 168
Motivationsknöpfe 168 ff., 173*
Motivatoren 131 ff., 168 ff., 172 f.
Motive 134 ff.
Musikinstrument lernen 184
Muskeltraining 82
Muss 9, 100 f., 130
Muße 9, 20 f., 200 ff.
Muster, Denk-/Verhaltens- 185 f.

NAC 105 ff.
Nackenverspannung 161*
Nägel (Geschichte) 95
Nap, Power- 76, 80 f., 203
Nein sagen 208, 208*
Networking 87
NLP 102 ff., 142

Ordnung 174, 177, 193 ff.
Oxidativer Stress 163

Panikattacken 33
Paradigmen 139 ff.
Pareto-Prinzip 90, 91*, 215 ff.
Pause 76, 80 f., 84
Perfektionismus 177, 213 f., 214*
Peter-Prinzip 35
Philosophie 47
Planung 120 ff., 190
Post reduzieren 218 f.
Power-Nap 76, 80 f., 203
Power Prinzip 105
Prioritäten 103, 120 f., 222
Probleme 147, 186, 190
Programme, innere 101 f.
Psychologie 96 ff.

Redox-Analyse 163
Reich der Stoppuhr ... 120
Reiss-Motiv-Profil 61, 132 ff.*
RET 99 f.
Rhythmen, biologische 71 ff., 80
Rituale, Kraft der 203*
Robbins, Anthony 105 f., 227
Rollen, Lebens- 113*, 121
Routine 183

Sabbatical 43, 67, 204 f.
Säbelzahntiger 149
Schlaf 78, 80, 83, 98, 203
Schlüsselaufgaben 115*
Schreibtisch aufräumen 195 ff.
Schwächen akzeptieren 115 f.
Seesterne (Geschichte) 109
Selbstmanagement 4, 21
Selbstsabotage 107
Selbstwertgefühl 147, 161, 169
Serotonin(-Zeitalter) 37 ff., 39, 45
Sex 85
Simplify your life 194 ff.
Sinn des Lebens 12, 13, 47, 96 ff., 102, 133, 134, 164
Sinn, siebter 175*
Sinne 19 f., 40 ff., 42*
Sinnleere/-verlust 20, 97
Slobbies 38, 43
Slow Food 44
Small Talk 89
SMART-Formel 117 ff.*
Smileys 89, 218
Soziales Netzwerk 87
Stärken fördern 61 ff., 115 f., 216
Steine (Geschichte) 46
Stress 17, 32, 24, 30 ff., 52, 148 ff., 159, 161, 164, 210*
– -Flow-Bumerang-Prinzip 155
– -gedanken 150, 161
– -Leistungs-Parabel 155
–, negativer/positiver 36, 44
– -niveau, optimales 155
–, oxidativer 163
– -potenzial 149
– -reaktion, körperliche 149
– -resistenz 161 ff.
– -SOS 153 f.*
–, Spielregeln gegen den 165 ff.*
– -symptome 65, 148, 151
Suchender (Geschichte) 201
Superbuch 225*
Sushi-Express-Effekt 42
Symbolik des Bumerangs 12

Tabletten gegen Stress 39, 65, 151
Tageserfolge 147, 169*
Tagesplanung 122 f.*
Tagesrhythmus 75 ff.
Taubenwallnister-Nest 215
Teilzeit 43, 67
Tempo 8 f., 19, 30 ff., 41, 67
Termine 120 f., 121*
Tohuwabohu 175
Trinken 82

Überforderung 35
Überzeugungen 99 ff., 103
Uhr 18, 73, 197
–, innere 70 ff., 75 ff., 79 f.
Ungeduld 208 ff.

Unlust 123
Unruhe, innere 33
Unzufriedenheit 100, 183
Urlaub 83

Veränderung 10, 140, 185 f.
Vergangenheit 24, 74
Vision 109, 186
Vitalstoffe 84, 163, 164
Vorbilder 105, 214
Vorsätze, gute 118

Wartezeiten sinnvoll nutzen 212*
Wasser 82 f.
Weckzeit 74, 80
Werte/Wertvorstellungen 58, 106 f., 107*, 132 ff., 134 ff.*, 137
Wesentliches 5, 46, 120 f., 210
Wichtigkeit 27, 42, 46, 58, 120 f., 207, 216, 222
Widerstände, innere 124, 168
Widrig, Paul 125 ff.
Wochenplanung 120 f.*
Wohlfühlinsel 67
Wohnung ent-sorgen 195
Wollen 28, 36
Workaholic 61
Wozu, Frage nach dem 98*
Wünsche 110 f.*, 118, 186
Wurfhölzer 10 f.
Wut 33, 210*

Zeit 7 ff., 17 ff., 37 ff., 120 ff., 200 ff.
– -balance, persönliche 48 ff.*
– -diebe 79, 231
– -ebenen 23 f.
– -fenster 121
– -für den Wohlfühl-Rhythmus 73*
– für Ziele 27*
– -gefühl 23, 31, 74
– -management 4, 21, 27
– -mangel 18, 20 ff., 113
– -Nutzen-Verhältnis 215 ff.
– -pioniere 39, 43
– -planung 27, 36, 120 ff.
–, 7 Schritte 108 ff.*
– -Sünden 122
– -Typen 50 ff.*
– -verschenken 24*
– -verschwenden 206 f., 216
– -verzögerung 44
– -wohlstand 39
Zettelwirtschaft 225
Ziele 25, 26 ff.*, 36, 106 f., 109, 116 ff.*, 157, 160, 186, 228
–, Teil- 28 f.*, 105, 124*
Zorn 33, 210*
Zufriedenheit 97 f.
Zukunft 24, 109
Zurückkommen 11, 12
Zuwendung 92 ff.

GU Business Spezial

→ **Keine Zeit? Gibt's nicht!**

ISBN 3-7742-5670-5

Lothar Seiwert macht es ganz einfach vor: Wer die richtigen Arbeitshilfen nutzt, hat seine Zeit schon morgen besser im Griff.

Das bietet das neue 1x1:

→ Kompaktes Know-how ohne langen Anlauf
→ Kopierfreundliche Arbeitsvorlagen
→ Selbsttests für die Ich-Analyse
→ 96 Seiten, über 40 Arbeitshilfen, 4-farbig, € 12,90 [D]

Gutgemacht. Gutgelaunt

Änderungen und Irrtum vorbehalten